Bernd Harder

Warum Krokodile nur bei Gewitter Sex haben

... und weitere neue Rätsel des Alltags

Knaur Taschenbuch Verlag

Besuchen Sie uns im Internet:
www.knaur.de

Originalausgabe Oktober 2006
Knaur Taschenbuch.
Ein Unternehmen der Droemerschen Verlagsanstalt
Th. Knaur Nachf. GmbH & Co. KG, München.

Umschlaggestaltung: ZERO Werbeagentur, München
Redaktion: Beate Koglin
Umschlagabbildung: FinePic, München/Illustration Sarah Mayer
Satz: Adobe InDesign im Verlag
Druck und Bindung: Clausen & Bosse, Leck
Printed in Germany
ISBN-13: 978-3-426-77885-2
ISBN-10: 3-426-77885-8

2 4 5 3 1

Inhalt

Essen und Trinken

STIMMT ES, DASS

Frauenfragen

Tiere

Vorwort

Wann ich zum ersten Mal gehört habe, dass Krokodile nur bei Gewitter Sex haben? Irgendwann in meiner Kindheit. Vielleicht sogar in der Schule, denn gerade Lehrer sind schließlich berüchtigt dafür, mit solchen pikanten und interessant klingenden Details den Unterricht aufzulockern – egal ob gut erfunden oder wahr.

Manchmal ist es natürlich auch umgekehrt: Verbreitete Irrtümer, Gerüchte und Mythen spielen in Schülervorstellungen eine Rolle und stehen dem Verständnis des Lernstoffes eher im Weg. Kann also sein, dass ich es damals war, der mit diesem angeblich wissenschaftlich untermauerten Faktum glänzen wollte. Ich weiß es nicht mehr.

Was ich aber noch weiß: Bei jedem Gewitter machte ich einen kurzen gedanklichen Abstecher in den zoologischen Garten meiner Heimatstadt Saarbrücken.

Dreißig Jahre später lese ich in der Zeitung, dass der Osnabrücker Zoo es für seine Brillenkaimane jeden Tag zwei- bis dreimal künstlich blitzen und donnern lässt.

Eine typische Sommerlochente? Nein, die Sache stimmt, wie ein Anruf dort schnell erbringt. Da wird mir klar, dass der Zeitpunkt gekommen ist, dieses Buch zu schreiben.

Wieso? Mittlerweile war ich längst zu der Überzeugung gelangt, in Sachen Kroko-Sex einer modernen Legende aufgesessen zu sein. Zumindest etwas schien nun aber plötzlich doch dran zu sein (was genau, lesen Sie auf Seite 190).

Fast schlagartig kamen mir zahllose weitere Annahmen im Grenzbereich zwischen Wissen, Hörensagen, Missverständnissen und Aberglauben in den Sinn.

In diesem Buch sind einige davon versammelt.

»Sie werden sicher häufig auf Partys eingeladen«, meinte

einmal ein Radiomoderator während eines Interviews mit mir zum Thema Alltagsrätsel und moderne Mythen.

So? Formulieren wir die Frage anders: Stimmt es, dass Skeptiker beliebte Zeitgenossen, gern gesehene Partygäste und gesuchte Gesprächspartner sind?

Nun, das müssen Sie selbst herausfinden.

Viel Spaß dabei!

Alltag

Stimmt es, dass

… Wasser in der Mikrowelle explodieren kann?

Die Geschichte klingt wie ein Horrormärchen – eine typische Großstadtsage, die vor den Gefahren unserer modernen Zivilisation warnen will und den Hörern oder Lesern das wohlige Gefühl vermittelt: Wie gut, dass mir das nicht passiert ist …

Einer jungen Frau aber ist es angeblich passiert: Sie verspürt Lust auf eine Tasse Instantkaffee, und da es schnell gehen soll, stellt sie eine Tasse mit Wasser in die Mikrowelle und lässt den Inhalt bei voller Leistung heiß werden. Als sie die Tasse herausnimmt, schießt ihr urplötzlich das kochende Wasser ins Gesicht, wie Magma aus einem Vulkan. Die Frau erleidet Verbrennungen zweiten Grades und büßt einen Teil der Sehkraft ihres linken Auges ein.

Eier platzen in der Mikrowelle – das ist bekannt. Wieso? Mikrowellen sind energiereiche elektromagnetische Wellen. Sie erhitzen das Ei so schnell, dass sich – anders als im Kochtopf, wo dieser Vorgang recht gemächlich abläuft – Eiweiß, Dotter und Wassermoleküle im Inneren fast explosionsartig ausdehnen und die Schale diesem Druck nicht standhalten kann.

Aber reines Wasser? In einer Tasse? Die Schauerstory aus dem World Wide Web mag übertrieben sein – grundsätzlich unmöglich jedoch ist »Troubled Water« in der Mikrowelle nicht. Das seltene Phänomen heißt »Siedeverzug«. Darunter versteht man die Tatsache, dass man unter bestimmten Bedingungen Flüssigkeiten über ihren Siedepunkt hinaus erhitzen kann, ohne dass diese sieden – also ohne dass es zur Verdampfung und der Bildung von Wasserdampfblasen kommt.

Um beim Wasser zu bleiben: Wenn sauberes Wasser in einem glatten Gefäß gleichmäßig bei sehr wenig Bewegung erhitzt wird, kann es sein, dass die Blasenbildung beim Erreichen von 100 Grad Celsius nicht sofort einsetzt. Dann aber bilden sich mit einer leichten Verzögerung schlagartig mächtige Dampfblasen, die in kleinen Gefäßen stark spritzen und damit eine fatale Wirkung haben können. Da der Siedeverzug physikalisch betrachtet nur schwach stabil (»metastabil«) ist, genügt die kleinste Erschütterung, um die Explosion auszulösen – etwa die Tasse oder das Glas aus der Mikrowelle herauszunehmen oder einen Esslöffel Kaffeepulver in das Gefäß zu schütten.

Was kann man gegen solche Küchenkatastrophen tun? Im Chemieunterricht lässt der Lehrer üblicherweise Siedesteine mit ins Wasserbad ein, damit an der rauen Oberfläche sich kleine Bläschen bilden können, die gleichmäßig aufsteigen und so den Siedeverzug verhindern.

Und zu Hause? Da sollte man beim Erhitzen von Wasser in der Mikrowelle einen hölzernen Rührstock oder Löffel (keinen Gegenstand aus Metall) in das Glas oder die Tasse stellen. Außerdem sollte das Wasser erst kurz abkühlen, bevor Kaffeepulver, Tee, Zucker oder Ähnliches hinzugegeben wird.

... man nicht langsamer fahren darf, als die zulässige Höchstgeschwindigkeit es erlaubt?

Keine Frage: Natürlich sind es die rücksichtslosen Raser und Drängler, die für den ganz alltäglichen Wahnsinn auf unseren Straßen verantwortlich sind. Allerdings nerven zunehmend auch notorische Langsamfahrer.

Allein das Wort »Schleicher« bringt etwa den Autobahnpolizisten und Sicherheitsberater des Auto Club Europa (ACE), Rainer Bernickel, schon in Rage. »Wenn sie links oder auf der mittleren Spur fahren, gefährden sie sich und andere«, erklärte Bernickel beim Verkehrsgerichtstag 2005 in Goslar. Bei vielen Unfällen, die Rasern oder Dränglern zugeschrieben werden, hätten Langsamfahrer eine Mitschuld, meinte auch der Chef der deutschen Verkehrsanwälte, Hans-Jürgen Gebhardt.

Richtig ist: Nicht nur Raser, auch »Schleicher« können bestraft werden. In der Straßenverkehrsordnung (StVO) heißt es unzweideutig: »Ohne triftigen Grund dürfen Kraftfahrzeuge nicht so langsam fahren, dass sie den Verkehrsfluss behindern.« Nicht einmal während der praktischen Führerscheinprüfung ist das erlaubt. Wer sich betont als Straßensoftie darstellen will, nur weil der Prüfer mitfährt, kann prompt durchfallen. Denn sogar in der Prüfungsrichtlinie (»Richtlinie für die Prüfung der Bewerber um eine Erlaubnis zum Führen von Kraftfahrzeugen«) findet sich der Passus: »Eine übertrieben langsame Fahrweise ist unzulässig.«

Auch erste Urteile gibt es zum Thema »Mindestgeschwindigkeit«: So verhängte das Amtsgericht Münden ein Bußgeld wegen Verkehrsbehinderung durch langsames Fahren. Der Fahrer war außerorts ohne triftigen Grund auf einer Strecke von circa drei Kilometern 40 bis 50 Stundenkilometer gefahren, obwohl 100 Stundenkilometer zulässig waren. Aufgrund der unübersichtlichen Strecke hatte sich hinter dem Langsamfahrer eine längere Fahrzeugschlange gebildet.

Anderes Beispiel: Bei Dunkelheit und Nässe war ein Baggerfahrer auf einer Bundesstraße mit sechs Stundenkilometer unterwegs. Ein Autofahrer, der 100 Stundenkilometer schnell war, fuhr auf, weil er den Langsamfahrer zu spät erkannte. Das Oberlandesgericht Düsseldorf war der Meinung, dass sechs Stundenkilometer einem Liegengebliebenen nahe kämen, und verurteilte den Baggerfahrer zur Übernahme der Hauptschuld. Er hätte die Warnblinkanlage einschalten müssen.

»Triftige Gründe«, die zulässige Höchstgeschwindigkeit zu unterschreiten, wären beispielsweise die Witterung, schlechte Straßenverhältnisse, eine schwere Ladung, aber auch Übelkeit oder plötzliches Unwohlsein eines Mitfahrers. In solchen Fällen ist der Fahrer indes gesetzlich verpflichtet, »seine Geschwindigkeit an geeigneter Stelle zu ermäßigen, notfalls zu warten, wenn nur so mehreren unmittelbar folgenden Fahrzeugen das Überholen möglich ist« (§ 5 Abs. 6 Satz 2 StVO).

Noch allerdings konzentriert sich die Polizei weitgehend auf Drängler und Raser – und das vor allem aufgrund einer simplen »Kosten-Leistungs-Rechnung«, im Dienstjargon KLR genannt: Ein modernes Überwachungsfahrzeug kostet samt Technik rund 75 000 Euro. Ein hartnäckiger Abstandssünder bringt 100 bis 150 Euro, ein bummelnder Linksfahrer selbst mit Verkehrsbehinderung höchstens 40 Euro.

... die Sackgasse nach einem Herrn Sack benannt ist?

Verdient hätte er es ja möglicherweise: August Friedrich Wilhelm Sack (1703–1786) war zu seiner Zeit ein bekannter Theologe und Prediger und gründete ein Armen- und Waisenhaus in Magdeburg. Er galt überdies als pädagogischer Reformer und Vorkämpfer für religiöse Toleranz, weil seiner Meinung nach »jede Glaubenswahrheit eine praktische Wahrheit ist, die zur Gottseligkeit und Heiligkeit führt«.

Was aber hat das mit dem Straßenverkehr zu tun? Nichts, eben. Und deshalb heißt die »Sackgasse« Sackgasse, weil sie wie ein Sack gewissermaßen nur eine Öffnung hat.

... der Erfinder der Verkehrsregeln selbst nie Auto fuhr?

William Phelps Eno? Nie gehört?

Mag sein – und doch hat es ursächlich etwas mit ihm zu tun, dass wir vor einer roten Ampel anhalten und bei Grün über die Straße gehen. Im Jahr 1900 veröffentlichte der New Yorker Geschäftsmann William Phelps Eno eine umfangreiche Reformschrift mit dem Titel »Was sich im Straßenverkehr dringend ändern muss«.

Zu Beginn des Automobilzeitalters herrschte überall noch Mischverkehr. Fußgänger, Velofahrer, Fuhrwerke und Autos teilten sich dieselben Flächen. Frühzeitig erkannte der 1858 geborene Eno, dass die zunehmende Dominanz des Autos zu Dauerstaus und einem dramatischen Anstieg der Unfallzahlen führen würde.

Enos Buch *Reform in Our Street Traffic Urgently Needed* schlug ein wie eine Bombe. Auf seine Anregungen hin wurden Trottoirs, Unter- und Überführungen, Fußgängerstreifen, Taxistände, Verkehrsinseln, Stoppschilder und vieles mehr geschaffen. 1903 erfand William Phelps Eno den Kreisverkehr. Sein Entwurf wurde zunächst in seiner Heimatstadt New York (am Columbus Circle) umgesetzt, später in ganz Amerika und in der Folgezeit auch in europäischen Metropolen wie London und Paris.

Endlich hatte Eno wieder freie Fahrt – für sein Pferdefuhrwerk. Denn vom Autofahren hielt der »Vater der Verkehrssicherheit« gar nichts. Die Führerscheinprüfung legte Eno zeit seines Lebens nicht ab. Wenn er unbedingt mal aufs Auto umsteigen musste, engagierte er einen Chauffeur.

... Winterreifen schon ab Temperaturen von unter sieben Grad besser haften als Sommerreifen?

Ja – sagen die Reifenhersteller.

Unfug – meinen ADAC und andere Verkehrsexperten.

Die Sieben-Grad-Grenze ist seit Jahren aus der Werbung bekannt. Fakt ist: Winterreifen haben eine weichere Materialmischung, die bei Kälte elastischer bleibt als die der Sommerreifen. Deshalb sollen sie nicht nur auf Eis und Schnee besser haften und kürzere Bremswege garantieren, sondern generell auch auf kaltem Asphalt.

Die Grenze für diesen Effekt zieht die Industrie bei sieben Grad über null – doch das sei »völlig willkürlich« und durch keinen Testwert belegt, erklären Reifenexperten des ADAC. Auch *Auto Bild* fand bei eigenen Vergleichsstudien heraus, dass auf Schnee das Sommerprofil fast doppelt so weit rutscht wie ein Winterreifen. Bei Vollbremsungen auf nasser und trockener Fahrbahn hingegen bremst ein Sommerreifen deutlich besser als sein Pendant für die kalte Jahreszeit – auch bei Fahrbahntemperaturen von sieben Grad und weniger.

Der Grund: Die Lauffläche von Winterreifen ist von feinen Einschnitten, so genannten Lamellen, durchzogen. Das hilft dem Reifen, sich mit glatten Schnee- und Eisoberflächen zu verzahnen, verschlechtert aber die Haftung auf Asphalt. Diesen Nachteil kann die auf Kälte optimierte Gummimischung des Reifens nicht ausgleichen – jedenfalls nicht schon bei sieben Grad. »Bei welcher Temperatur sich das Blatt letztlich zugunsten des Winterreifens wendet, ist nicht bekannt«, kommentierte *Der Spiegel* den Expertenstreit um den »eiskalten Sieben-Grad-Schwindel«.

Winterreifen sind bei Schnee und Eis sinnvoll. Aber eben nicht schon bei Kälte.

... die 00 an der Toilettentür »Lizenz zum Sch ...« bedeutet?

Witzig? »Mein Name ist Hotte, ich bin der bekannteste Geheimagent im Dienste Ihrer Majestät, der Frau Königin. Meine Kennziffer ist die Doppelnull. Das bedeutet: Lizenz zum Sch ... Hiähiä!«

Mit dieser Instruktion beginnt die Internetfortsetzungsgeschichte eines namenlosen Hobbyautoren mit dem Pseudonym »James Hotte«. Vom literarischen Gehalt einmal abgesehen: Bedeuten die beiden Nullen an der Toilette tatsächlich »Lizenz zum Sch ...«, analog zur »Lizenz zum Töten«, die den Doppelnull-Agenten in den James-Bond-Filmen vorbehalten ist? Natürlich nicht.

Bleibt die Frage: Was dann? Denn in »Toilette«, »Klo« oder »WC« kommt schließlich nicht zweimal eine Null vor – und auch keine zwei O. Eindeutig zu erhellen ist dieses Alltagsrätsel nicht. Die gängigsten Theorien dazu sind:

- 00 steht für das englische Wort »Loo«, das »Klo« bedeutet.
- 00 kommt von den alten Römern, die ihre »kleinen« und »großen« Geschäfte mit dem lateinischen Ausspruch »Omittite Omittendum« umschrieben, was in etwa bedeutet: Lasst aus, was auszulassen ist.
- 00 ist das Symbol für eine offene Kloschüssel (erste 0 = Klomuschel; zweite 0 = aufgeklappter Deckel).
- In Hotels sind die einzelnen Zimmer durchnummeriert (01, 02, 03 usw.). Früher war das »Örtchen« das erste »Zimmer« und wurde deshalb mit »00« gekennzeichnet.

... man festgebissene Zecken mit Öl beträufeln soll?

Fast jeder kennt den einen oder anderen »Geheimtipp« zur Zeckenentfernung, zum Beispiel »Abbrennen« oder Babyöl,

Klebstoff, Gel etc. auf die kleinen Blutsauger träufeln, damit sie absterben.

Alles falsch. Denn im Todeskampf erbrechen Zecken ihren Mageninhalt in die Wunde – und der kann gefährliche Krankheitserreger wie Borrelien oder FSME-Erreger (Frühsommer-Meningoenzephalitis/Hirnhautentzündung) enthalten. Das kann auch dann passieren, wenn die Spinnentiere mit einer Pinzette gequetscht werden.

Besser: Die Zecke mit einer so genannten Zeckenschlinge vorsichtig entfernen. Dieses Gerät sieht aus wie ein Kugelschreiber und fährt auf Knopfdruck eine kleine Schlinge aus, mit der man die Plagegeister fließend langsam aus der Haut ziehen kann.

… Gas teurer wird, wenn der Ölpreis anzieht?

Die so genannte Gas-Ölpreisbindung ist zwar kein Gesetz – aber eine internationale Branchenvereinbarung, die den Verbrauchern im vergangenen Jahr mal wieder deutlich höhere Gaspreise beschert hat. Aber was hat russisches Erdgas (Russland ist unser Hauptlieferant) mit saudi-arabischem Öl zu tun?

Die Koppelung des Gaspreises an den Preis von leichtem Heizöl stammt aus den frühen 1960er Jahren, als der Energieträger Erdgas massiv in den Wärmemarkt drängte. Damals investierten die Förderländer enorme Summen in den Leitungsbau und verlangten daher eine gewisse Sicherheit, dass ihre Milliardenkosten sich irgendwann rechnen würden.

Den Kunden wiederum sollte ein Wechsel von Kohle, Holz oder Öl zur neuen Technologie Erdgas ermöglicht werden, ohne dass sie dafür mehr bezahlen mussten – natürlich zum Missfallen der Energieversorger, die den Wärmemarkt mit Heizöl bedienten und sich nun mit einem vergleichbaren Produkt quasi selbst Konkurrenz machen sollten.

Eine gute Lösung für alle Beteiligten sah man damals in besagter Gas-Ölpreisbindung. Konkret: Diese Verknüpfung zweier Geschäfte, die eigentlich nichts miteinander zu tun haben, garantierte den Unternehmen, die zu erwartende Renditeneinbuße beim Rückgang der Heizölnachfrage durch einen entsprechenden Verkauf von Erdgas zu vergleichbaren Preisen auszugleichen. Die Marktsituation wurde damit für die Unternehmen berechenbar. Gleichzeitig konnte sich der bisherige Ölkunde, der auf Gas umstieg, darauf verlassen, auch zukünftig beim Gasbezug zu vergleichbaren Preisen beliefert zu werden.

Aus heutiger Sicht ist es indes völlig unzeitgemäß, dass ein anderer Energiepreis den Gaspreis bestimmt. Erdgas ist längst ein etablierter Energieträger mit einem eigenständigen Markt. Der Preis für Erdgas müsste unter dem des Erdöls liegen, da das Angebot bei Erdgas wesentlich größer ist. Mit der Ölpreisexplosion wird die Koppelung von Gas- und Ölpreis denn auch immer mehr in Frage gestellt.

... auch die Bahn ihre Preise erhöht, wenn Autofahren teurer wird?

Das Auto einfach stehen lassen, wenn die Benzinpreise anziehen, und auf Zug und Straßenbahn umsteigen? Das wäre schön – aber »die Bahnpreise lassen das in keinster Weise zu«, klagt nicht nur eine Chatterin in dem Internetdiskussionsforum »Vote up«.

Und tatsächlich folgen nicht nur die Gaspreise dem Ölpreis, sondern recht häufig auch die Bahntarife. Wieso ist das so, obwohl Züge doch nicht mit Benzin fahren?

Tun sie eben doch – zumindest noch sehr viele.

Knapp die Hälfte des deutschen Schienennetzes ist nicht elektrifiziert. Die Bahn AG unterhält daher eine große Zahl an Diesellоks und Dieseltriebfahrzeugen, ganz abgesehen vom PKW- und Busfuhrpark. Dieselkraftstoff wird außerdem für die Beheizung von Betriebsgebäuden, zur Vorheizung von Zügen und für die Weichenheizungen benötigt. Außerdem macht das Unternehmen geltend, dass die Bahn – im Gegensatz zum Flugverkehr – nicht von der Mineralöl- und der Ökosteuer befreit ist.

Und noch etwas kommt hinzu: Öl spielt zwar im deutschen Kraftwerkpark kaum eine Rolle, aber Erdgas hat immerhin einen Nettoanteil von acht Prozent an der Stromerzeugung. Wegen der Öl-Gas-Koppelung steigen somit auch die Produktionskosten in den mit Gas betriebenen Kraftwerken, wenn das Öl teurer wird.

... man bei starkem Frost mit der Zunge an Autotüren, Schildern oder Geländern festkleben kann?

»Am Eis mit der Zunge festkleben« mag ja durchaus »sexy« sein, wie uns in einem Webforum »Rat & Hilfe« genießerisch nahe gebracht wird.

Anders sieht es wohl aus, wenn man im Winter mit der Zunge oder mit den Lippen an der Autotür hängen bleibt – bei dem Versuch, das Schloss anzuhauchen und zu enteisen. Oder nehmen wir Jim Carrey, der in der Filmkomödie *Dumm und Dümmer* mit der Zunge am Gestänge eines Skilifts pappt.

Wieso passiert das? Wegen des so genannten Temperaturprofils des Menschen. Angenommen, im Winter ist es minus 20 Grad kalt: »Dann schaffen wir uns eine Wärmeisolation, indem wir uns anziehen. Der körpereigene Wärmestrom erzeugt ein Temperaturprofil: 37 Grad im Körperinneren,

35 Grad an der Haut, 30 Grad zwischen Unterhemd und Hemd, 25 Grad zwischen Hemd und Jacke, fünf Grad zwischen Jacke und Mantel, schließlich minus 20 Grad außerhalb des Mantels«, erklärt der Professor für Elektrotechnik Jörg M. Fliege von der Universität Mannheim.

Strecken wir die Zunge heraus, entsteht um die Zunge herum in einer dünnen Luftschicht ebenso ein Temperaturprofil: Man könnte 37 Grad im Zungeninneren und circa 15 Grad an der Zungenhaut messen – und in einigem Abstand dann wiederum die minus 20 Grad der Außenluft.

Wenn man nun mit der Zunge ein größeres Metallteil berührt, sieht das Temperaturprofil anders aus: Eisen leitet die Wärme 2500-mal schneller ab als Luft. Zusätzlich ist die Zunge dick genug mit Speichel bedeckt, um sofort innig mit der Oberfläche zu verschmelzen. Daher erreicht die Zungenhaut in hoher Geschwindigkeit fast die minus 20 Grad und friert wegen ihrer Feuchte gleich an. (Zit. nach www.rp-online.de)

Andere Frage: Wie kriegt man die Zunge wieder ab? Nach einiger Zeit löst sie sich von selbst wieder, weil der Körper Wärme nachschiebt. Wie schnell das geht, hängt von der Wärmeleitfähigkeit des jeweiligen Metalls ab.

Von diesbezüglichen Selbstversuchen ist daher unbedingt abzuraten.

... Zucker im Tank den Motor ruiniert?

Was es nicht alles gibt: »Wie sabotiert man ein Pizzataxi?«, will jemand im Internetforum www.auto-extrem.de ernsthaft (»kein Witz!«) von der Community wissen.

Hintergrund: »Ich entwickele gerade ein Drehbuch für eine TV-Komödie, in der sich zwei Pizzarestaurants bekriegen. Neben dem Abwerben von Personal, Vergraulen von

Kunden und vielen anderen Gemeinheiten sabotieren die zwei Erzfeinde auch ihre Pizzataxis.

Und genau da liegt mein Problem. Denn ich habe von Autos so viel Ahnung wie von Atomphysik oder Quantenmechanik …

Habt ihr Ideen, wie man Autos effektiv und kreativ am Losfahren hindern kann? Oder dafür sorgen kann, dass es auf der Fahrt Probleme gibt und sie ihr Ziel zu spät erreichen (wer zahlt schon eine kalte Pizza)?«

Die erste Antwort auf dieses Ansinnen des angeblichen Drehbuchautors kam keine halbe Stunde später: »Natürlich ja, das mit Zucker im Tank zum Beispiel funktioniert wirklich, und das wäre auch eine Möglichkeit, den Wagen erst während der Fahrt außer Gefecht zu setzen.«

Na ja. Das dachte sich anscheinend auch ein Hollywood-Lohnschreiber namens Barry Fanaro, der diesen Gag 1996 in die Komödie *Kingpin* mit Bill Murray und Woody Harrelson einbaute. Woher hatte Fanaro die Kenntnis, dass Zucker im Tank den Motor ruiniert? Wir wissen es nicht.

Was wir aber wissen: Es stimmt nicht. Oder besser gesagt: so nicht.

Anscheinend ist die Vorstellung populär, dass Zucker sich im Tank in eine Art Beton verwandelt. Konkret soll sich der Süßstoff also im Benzin lösen, durch die Kraftstoffleitung in den Motor wandern und wegen der großen Hitze dort wie zäher Matsch jede Ritze einschließlich der Ventile verkleben. Nach kurzer Zeit ruckelt und zuckelt das Auto und bleibt schließlich stehen.

Und damit sei der Schaden erst perfekt: Wenn nämlich die Maschine abkühlt, würde der Zuckerschlamm steinhart werden und wäre nicht mehr zu entfernen. Ein neuer Motor oder gleich ein neues Auto wäre damit fällig – eine ebenso billige wie effektive Rache.

Allerdings weitgehend nur in der Theorie. Die Praxis sieht nämlich so aus, dass Zucker in Benzin unlöslich ist. Und somit gar nicht in den Verbrennungsraum eines Autos gelangen kann. Zucker im Tank würde sich am Boden absetzen wie andere Verunreinigungen und Sedimente auch, die etwa beim Tanken hineingelangen.

Aber: Solche Verunreinigungen können die feinen Einspritzdüsen verstopfen. Deshalb sollte man einen Tank auch nicht völlig leer fahren, denn dann kann sogar noch Wasser, das sich zum Beispiel als Kondenswasser unter dem leichteren Benzin im Tank ablagert, in den Vergaser gelangen. Im schlimmsten Fall also kann eine größere Menge Zucker dazu führen, dass der Benzinfilter zwischen Tank und Motor verstopft wird – und deshalb das Auto tatsächlich stehen bleibt, weil es keinen Kraftstoff mehr bekommt. Das würde jedoch mit Sand genauso funktionieren.

Der Motor bleibt in jedem Fall unbeschädigt. Allenfalls eine Tankreinigung ist dann angezeigt, die zwischen 80 und 200 Euro kosten kann.

… man an der Tankstelle nicht mit dem Handy telefonieren darf?

Seltsamerweise gingen im Jahr 1999 zahlreiche Horrorgeschichten von explodierenden Tankstellen durch Handywellen durch die Weltpresse – von der *Bangkok Post* bis zur *South China Morning Post.*

Massiv gepuscht wurden diese Gerüchte von einer (heute noch) weit verbreiteten Ketten-E-Mail, die angeblich vom Mineralölkonzern Shell ausging und in der von drei katastrophalen Zwischenfällen im Zusammenhang mit der Handynutzung in unmittelbarer Nähe von Zapfsäulen die Rede war.

Möglicherweise hatten solche Grusicals etwas mit der latenten Weltuntergangsstimmung einiger Zeitgenossen kurz vor der Jahrtausendwende zu tun. Denn weder Shell noch überhaupt die Erdölindustrie oder die Tankstellenpächter können die Ereignisse bestätigen.

Richtig ist, dass Handyhersteller wie Nokia oder Ericsson und die Mobilfunkbetreiber eine Zeit lang empfohlen haben, beim Tanken nicht zu telefonieren – als reine Vorsichtsmaßnahme, die nach heutigem Stand unbegründet ist.

Weltweit ist kein einziger Fall glaubhaft dokumentiert, wonach die Handybenutzung einen Brand oder eine Explosion verursacht hätte. Wie auch? Dass Handyfunkwellen eine Funkenbildung an Metall hervorrufen, wie etwa eine Mikrowelle am Goldrand eines Tellers, ist nahezu ausgeschlossen, da die Sendeleistung eines Mobiltelefons sehr gering ist.

Möglich ist hingegen eine Funkenbildung durch elektrostatische Aufladung, wie sie uns im Alltag ständig begegnet, beispielsweise beim Ausziehen eines Pullovers. Und in früheren Jahren, als elektronische Systeme nur ungenügend gegen elektromagnetische Wellen abgeschirmt waren, gab es wohl auch hin und wieder mal eine Störung von Tankstelleneinrichtungen (wie Kassensysteme) durch Funktelefone. Bei moderneren Tankstellen dürfte indes auch das ausgeschlossen sein.

Übrigens: Auch das Handyverbot beim Fliegen dürfte sehr bald schon fallen. Fluggesellschaften wie auch das Luftfahrtbundesamt haben dazu in den letzten Jahren umfangreiche Tests durchgeführt, die allesamt ergaben, dass die Bordelektronik durch die Handystrahlung nicht beeinflusst wird.

Andererseits: Wenigstens im Flugzeug bleibt den Reisenden zurzeit das unfreiwillige Mithören von Telefongesprächen, die nun wirklich niemanden interessieren, erspart.

... der Briefträger Briefe auch mitnimmt?

Das kommt auf den Briefträger an. Er ist nicht verpflichtet, Briefe oder Päckchen mitzunehmen. Es ist ihm aber auch nicht verboten.

Laut einer so genannten »Freiwilligen Selbstverpflichtung« der Deutschen Post darf der Weg zum nächsten Briefkasten nicht länger als 1000 Meter sein. In »zusammenhängend bebauten Wohngebieten« mit mehr als 2000 Einwohnern soll zudem mindestens eine Agentur oder Filiale eröffnet werden. In Wohngebieten mit mehr als 4000 Einwohnern muss eine solche Poststelle grundsätzlich in maximal zwei Kilometern Entfernung erreichbar sein.

Die Realität sieht oft anders aus, deshalb kommt in Gebieten ohne eigene Postfiliale der »Mobile Postservice« (MOPS) angefahren, eine Art Postfiliale auf vier Rädern. Kunden können dem MOPS Briefe und Päckchen mitgeben, Briefmarken und Telefonkarten kaufen sowie kleinere Postbankgeschäfte erledigen. Die »Post an der Haustür« bestellt man per Servicekarte – die man in einen Briefkasten am Ort einwerfen muss.

Ältere Menschen oder Kranke werden also weiterhin lieber ihren Briefträger um kleinere postalische Gefälligkeiten bitten. Dessen Gutwilligkeit sind allerdings Grenzen gesetzt, wenn der Postbote mit dem Rad oder zu Fuß kommt, sodass er nur eine begrenzte Menge Briefe oder Päckchen wieder mitnehmen kann.

... man Autos einfach abschleppen lassen darf?

Dürfen schon – wenn zum Beispiel der als solcher eindeutig erkennbare eigene Parkplatz auf einem privaten Grundstück von Falschparkern besetzt wird. Oder wenn die Ausfahrt blockiert wird. Der Haken daran: Wer ein Fahrzeug von seinem privaten Parkplatz oder vor seiner Garage entfernen lässt, muss erst einmal selbst die Abschleppfirma bezahlen. Danach kann der Parkplatzberechtigte über den Rechtsweg versuchen, seine Auslagen wiederzubekommen. Das kostet Zeit und Geld, mit ungewissem Ausgang.

Ist der Parkplatz gemietet – etwa in einer Tiefgarage oder vor größeren Wohneinheiten –, sollte man sich vorher beim Vermieter erkundigen, denn dieser trägt eine gewisse Mitverantwortung dafür, dass der Mieter sein Auto auch tatsächlich dort abstellen kann. Viele Vermieter haben deshalb Verträge mit Abschleppfirmen, sodass man als Parkplatzberechtigter seinen Platz räumen lassen kann, ohne die Kosten vorzustrecken.

… an Tankstellen hinterm Komma immer eine Neun angezeigt wird?

Die magische kleine Neun gibt es seit Ende der 1960er Jahre. Im Zuge steigender Ölpreise und der Preisanzeigepflicht mit Großanzeigetafeln kamen die Mineralölgesellschaften auf den Marketingtrick, den Preis kleiner erscheinen zu lassen. Neben den genormten Ziffern für Mark und Pfennig erschien eine kleiner gestellte Neun, die den Liter neun Zehntel Pfennig teurer machte, ihn aber einen ganzen Pfennig billiger erscheinen ließ. Bald zogen alle Mineralölgesellschaften mit dieser Form der Anzeige nach und sind auch seit der Einführung des Euros dabei geblieben.

Rein rechnerisch lässt sich erst ab 10 Liter ein tatsächlicher Cent sparen. Manche Preisanzeigen kennen statt einer Neun aber auch eine Acht oder eine Vier. So ein halber Cent macht sich bei LKW-Diesel durchaus in der Betriebsbilanz bemerkbar. Halbe Pfennige gab es aber auch schon bei den Spritpreisen vor dem Zweiten Weltkrieg. Der fiel bei Spritpreisen unter 50 Pfennig durchaus ins Gewicht. Beispiele für historische Preise und Zapfsäulen findet man im privat geführten Tankstellenmuseum Kamenz/Sachsen.

Der Tankanzeigenhersteller »Taba-Technologie Tanken GmbH« in München geht davon aus, dass heute mehr als 60 bis 70 Prozent aller Tankstellen nicht an ihrer kleinen Neun rütteln können. Sie ist starr im Display eingebaut und wird sich nie in eine kleinere Zahl verändern. (Zit. nach www.mdr.de/mdr1-radio-thueringen/)

... man mittags schneller Sonnenbrand bekommt?

Ja. Die Entfernung zwischen Sonne und Erde bleibt zwar immer gleich. Aber mittags steht die Sonne senkrecht am Himmel und ihre Strahlen treffen uns ohne Umwege.

Steht die Sonne tief, fallen die Strahlen schräg auf die Erde, brauchen länger und verlieren dabei stark an Intensität.

... man beim Bezahlen nicht mehr als 50 einzelne Münzen hinlegen darf?

Man kann es versuchen. Allerdings ist der Kassierer oder die Kassiererin im Recht, wenn er/sie sich weigert, das Geld anzunehmen.

Einen Pullover zum Preis von 50 Euro könnte man gerade noch so mit 50 einzelnen Euromünzen bezahlen. Zählt man an der Kasse aber einhundert 50-Cent-Münzen ab, hat man den Boden des Gesetzes verlassen.

Nach Paragraf 3 des Münzgesetzes (»MünzG § 3 Annahme- und Umtauschpflicht«) heißt es nämlich: »Erfolgt eine einzelne Zahlung in Euromünzen, ist niemand verpflichtet, mehr als 50 Münzen anzunehmen. Dies gilt auch dann, wenn der Gesamtbetrag 100 Euro unterschreitet.«

Kurios, aber nicht neu. Auch zur Zeit der guten alten D-Mark gab es solche Regelungen: 1-, 2-, 5-, 10- und 50-Pfennigstücke mussten bis maximal fünf Mark angenommen werden, 1-, 2- und 5-DM-Stücke bis maximal 20 Mark.

Beim Euro gilt nun eben die Regel, dass für Euro- und Centmünzen die Menge auf 50 Stück bei einer Einzelzahlung begrenzt ist.

… man einen Stern taufen kann?

»Wer für seinen Schatz die Sterne vom Himmel holen möchte, braucht längst nicht mehr in eine Raumfähre zu steigen …« So oder so ähnlich begeistern sich die Medien – von *Braut & Bräutigam* über *young miss* bis hin zu *Men's Health* oder *Vogue* – für die »Taufe« von Himmelskörpern.

Zugegeben, die Idee klingt sehr romantisch: Man tauft einen der unzähligen namenlosen Sterne am Firmament gegen eine Gebühr auf den Namen des oder der Liebsten – etwa »Gabriele«. Die entsprechende Urkunde mit Koordinaten, Helligkeit und Namen ist nicht nur unter Freunden des Nachthimmels beliebt. Doch leider bleibt der himmlische Traum nur ein Lippenbekenntnis.

Firmen, die »Sternentaufen« kommerziell anbieten, treiben Schindluder. Denn niemand kann einen Stern wirklich verkaufen, weil niemand einen Stern in seinem Besitz hat. Sterne wie Sirius, Kastor, Pollux oder Beteigeuze erhielten ihre Bezeichnungen vor vielen tausend Jahren. Die Namen stammen teils aus dem Arabischen, teils von anderen Kulturvölkern wie den Babyloniern, Ägyptern oder Chinesen.

Heute bekommen Sterne in der Astronomie grundsätzlich keine Eigennamen mehr. Selbst die Internationale Astronomische Union (IAU) hat nicht das Recht, Sterne zu benennen. Im Zeitalter der Computer und der Sternkataloge mit vielen Millionen von Sternen können »Sternkäufer« leider sicher sein, dass »ihr« Sternenname nie in der Wissenschaft benutzt wird. Denn schnöde Zahlen beziehungsweise Katalognummern sind nun einmal viel praktischer, als dass sich die Forscher mit unhandlichen Namen beschäftigen würden – anders als im Umgang mit neu entdeckten Asteroiden, von denen vier sogar nach den »Beatles« benannt sind (»Lennon«, »McCartney«, »Harrison« und »Starr«).

»Wenn Sie einen Stern kaufen wollen, denken Sie immer daran, dass dieser Stern niemals Ihr Eigentum wird«, warnen denn auch seriöse astronomische Vereine. »Mit dem Geld, das Sie bezahlen, mästen Sie einen tüchtigen Geschäftemacher.«

Sternwarten bieten stattdessen so genannte Sternpatenschaften an, eine durchaus willkommene Aufbesserung ihrer Kassen. Als »Gegenwert« erhalten die Paten eine Urkunde, auf der ihnen dieser Stern »gewidmet« wird.

Oft gibt es in der jeweiligen Einrichtung eine Sternkarte mit den Namen aller Sterninhaber, welche an disponierter Stelle ausgestellt oder an die Besucher verkauft wird. Bei gutem Wetter können die Paten dann einen Blick auf »ihren« Stern werfen.

Essen und Trinken

Stimmt es, dass

… das Essen von Sellerie mehr Kalorien verbraucht, als die Sellerie enthält?

»Sellerie verbrennt mehr Kalorien, als man damit zu sich nimmt«, liest man immer wieder in diversen Internetforen zum Thema »Schlank werden – so klappt es!«. Manchmal ist auch von Petersilie, Äpfeln oder Ananas die Rede, und immer werden dabei so genannte »Minuskalorien« oder »negative Kalorien« ins Feld geführt.

Leider ist die Schlaraffenlandtheorie von den »negativen Kalorien« reiner Werbeschmäh. Das Prinzip der »negativen Kalorien« geht fälschlicherweise davon aus, dass bei einer bestimmten Zusammenstellung des Speiseplans die Verdauung der zugeführten Lebensmittel mehr Kalorien verbraucht, als durch deren Aufnahme zugeführt wurden. Daher käme es zu einer Gewichtsreduktion ohne Einschränkung des Essverhaltens.

Die tägliche Ernährung solle laut dieser Theorie von »fettverzehrenden Lebensmitteln« dominiert werden. Als Beispiele werden in der einschlägigen Literatur, die diese Theorie propagiert, Artischocken, Spargel, rote Rüben, Mangold, Spinat, Karotten, Brokkoli, Kresse, Löwenzahn, Papayas, Ananas, Grapefruit, Mandarinen und vieles mehr genannt. Diese Lebensmittel sollen im Körper angeblich nur in Energie, nicht aber in Fett umgewandelt werden.

Klingt toll – funktioniert aber nicht, erklärt zum Beispiel der Verband der Ernährungswissenschaftler Österreichs (VEÖ). Wieso nicht?

Beim Konzept der »negativen Kalorien« werden einige wenige wissenschaftlich richtige Erkenntnisse mit pseudowissenschaftlichem Unsinn gepaart, denn: »Negative Kalorien« gibt es nicht. Kalorien sind definitionsgemäß ein Maß für den Energiegehalt eines Lebensmittels. Diese Energie wird entweder direkt verbraucht oder im Körper vorzugsweise als Depotfett gespeichert. Richtig ist, dass eiweißreiche Produkte bei der Verdauung etwas mehr Energie verbrauchen als fett- und kohlenhydratreiche Lebensmittel. Es ist jedoch aus physiologischer Sicht nicht möglich, dass die Verdauung eines Lebensmittels mehr Kalorien verbraucht, als es selbst enthält.

Die wissenschaftliche Erklärung der Energiebilanz ist durchaus banal: Wird mehr Energie aufgenommen als benötigt, kommt es zu einer Gewichtszunahme. Ist der Energieverbrauch hingegen höher als die Energieaufnahme, führt dies zu einer Gewichtsreduktion. Beim Konzept der »negativen Kalorien« fällt auf, dass es sich bei der Liste der angeblich fettverzehrenden Lebensmittel durchweg um kalorien- und fettarme Produkte handelt. Wenn also – wie in einigen Jubelbüchern empfohlen – ein Teil der Nahrung durch die angeführten Lebensmittel ersetzt wird, vermindert sich zwangsläufig und automatisch die Kalorienzufuhr – dadurch ist die erzielte Gewichtsreduktion erklärbar.

Anders gesagt: Die Pfunde purzeln nicht wegen der »negativen Kalorien«, sondern aufgrund der eingeschränkten Kalorienzufuhr.

Wie aber steht es um die oft gehörte Behauptung, dass kaltes Bier im Körper mehr Energie zum Aufwärmen verbraucht, als es Kalorien zuführt? Das wiederum ist wenig mehr als ein Rechenfehler. Lediglich Eiswasser ist tatsächlich ein Schlankmacher, denn um einen Liter Wasser von null Grad Celsius auf 37 Grad Celsius Körpertemperatur zu erwärmen, benötigt unser Organismus 37 Kalorien. Da Wasser keinerlei Brennwert hat, werden diese 37 Kalorien tatsächlich auch verbraucht.

100 Milliliter (ml) Bier enthalten 42 kcal – also müsste doch somit die obige (Wasser-)Rechnung ebenfalls nahezu aufgehen, oder? Tut sie aber nicht, denn hinter dem Kürzel »kcal« verbergen sich nicht die umgangssprachlichen »Kalorien«, sondern Kilokalorien, und 1 kcal = 1000 Kalorien. 42 kcal sind mithin ganze 42 000 Kalorien.

Gesichert ist, dass die Verarbeitung von 100 Kalorien etwa zehn Kalorien an Energie verbraucht. Wenn wir 100 ml Bier trinken, wird also nur etwa ein Zehntel der aufgenommenen Kalorienmenge vom Organismus für die Aufbereitung der kühlen Flüssigkeit verbraucht. Der ganze große Rest wird gespeichert.

… bestimmte Teesorten beim Abnehmen helfen?

Gewiss – wenn man sie statt Bier, Limonade oder überzuckerten Frühstücksdrinks zu sich nimmt. Darüber hinaus ist sehr umstritten, ob Körperfett wirklich dahinschmilzt, wenn zum Beispiel grüner Tee serviert wird.

Unternehmen wir zu dieser Frage erst einmal einen Exkurs in die Ernährungswissenschaft: Der so genannte Energieerhaltungssatz gilt sinngemäß auch im menschlichen Körper, das heißt: Was wir an Energie (in Form von Kalorien) aufnehmen, muss auch irgendwo bleiben. Aber wo? Dafür gibt es im Wesentlichen vier Möglichkeiten:

- Sie geht wieder raus (wird also vom Körper gar nicht aufgenommen).
- Sie landet im »Grundumsatz« – das ist die Energie, die der Körper auch dann verbraucht, wenn er sich im Ruhe-

zustand befindet (zum Beispiel für den Herzschlag, die Wärmeproduktion und die Stromversorgung der Nervenzellen).
- Sie wird für körperliche Arbeit bereitgestellt, die über den Grundumsatz hinausgeht.
- Sie wird als Reserve eingelagert (im Körperfett).

Jeder, der mehr Energie aufnimmt, als unter den ersten drei Punkten vom Organismus verbraucht wird, nimmt zu, weil er Fettreserven aufbaut. Umgekehrt gilt: Wer weniger aufnimmt, als er verbraucht, nimmt ab oder hält zumindest sein aktuelles Gewicht. Diätprogramme bewirken also nichts Wundersames, sondern reduzieren die Kalorienaufnahme oder erhöhen den Verbrauch, zum Beispiel durch Sport.

Ein Teil des körpereigenen Energieverbrauchs geht in die so genannte Thermogenese, die nur nach der Nahrungsaufnahme angekurbelt wird und insbesondere darauf beruht, dass für die Verdauung, die Aufnahme und den Transport der Nährstoffe Energie verbraucht wird.

Und damit sind wir schon beim grünen Tee: Einige Forscher wollen herausgefunden haben, dass die Substanz Polyphenol Epigallocatechingallat (EGCG) als einer der Hauptbestandteile von grünem Tee die Thermogenese besonders steigert und dadurch einen extra Kalorienverbrauch auslöst.

Somit stellen sich also nun zwei Fragen:

1. Stimmt es, dass der Tee-Extrakt den Körper über die Thermogenese anregt, viele Kalorien zu verbrauchen?

2. Und wenn ja, taugt dieser Mechanismus zum Abnehmen?

Was Ersteres angeht: Die Experten streiten sich noch, ob grüner Tee oder auch andere Sorten (schwarzer Tee oder

Pu-Erh-Tee sollen ähnlich wirken) tatsächlich einen merklichen Einfluss auf die Thermogenese haben. Eine oft zitierte Studie dazu mit zehn männlichen Versuchspersonen wurde von einer Firma finanziert, die selbst Grüne-Tee-Kapseln herstellt. Sie erbrachte ein positives Ergebnis: Bei ansonsten gleicher Ernährung hätten die Kapseln mit dem Tee-Extrakt bei sechs der zehn Männer den Kalorienverbrauch durch Wärmeproduktion um durchschnittlich 78 kcal pro Tag erhöht. Die Studienleiter folgerten daraus, grüner Tee habe das »Potenzial, das Körpergewicht zu beeinflussen«.

Eine Studie an Mäusen dagegen bestreitet die Wirkung des Tee-Extrakts auf die Thermogenese. Die Forscher fütterten die kleinen Nager mit einer besonders fettreichen Diät und stellten dabei fest, dass das Zufüttern von Grüner-Tee-Extrakt die Tiere nicht davor bewahrte, fettleibig zu werden.

Wie aussagekräftig sind solche Untersuchungen von Mäusen und Menschen? In der bekannten medizinischen Datenbank »Medline« (www.ncbi.nlm.nih.gov) finden sich derzeit 33 Arbeiten zum Thema »Grüner Tee«. Eine davon beschreibt die Entwicklung einer Pille zum Abnehmen, die unter anderem auch grünen Tee enthält. Zwei andere lassen den Schluss zu, dass eine Wirkung vorhanden sein könnte (eine bewusst vorsichtige Formulierung, die ein positives Resultat nicht ausschließen mag, aber keinesfalls behaupten will). Überwiegend ist der Tenor zu lesen, dass die Wirkung von grünem Tee derzeit nicht ausreichend belegt sei. Mögliche unterstützende Effekte von grünem Tee beim Abnehmen sind also nicht gerade eindrucksvoll belegt – andererseits aber auch nicht völlig auszuschließen.

Im Sommer 2005 vermeldete das Deutsche Institut für Ernährungswissenschaften, dass grüner Tee wirklich beim Abnehmen hilft. Ursache dafür sei jedoch nicht das EGCG, sondern Polyphenol, das in Blättern vorkommt und die Aufnahme von Fett im Körper verringere …

Tja, und das ist eben die Crux mit der Wissenschaft: Immer muss auf langwierige Untersuchungen und komplizierte Studien verwiesen werden, bei denen am Ende vielleicht auch kein hundertprozentig sicheres Ergebnis herauskommt – wo wir uns nichts weiter als schlichte und eindeutige Antworten wünschen.

Vielleicht halten wir einfach fest: Gesund ist Tee in jedem Fall, weil er kalorienarm und nährstoffreich ist. Und noch etwas: Es sind nicht die Engländer, die am meisten Tee trinken, sondern ihre Nachbarn von der grünen Insel, die Iren (circa 2,9 Kilogramm Schwarztee pro Kopf und Jahr). Weltmeister im Teetrinken (beim Kaffeetrinken sind es die Finnen) wären allerdings mit circa 3 bis 3,5 Kilogramm die Ostfriesen, wenn es offizielle regionale Statistiken gäbe.

… Karotten gut für die Augen sind?

Eigentlich ein uralter Hut: Karotten enthalten Betakarotin, das im Körper zu Vitamin A umgewandelt wird. »Gut« für die Augen ist Vitamin A insofern, als dass es Nachtblindheit und Störungen des Hell-Dunkel-Sehens vorbeugen kann. »Besser« oder »schärfer« sehen kann man auch mit Megadosen Vitamin A nicht – die überdies gesundheitsschädlich wären.

Viel interessanter ist die Frage, woher der Karottenmythos eigentlich kommt? Die britische Luftwaffe hat ihn in die Welt gesetzt. Im Zweiten Weltkrieg stopfte die Royal Air Force ihre Piloten mit Karotten voll und behauptete, deshalb würden sie so viele deutsche Flugzeuge abschießen. In Wahrheit hatten die Engländer die ersten streng geheimen Radargeräte für den Einsatz in Flugzeugen entwickelt, die ihre Piloten auf Angriffskurs brachten.

... ein verschluckter Kaugummi den Magen verklebt?

Einer nicht. Allerdings kann das beständige und absichtliche Verschlucken großer Mengen der zähen Klumpen zu einem Darmverschluss führen.

Denn egal ob »echter« Kaugummi (gewonnen aus dem milchig-weißen Saft des tropischen Saptotillbaums) oder künstlich hergestellt, die Grundsubstanz kann der Magen tatsächlich nicht verdauen. Sieben Jahre lang – wie in manchen großelterlichen Schreckgeschichten – hängt das Naschwerk dennoch nicht in den Schlingen des Dickdarms fest. Sondern nur ein, zwei Tage, bis der Kaugummi auf ganz natürliche Weise wieder nach draußen befördert wird.

... man fünfmal am Tag essen soll?

Fünf kleinere Mahlzeiten am Tag – am besten im Drei-Stunden-Takt – sind ideal. So lautet seit einigen Jahren das Credo der gesunden Ernährung. Keine Leistungstiefs, keine Heißhungerattacken mehr, und auch den Pfunden geht es angeblich ans Eingemachte, weil der Insulinspiegel nicht so belastet wird. Aber ist der altmodische Morgens-Mittags-Abends-Rhythmus tatsächlich Omas Auslaufmodell und die Lizenz zum Dickwerden?

Nicht unbedingt. Studien, die das eine oder das andere Essmodell wissenschaftlich untermauern, gibt es nicht. Dafür aber einige Experten, die keineswegs dem modischen »Snacking« (fünf, sieben oder sogar acht Mahlzeiten am Tag) das Wort reden.

Die Nahrung, die wir aufnehmen, wird in verschiedenen Schritten verwertet – und zwar nacheinander. Das dauert etliche Stunden. Für unseren Organismus ist es deshalb besser, diesen Prozess in Ruhe abschließen zu können und nicht zu früh durch Nachschub gestört zu werden. Außerdem summieren sich bei fünf Mahlzeiten pro Tag unterm Strich leicht zu viele Kalorien.

Das vielleicht Entscheidende ist aber: »Wenn Sie alle zwei, drei Stunden etwas zu sich nehmen, kreisen Ihre Gedanken automatisch mehr ums Essen«, erklärt der Vizedirektor der Lübecker Uniklinik für Psychiatrie und Psychotherapie, Dr. Ulrich Schweiger. »Ein psychologisches Phänomen, das ich bei vielen Menschen beobachten konnte, die Probleme mit dem richtigen Essverhalten haben. Am leichtesten lassen sich diese Schwierigkeiten mit dem Drei-Mahlzeiten-Modell in den Griff bekommen.« (Zit. nach *Wellfit)*

Abgesehen davon: Wer hat schon Zeit und immer Gelegenheit, sich ernährungswissenschaftlich sinnvolle Snacks zuzubereiten? Im Zweifel greift man doch zu einem Müsliriegel – nicht gerade ein kalorienarmes Vergnügen.

... die Kartoffelchips von einem Koch erfunden wurden, der sich über einen anspruchsvollen Gast ärgerte?

George Crum war Küchenchef im Moon's Lake-Hotel in Saratoga Springs im US-Bundesstaat New York. An einem schicksalhaften Tag im Sommer 1853 beschwerte sich der reiche Großindustrielle und Gourmet Cornelius Vanderbilt darüber, dass seine frittierten Kartoffeln »zu dick, zu feucht und zu wenig gesalzen« seien.

Crum hatte anscheinend nicht seinen besten Tag. Anstatt sich bei seinem Gast zu entschuldigen, nahm er das Gericht wieder mit in die Küche, schnitt die Kartoffelscheiben papierdünn, ließ sie in siedendem Öl brutzeln, bis sie tiefbraun waren, und schüttete noch eine Extraportion Salz drüber. Der angefressene Küchenkünstler wollte den Feinschmecker so richtig ärgern.

Als Vanderbilt die knusprigen Scheibchen mit der Gabel

aufspießte, zerbrachen sie. Dennoch zeigte sich der Mann wider Erwarten von der gewagten Kreation angetan.

Der Rest ist Geschichte: Crum eröffnete ein eigenes Restaurant, das bald für seine »Saratoga Chips« berühmt war.

Heute geben die Menschen weltweit jedes Jahr 30 Milliarden Dollar für Kartoffelchips aus. Allein in Deutschland werden mit Kartoffelchips jährlich 400 Millionen Euro umgesetzt.

… »Hot Dog« von »Dackel« kommt?

Eine nette Geschichte:

Man schreibt das Jahr 1901. Der amerikanische Händler Harry Stevens verkauft im Polo-Grounds-Stadion der beiden New Yorker Baseballteams »Giants« und »Yankees« Eiscreme und Soda, aber die Geschäfte wollen nicht so recht laufen.

Also weist er seine Mitarbeiter an, zusätzlich so genannte »Dachshund«-Würste (Dachshund = englisch für »Dackel«) ins Sortiment aufzunehmen, die in tragbaren Wasserbehältern warm gehalten werden.

Beim nächsten Spiel laufen die Verkäufer durch die Reihen und preisen lautstark ihre »heißen roten« Dachshund-Würste an: »They're red hot! Get your dachshund sausages while they're red hot.« Unter den Baseballfans befindet sich an diesem Tag auch der bekannte Cartoonist T. A. Dorgan, der die Szene in einer witzigen Zeichnung von zwei bellenden Dackeln in einem länglichen Brötchen festhält. Da ihm das Wort »Dachshund« zu lang und zu sperrig ist, lässt er in seinem Cartoon für das *New York Journal* die fliegenden Händler kurz und knackig »Hot Dogs«, also »Heiße Hunde«, ausrufen.

Das kam an, und so ist es bis heute bei dieser Bezeichnung geblieben – behauptet jedenfalls die Wurstindustrie, zum Beispiel der US-amerikanische »National Hot Dog and Sausage Council«.

Und doch handelt es sich dabei vermutlich nur um eine Legende. Denn ein »Hot Dog«-Cartoon von T. A. Dorgan ist im Archiv des *New York Journal* nicht aufzufinden, und der Begriff »Hot Dogs« für Würstchen im Brot tauchte nachweislich schon 1895 in der Studentenzeitung *Yale Record* auf.

Aber wieso? Sehr wahrscheinlich brachte der deutsche Metzger Charles Feltmann im Jahr 1871 als Einwanderer den neuen Snack mit nach Amerika. Als seine Kunden wissen wollten, was in den Würsten drin sei, soll er wegen ihrer länglichen und leicht gebogenen (also dackelähnlichen) Form geantwortet haben: »Dachshund«. Im Straßenjargon wurde daraus dann einfach »Dog«. Anscheinend rief die Vorstellung, die Metzger würden auch Hundefleisch in ihren Produkten verarbeiten, keinerlei Irritationen hervor.

... das Wort »Pumpernickel« von Napoleon geprägt wurde?

»C'est du pain pour Nicole!«, soll Napoleon Bonaparte sich empört haben, als ihm 1806 nach der Besetzung des Rheinlandes ein kohlschwarzes Brot aus Roggenvollkornschrot gereicht wurde. Übersetzt: »Dieses Brot taugt höchstens für Nicole!«

Nicole – das war das Pferd des Kaisers der Franzosen.

Doch da die Deutschen kein Französisch verstanden, wurde in ihrem Sprachgebrauch aus »C'est du pain pour Nicole!« die Bezeichnung »Pumpernickel« für ihre regionale Spezialität. Leider hält auch diese hübsche Anekdote der historischen Wahrheit nicht stand.

Denn schon in Samuel Johnsons berühmtem Wörterbuch

»Dictionary of the English Language«, mit dem er 1755 die englische Rechtschreibung festlegte, findet sich ein ähnlicher Vergleich: »Hafer« definierte Johnson darin als eine Getreidesorte, die man »bei uns in England wohl nur an Pferde verfüttern würde«.

Daraus entstand eine Wanderlegende – und heute wie damals werden und wurden solche sagenhaften Geschichten gerne mit Prominenten verknüpft. In diesem Fall mit dem legendären Korsen.

Der wahre Ursprung des Wortes »Pumpernickel« ist ein anderer: »Pumpern« bedeutete einst so viel wie »furzen«, und ein »Nickel« war ein ungehobelter, grober Mensch. »Pumpernickel« käme also einem »Furzkerl« nahe, und da das Schwarzbrot im Ruf stand, schwer verdaulich zu sein und Blähungen zu verursachen, wurde es seit Mitte des 17. Jahrhunderts so genannt.

... Coca-Cola früher Kokain enthielt?

Die Coca-Cola GmbH als deutsche Tochtergesellschaft der »Coca-Cola Company« mit Sitz in Atlanta, USA, hält sich mit diesbezüglichen Auskünften bedeckt: »Unser Produkt Coca-Cola enthält natürlich kein Kokain oder andere illegale Zusatzstoffe, und sie wurden auch in der Vergangenheit nicht zugesetzt«, heißt es lapidar in den FAQs (frequently asked questions) auf der Website des Unternehmens.

Doch das ist zumindest ergänzungsbedürftig.

Coca-Cola wurde ab 1886 von seinem Erfinder, dem Pharmazeuten John Stith Pemberton, nicht als Erfrischungsgetränk verkauft, sondern als Medizin – eine Art Sirup mit Sodawasser gemischt gegen Müdigkeit, Kopfschmerzen und Depressionen. Und natürlich waren darin medizinisch wirksame Bestandteile enthalten, nämlich Extrakte der Kolanuss (stark koffeinhaltig) und des Kokastrauchs, aus dessen Blättern Kokain gewonnen wird.

Wie viel von dem Suchtstoff Coca-Cola damals enthielt, ist schwer zu sagen. Dass Coca-Cola Kokain enthielt, ist indes völlig unstrittig.

Ausgehend vom Originalrezept beziffern Experten rückblickend den Gehalt auf etwas mehr als acht Milligramm Kokain pro Glas. Zum Vergleich: Die heutzutage typischerweise geschnupfte Dosis liegt bei 20 bis 30 Milligramm. Oral verabreicht (also zum Beispiel in einem Getränk), wird Kokain allerdings nur langsam vom Organismus aufgenommen, sodass das »Anfluten« deutlich reduziert und eine medizinische Anwendung durchaus möglich ist.

Dennoch setzte in den USA gegen Ende des 19. Jahrhunderts eine breite Debatte über die suchterzeugende Wirkung von Kokain ein, und ab 1904 gingen die Coca-Cola-Hersteller dazu über, nur noch einen wirkstofflosen Extrakt des Kokastrauchs zuzusetzen. Gänzlich kokainfrei war der Sodasirup aber wohl erst in den späten 20er Jahren des 20. Jahrhunderts.

»Obwohl keine alkaloiden Stoffe (das heißt solche mit Drogen- oder Giftcharakter; Anm. d. Autors) des Kokablatts mehr in Coca-Cola enthalten sind, hat der ›Hauch der Sünde‹ dem Getränk Coca-Cola beim Erfolg und Image sehr geholfen«, kommentiert die Webenzyklopädie *Wikipedia:* »So wurde ihm nachgesagt, zusammen mit Aspirin eine berauschende Wirkung zu entfalten (ebenfalls eine Legende; Anm. d. Autors). In den USA wird Coca-Cola inzwischen nur noch unter dem ehemaligen Spitznamen Coke vermarktet, was eigentlich ›Koks‹ im Sinne des Kohlenprodukts bedeutet, aber umgangssprachlich auch für Kokain steht. In den Südstaaten wurde Coca-Cola lange Zeit schlicht nur ›Dope‹ genannt.«

Koffein enthält Coca-Cola auch heute noch: durchschnittlich 10 Milligramm Koffein pro 100 Milliliter, was bei einer Literflasche etwa dem Gehalt einer Tasse mittelstarken Kaffees entspricht.

Bedenklicher stimmt Gesundheitsbewusste der Zuckergehalt der schwarzen Brause: Ein halber Liter Coca-Cola ist umgerechnet in etwa mit 18 Stück Würfelzucker gesüßt.

... in der Mikrowelle Vitamine verloren gehen?

Das Erhitzen von Lebensmitteln führt aufgrund der Hitzeempfindlichkeit der Vitamine (zum Beispiel bei den B-Vitaminen und Vitamin C) grundsätzlich zu Vitaminverlusten. Das gilt auch für Speisen, die in der Mikrowelle erhitzt werden. In wenig Flüssigkeit und kurzer Zeit gegart sind die Vitaminverluste bei der Zubereitung in der Mikrowelle etwa genauso hoch wie beim herkömmlichen Dämpfen und Dünsten im Kochtopf.

Beim Auftauen von Gefriergut entscheidet die Auftauzeit über die Höhe der Nährstoffverluste. Im Mikrowellengerät bleibt beispielsweise beim Auftauen von Obst und Gemüse der Vitamin-C-Gehalt oft besser erhalten als beim länger dauernden Auftauen im Backofen, im Wasserbad oder bei Zimmertemperatur. Auch das Warmhalten von Speisen ist oft ungünstiger als ein zweites kurzes Erhitzen etwa in der Mikrowelle.

Wissenschaftliche Studien zu der Frage, ob eine längere Garzeit bei einer niedrigen Wattzahl oder eine kurze Garzeit bei einer hohen Wattzahl zu mehr Vitaminverlusten führt, gibt es aktuell keine.

Generell sollten Speisen nur kurz in wenig Flüssigkeit bissfest gegart werden, um den Vitaminverlust so gering wie möglich zu halten.

... Waren auch nach Ablauf des Mindesthaltbarkeitsdatums noch verkauft werden dürfen?

Gewiss, denn das Mindesthaltbarkeitsdatum (MHD) für Waren in geschlossener Originalverpackung ist kein Verfallsdatum oder letztes Verbrauchsdatum – sondern »das Datum, bis zu dem dieses Lebensmittel unter angemessenen Aufbewahrungsbedingungen seine spezifischen Eigenschaften behält«, wie es in der Lebensmittel-Kennzeichnungsverordnung heißt.

Der Hersteller des Produkts garantiert also mit dem MHD, dass die so genannten wertgebenden Eigenschaften des Lebensmittels (Farbe, Geruch, Geschmack, Vitamingehalt etc.) bei angemessener Lagerung mindestens bis zu diesem Datum erhalten bleiben – aber meistens noch darüber hinaus. Waren, die ein Mindesthaltbarkeitsdatum (MHD) tragen, dürfen deshalb auch nach dessen Ablauf weiter verkauft und müssen nicht einmal im Preis gesenkt werden. Rechtlich umstritten ist lediglich, ob sie von nicht abgelaufenen Produkten getrennt angeboten werden müssen.

Nach Ablauf des MHD ist es ratsam, die Qualität des Lebensmittels genau zu prüfen. Überzeugen Sie sich davon, dass das Produkt noch in Ordnung ist, indem Sie es kritisch begutachten, daran riechen oder eine kleine Kostprobe nehmen.

Sparen kann man sich diese Prozedur dagegen bei abgelaufenem Verfalls- oder Verbrauchsdatum. Denn dieses gibt tatsächlich den Zeitpunkt an, bis zu dem ein Lebensmittel verzehrt sein sollte. Das Verfalls- bzw. Verbrauchsdatum ist vorgeschrieben für leicht verderbliche und hygienisch kritische Lebensmittel wie Frischgeflügel oder Hackfleisch. Werfen Sie Lebensmittel, deren Verbrauchsdatum abgelaufen ist, immer weg und verzehren sie diese nicht mehr.

... weiße Schokolade mehr Milch enthält als braune?

Klingt logisch, ist aber falsch.

Weiß oder braun – der Unterschied liegt weder im Nährstoffgehalt noch in der Kalorienzahl. Schokolade, ganz gleich welcher Färbung, besteht zu 18 Prozent aus getrockneten Milcherzeugnissen, reichlich Fett und gut 50 Prozent Zucker.

Weiße Schokolade wird lediglich ohne Kakaopulver hergestellt.

... brauner Zucker gesünder ist als weißer?

Klar, manchmal muss es einfach süß sein. Viele greifen dann lieber zu braunem Zucker, weil der den Anschein erweckt, seinem natürlichen Ursprung (Zuckerrohr) näher zu sein als die weiße Variante. Ergo glauben viele, dass der vermeintlich »naturbelassene« Zucker mehr von den wertvollen Spurenelementen in seinem Inneren trägt, da weißer Zucker durch ein aufwändiges Herstellungsverfahren der gesunden Anteile beraubt wurde.

Tatsache ist, dass die braune Süße nicht so stark gereinigt wird wie Raffinadezucker und etwas mehr Mineralstoffe (Kalium, Natrium, Calcium) und ein paar Vitamine (B_1, B_2 und Niacin) enthält – aber immer noch viel zu wenig, um Gesundheit und Wohlbefinden dienlich zu sein. In punkto Kalorien und Kohlenhydrate unterscheidet sich die dunkle Variante kaum vom hellen Zucker.

... braunes Brot das volle Korn enthält?

Kann sein – muss aber nicht.

Die Farbe eines Brotes ist kaum ein Indiz für den Nähr- und Ballaststoffgehalt. So mancher Bäcker verpasst dem

Laib mit dunkelfärbenden Substanzen wie zum Beispiel Melasse den richtigen Ton.

Eine glänzende sattbraune Kruste ist sogar eher ein Hinweis auf »Mogelbrot«. Echtes Vollkornbrot präsentiert sich mit einer leicht graubraunen Oberfläche. Klarheit verschafft der Drucktest: Vollkornbrot bleibt bei leichtem Fingerdruck fest.

... man mit Honig süßen soll, wenn man Kalorien sparen will?

Honig besteht zu etwa 80 Prozent aus Zucker: 40 Prozent Fructose (Fruchtzucker), 30 Prozent Dextrose (Traubenzucker) und zehn Prozent Maltose (Malzzucker). Honig ist also in der Tat ein hervorragendes Süßungsmittel – aber wer wegen der Kalorien auf Honig setzt, wird wenig Erfolg haben. Denn der Bienensaft ist mit 306 Kilokalorien nur etwas »leichter« als weißer Zucker mit 405 Kilokalorien oder brauner Zucker mit 396 Kilokalorien pro 100 Gramm.

... wir fünf Geschmackswahrnehmungen haben und nicht nur vier?

Bis vor kurzem nahm man an, dass auf der menschlichen Zunge nur Sinneszellen für vier verschiedene Geschmacksrichtungen (genauer: Modalitäten) vorhanden sind: für süß, salzig, sauer und bitter. Im Jahre 2000 konnte nachgewiesen werden, dass es daneben eine fünfte Geschmacksmodalität gibt.

Schon 1908 hatte der japanische Chemiker Kikunae Ikeda ihre Existenz vermutet und diesem Geschmack den Namen Umami gegeben, abgeleitet vom japanischen »umai« (köstlich). Ikeda konnte die fünfte Geschmacksmodalität nämlich aus Meeresalgen isolieren, die unter dem Namen Kombu in der japanischen Küche sehr beliebt sind. Der Geschmack »umami« ist sehr mild und erinnert etwas an Fleischbrühe.

Tatsächlich wird er von der Aminosäure Glutamat hervorgerufen, die in proteinreichen Nahrungsmitteln vorhanden ist. Und gerade in der asiatischen Küche ist künstlich hergestelltes Glutamat seit langem ein wichtiger Geschmacksverstärker. Dass wir gerade diese fünf Geschmacksmodalitäten wahrnehmen, ist übrigens ein evolutionäres Erbe und war beziehungsweise ist für uns überlebenswichtig.

Sie geben nämlich die wichtigsten Eigenschaften von Lebensmitteln wieder: Süßes deutet auf das Vorhandensein von Kohlenhydraten hin, Umami auf Proteine und Salziges auf Mineralstoffe. So haben die wichtigsten Nährstoffgruppen jeweils ihren eigenen positiven Geschmack – und wir achten darauf, sie in ausreichender Menge zu uns zu nehmen. Saures und Bitteres hingegen warnen uns vor verdorbenen Lebensmitteln.

Das gesamte Aroma einer Speise besteht indes nicht nur aus diesen fünf Geschmacksmodalitäten. Jeder, der einmal einen starken Schnupfen hatte, weiß, dass das Essen dann fade schmeckt. Denn das Aroma entsteht vor allem in der Nase. Das Riechepithel der Nase kann ein viel breiteres Spektrum von verschiedenen Substanzen registrieren als die Zunge und damit den individuellen Geschmack eines Gerichts viel detaillierter wahrnehmen.

… man sich an Kaffee leichter die Zunge verbrennt als an Tee?

Jeder Mensch hat andere Trinkgewohnheiten, deshalb ist das schwierig zu beantworten.

Aber es gibt einen guten Grund, beim Kaffeetrinken vorsichtig zu sein: Frisch gebrauter Kaffee hat oft eine dünne isolierende Schaumschicht auf der Oberfläche, die unseren Temperatursinn verwirrt. Beim Trinken schätzen wir – bevor das Heißgetränk die Zunge streift – die Temperatur schon vorher ab: Nase und Lippen registrieren den Wärmegrad der Dämpfe beziehungsweise der Luft in der Tasse und zum Teil auch die Wärmestrahlung, die von der Flüssigkeit ausgeht.

Wenn Nase und Lippen das Signal »Vorsicht, heiß!« geben, dann trinken wir reflexartig sehr vorsichtig und lassen das Getränk nur langsam an Lippen und Zunge heran. Doch die Schaumschicht auf dem Kaffee kann diesen Warnmechanismus herabsetzen. Während der Kaffee selbst sehr heiß ist, kühlt die Oberfläche der isolierenden Schaumschicht schnell ab, sie strahlt weniger Wärme aus, und die Luft in der Tasse erwärmt sich weniger. Beim Trinken erhalten wir also möglicherweise keine Vorwarnung, dass eine sehr heiße Flüssigkeit zu erwarten ist.

Film und Fernsehen

Stimmt es, dass

... der Gruselklassiker *Amityville Horror* auf einer wahren Begebenheit beruht?

Spuk, Gespenster, Poltergeister, Dämonen ... Das gesamte Höllenpersonal schien zum Jahreswechsel 1975/76 einen Betriebsausflug zu machen und kehrte geschlossen in Amityville auf Long Island ein, und zwar in einem schmucken Haus in der Ocean Avenue Nr. 112. Dort war am 18. Dezember das Ehepaar George und Kathy Lutz mit drei kleinen Kindern eingezogen. Das Gebäude im niederländischen Kolonialstil verfügte über sechs Schlafzimmer, einen Swimmingpool und ein Bootshaus – und kostete nur 80 000 Dollar. Denn ein Jahr zuvor hatte ein 24 Jahre alter New Yorker namens Ronald DeFoe dort seine Eltern, zwei Brüder und zwei Schwestern erschossen. DeFoe wurde zu sechsmal lebenslänglich verurteilt und das Haus verkauft. So weit die Tatsachen.

Faktum ist auch, dass Familie Lutz genau 28 Tage nach ihrem Einzug das Anwesen Ocean Avenue Nr. 112 fluchtartig wieder verließ. Der Grund dafür führt indes direkt ins Reich der Mythen und Legenden: »Ihrem Bericht zufolge begann der Ärger mit einem fauligen Gestank, der das Haus durchzog, schwarzem Schleim im Badezimmer und Myriaden von Fliegen in einem der Schlafzimmer«, munkelt etwa Brian Innes, Autor des Nachschlagewerks *Das große Buch der Geistererscheinungen.*

Und weiter heißt es: »Die schwere Haustür war ausgehebelt worden und hing nur noch in einer Angel. Im Schnee draußen sah man Spuren von gespaltenen Hufen, und die Garagentür war fast abgerissen, mit einer Kraft, die die eines Menschen weit übersteigt. Kathy Lutz sagte, sie habe sich von unsichtbaren Armen umfasst gefühlt, aus denen sie sich nicht befreien konnte, und auf ihrem Körper seien rote Striemen erschienen. George berichtete, er habe ein unsichtbares Blasorchester im schweren Marschtritt durchs Haus marschieren hören. Später habe er Kathy mehrmals in der Luft über dem Bett schweben sehen und auch eine Erscheinung beobachtet, die er mal als gigantische weiße Gestalt mit Kapuze beschrieb, dann wieder als gehörnten Dämon mit halb weggeschossenem Gesicht. Und als die kleine Tochter eines Nachts zum Fenster zeigte, sahen George und Kathy zwei feurige rote Augen. Kein Gesicht, nur die kleinen bösen Augen eines Schweins ...«

Gar furchtbare Ereignisse, die mühelos Stoff für eine ganze TV-Staffel à la *Buffy – Im Bann der Dämonen* abgegeben hätten und für eine Folge *Musikantenstadl* noch dazu – wegen des Blasorchesters. Kein Wunder, dass sich nach einigen Zeitungsinterviews der Familie Lutz schnell ein Autor, nämlich Jay Anson, fand, der aus dem Vorstadtgrusical einen Bestseller strickte: *The Amityville Horror – A True Story.* 1979 wurde das Buch zum ersten Mal verfilmt. Der Streifen zog sage und schreibe acht Fortsetzungen nach sich (darunter Teil 7 mit dem vieldeutigen Titel *Das Grauen nimmt kein Ende),* und im April 2005 geisterte das aufgemotzte Remake des Originals von 1979 über die Leinwand – wieder als »true story«.

Doch was im Kino als modisches Effektfeuerwerk ganz nett anzuschauen ist, brachte schon frühzeitig kundige Experten gegen den angeblichen Geisterkram auf: halb klassische Spukgeschichte, halb Poltergeistphänomen, halb dämonische Besessenheit und der Rest aus *Der Exorzist* geklaut – so mäkelten schon 1978 die beiden amerikanischen Grenzwissenschaftler Rick Moran und Peter Jordan an Jay Ansons literarischen Ergüssen herum. Und folgerten daraus, dass der Fall völlig untypisch sei für ein echtes übersinnliches Geschehen.

Im Vorwort hatte Jay Anson sich dahingehend ausgelassen: »To the extent that I can verify them, all the events in this book are true.« Allzu viel Zeit und Mühe schien der Bestsellerautor jedoch nicht auf die Verifizierung der Schilderungen von George und Kathy Lutz verwendet zu haben, denn alle Aussagen des Ehepaars ließen sich vor Ort mühelos widerlegen.

Nach der Familie Lutz bewohnten James und Barbara Cromarty das umspukte Anwesen in der Ocean Avenue Nr. 112 von Amityville/Long Island. Joe Nickell gegenüber, der den Fall für die Skeptikerorganisation CSICOP (Committee for the Scientific Investigation of Claims of the Paranormal) untersuchte, erklärten sie, zu keinem Zeitpunkt etwas Ungewöhnliches in dem Haus bemerkt zu haben. Und nicht nur das: Die Türen und Fenster, die laut *The Amityville Horror – A True Story* unter den massiven dämonischen Attacken zusammengebrochen waren, wiesen beim Einzug der Familie Cromarty nicht die Spur einer Beschädigung oder Reparatur auf. Kein Handwerker in der Gemeinde erinnerte sich auch nur an einen Schadensfall auf dem Grundstück.

Einige Jahre danach bewohnte ein gewisser Frank Burch das Haus, der ebenfalls zu Protokoll gab: »Das einzige unheimliche Geräusch, das ich in dem Haus jemals gehört habe, ist das dumpfe Poltern, wenn ich nachts aus dem Bett falle.«

Und genauso gingen die Ermittlungen der Skeptiker weiter. Klauenartige Abdrücke im Schnee vor dem Haus?

Zwischen dem 18. Dezember 1975 und dem Auszug der Familie Lutz 28 Tage später gab es keinen Schneefall auf Long Island. Ein orkanartiger Sturm, der in der Nacht zum 13. Februar das Anwesen umtoste? Der Wetterdienst verzeichnete für dieses Datum »mild conditions«. Ein einheimischer Priester, der von diversen jenseitigen Manifestationen in dem Haus fast zu Tode erschreckt wurde? In Wahrheit hatte kein Priester das Haus betreten, während Familie Lutz darin wohnte. Der örtliche Polizeibeamte Detective Sergeant Lou Zammataro, der in Jay Ansons Buch ebenfalls als Gewährsmann für den Teufelsspuk zitiert wird? Er wusste auf Nachfrage von nichts. Und so weiter und so fort.

Der einzig echte »Amityville Horror« brach erst nach der Flucht von George und Kathy Lutz aus dem »Spukhaus« über das Ehepaar herein – und zwar in Form von gerichtlichen Klagen, die sowohl ihre Nachmieter James und Barbara Cromarty als auch der Anwalt des Mörders Ronald DeFoe, William Weber, gegen sie anstrengten. Wieso dieses?

Weber sagte aus, die Familie Lutz hätte ihn aufgesucht und ihm zunächst vage von seltsamen Erlebnissen in dem Haus Ocean Avenue Nr. 112 erzählt – in der Absicht, dem Rechtsanwalt damit Material für ein Wiederaufnahmeverfahren in Sachen Ronald DeFoe zu liefern. Denn DeFoe hatte behauptet, »Stimmen« hätten ihn zu dem Mord an seiner Familie getrieben.

Vor diesem Hintergrund kam Weber die Spukgeschichte der Familie Lutz wie gerufen. Also spann er die Gruselstory gemeinsam mit dem finanziell völlig abgebrannten Ehepaar Lutz immer weiter. So informierte Weber Kathy Lutz beispielsweise darüber, dass sein Mandant Ronald DeFoe die Morde gegen drei Uhr morgens verübt habe. Prompt behauptete Kathy, sie sei regelmäßig um diese Zeit von einem mysteriösen Lärm im Haus wach geworden und habe danach von einem halben Dutzend toter Menschen geträumt. »Wir haben uns diese Horrorgeschichte bei vielen Flaschen Wein ausgedacht«, gab Weber später zu.

Schließlich kam noch der Schriftsteller Jay Anson ins Spiel, der aus der Sache ein großes Geschäft zu machen wusste – von dem am Ende nur er und Weber profitierten. Denn Weber und George Lutz zerstritten sich bald, und der Anwalt verklagte das Ehepaar Lutz auf zwei Millionen Dollar Schadenersatz wegen Betrugs und Vertragsbruchs. Familie Cromarty wiederum wurde nach der Buchveröffentlichung und der ersten Verfilmung von *The Amityville Horror – A True Story* von Schaulustigen und ungebetenen Gästen derart genervt, dass sie George und Kathy Lutz ebenfalls vor Gericht verklagte, weil diese mit ihrem unverschämten Schwindel die Lebensqualität in Amityville, Ocean Avenue Nr. 112 dauerhaft schwer beeinträchtigt hätten.

Der »Amityville Horror« war also bloß ein Amityville-Hoax (zu Deutsch etwa: Jux, Verarschung). Und da dies mittlerweile recht bekannt war, musste Hollywoods PR-Maschinerie einen anderen Ansatzpunkt wählen, um für das Remake 2005 zugkräftige Reklame zu machen. Dabei verfiel man ausgerechnet auf eine Strategie, die ebenso ausgelutscht ist wie die Handlung des Films: »Rätselhafte Zwischenfälle« habe es bei den Dreharbeiten in Illinois und Wisconsin gegeben, verbreitete John Pisani, Pressesprecher der Produktionsfirma MGM, beflissen. Zudem sei die echte Kathy Lutz während der Produktion gestorben. Anscheinend spekulierten die Macher von *The Amityville Horror* auf eine ähnliche Legendenbildung wie um Steven Spielbergs Gruselfilm *Poltergeist*, auf dem angeblich ein Fluch lasten soll. So erklärte der Darsteller des George Lutz, Ryan Reynolds, bei der Premiere des Remakes: »They say you should only do one horror film in your career, and this is it.«

… der Marlboro-Mann an Lungenkrebs gestorben ist?

Realistische Zigarettenreklame – sie müsste »hohlwangige, ausgemergelte Wracks mit schwarzen Zähnen und gelben Fingernägeln zeigen«, schrieb vor einigen Jahren der Satiriker Ephraim Kishon, nach eigenem Bekunden leidenschaftlicher Nichtraucher. »Und daneben, in Cinemascope, Röntgenbilder von Lungenflügeln, die zu lange der Freiheit und dem Abenteuer ausgesetzt waren.«

Keine Satire, kein Witz, keine Wandersage, sondern pikante Tatsache: Zwei der zahlreichen verschiedenen Darsteller des kernigen »Marlboro«-Cowboys aus den Reklamefilmchen fürs Kino sind an Lungenkrebs gestorben.

Wayne McLaren, der seit 1976 durchs »Marlboro Country« ritt, erlag seinem Tumor mit 51 Jahren am 22. Juli 1992. Er hatte im Durchschnitt anderthalb Schachteln Zigaretten am Tag geraucht.

David McLean, Marlboro-Mann in den 1960er Jahren, starb mit 73 Jahren am 12. Oktober 1995. Er hatte schon als Zwölfjähriger mit dem Rauchen angefangen.

McLeans Witwe und sein Sohn strengten im September 1996 einen Prozess gegen den Hersteller von Marlboro, den Konzern Philipp Morris, an, da der verstorbene Schauspieler bei jedem Dreh bis zu fünf Schachteln Zigaretten habe rauchen müssen.

»Nicht einmal der berühmte Marlboro-Mann war gefeit gegen die Gefahren des Rauchens«, stieg der Anwalt der McLeans, Don Howarth, in die Anklage gegen den Tabakmulti ein, die bis heute noch kein abschließendes Urteil gefunden hat.

Mittlerweile sind in den USA zahlreiche Prozesse von todkranken Rauchern gegen die Zigarettenindustrie anhängig. Im Januar 2000 verurteilten die Geschworenen eines Gerichts in San Francisco die US-Tabakkonzerne

Philip Morris und R. J. Reynolds zur Zahlung von 21,7 Millionen US-Dollar an eine an Lungenkrebs erkrankte Raucherin. Es war das erste Mal, dass die Tabakindustrie einen Prozess gegen einen Konsumenten verlor, der nach 1969 mit dem Rauchen begonnen hatte.

Neben den Einzelklägern traten auch 40 US-Bundesstaaten als Kläger gegen die Tabakindustrie auf. Ihnen ging es um die Erstattung der Millionenbeträge, die das amerikanische Gesundheitswesen jährlich für die Behandlung von Krankheiten aufwenden muss, die durch Tabakkonsum verursacht werden. Die Flut der Klagen erreichte Mitte der 1990er Jahre einen Höhepunkt und veranlasste die Industrie, einen Vergleich anzustreben.

Da die Bundesregierung in Washington jedoch nicht zu Zugeständnissen bereit war, gab es keine einheitliche Regelung für das ganze Land. Daher einigten sich die Konzerne im November 1998 nur mit den 40 Bundesstaaten, dem District of Columbia und fünf US-amerikanischen Territorien auf das so genannte Master Settlement Agreement. Im Ergebnis kommen Zahlungen in Höhe von mehr als 200 Milliarden US-Dollar auf die Tabakindustrie zu, die sie in den nächsten 25 Jahren an die Bundesstaaten leisten muss.

Ferner verpflichtete sie sich zur Zahlung von 1,5 Milliarden US-Dollar für eine Aufklärungskampagne über die Gefahren des Tabakkonsums sowie zur Zahlung von 250 Millionen US-Dollar an eine Stiftung, die sich für eine Verringerung des Tabakkonsums bei Kindern und Jugendlichen einsetzt.

... Ernie und Bert schwul sind?

Im »Popo Club« in den älteren Folgen der RTL *Freitag Nacht News* heißen sie zwar nur »Unbekannter Nummer

1« und »Unbekannter Nummer 2« – dennoch ist die grenzwertige Darkroom-Satire mit den beiden homosexuellen einäugigen Lederpuppen unverkennbar an Ernie und Bert aus der *Sesamstraße* angelehnt.

Das Gerücht, dass die flauschigen TV-Superstars schwul sind und demnächst in einer *Sesame-Street*-Folge sogar heiraten werden, ist indes viel älter als die deutsche Comedy-Sendung. Als Initialzündung gilt das Buch *The Real Thing* des US-amerikanischen Autors Kurt Andersen aus dem Jahr 1980, ein »Guide to separating the genuine from the ersatz, the men from the boys, and the wheat from the chaff«. Eindeutschen würde man das wohl sinngemäß: »Wie Sie das Echte vom Nachgemachten unterscheiden, die Spreu vom Weizen trennen und Jungs zu richtigen Männern machen.«

Andersen erwähnt in seinem humorigen »Guide« ausgerechnet die Fernsehfiguren Ernie und Bert als Vorbilder für eine harmonische Beziehung: »Sie leben liebenswürdig und diskret in ihrem hübsch dekorierten Studio dasselbe Leben wie Millionen andere Schwule, Frauen und Puppen auch.«

Ein Füllsatz ohne tiefere Bedeutung – aber einige konservative Amerikaner wie etwa ein gewisser Reverend Joseph Chambers aus Charlotte, North Carolina, fühlten sich provoziert und wetterten öffentlich dagegen, dass in einer populären Kinderserie zwei erwachsene Männer »Haus und Bett miteinander teilen« und deutlich feminine Züge aufwiesen.

Die Produzenten von *Sesame Street* schoben eilig Erklärungen hinterher: Ernie und Bert seien »Puppen und keine Menschen«, die den kleinen Zuschauern bloß zeigen sollten, dass auch unterschiedliche Charaktere gute Freunde sein können.

Vergebens. Denn Gerüchte sind immer ein Spiegel unserer Vorurteile und Befürchtungen. Die Wandersage vom

Schwulenpärchen Ernie und Bert lebt von der Angst vieler Eltern vor dem schleichenden Verlust ihrer Einflussmöglichkeiten – und dass zu viel TV-Konsum den Charakter ihrer Kinder nachhaltig negativ beeinflussen könnte.

… eine der Figuren in der *Sesamstraße* Aids hat?

Das nun wiederum stimmt tatsächlich – allerdings tritt die senfgelbe Puppe »Kami« nur in der südafrikanischen Version der Kindersendung auf. Das fünfjährige Waisenmädchen, dessen Mutter an Aids gestorben und das selbst mit dem Virus infiziert ist, gehört seit September 2002 zu den Charakteren von *Takalani Sesame.*

Die Figur soll der tödlichen Krankheit ein menschliches Gesicht geben und zeigen, dass man auch mit aidsinfizierten Kindern ganz normal umgehen kann, verlautbart der Fernsehsender SABC (South African Broadcasting Corporation). Und Nila Farouky von der südafrikanischen *Sesamstraße* ergänzt: »Die Kinder bei uns werden mit der verheerenden Krankheit schon sehr früh konfrontiert. Sie müssen zusehen, wie ihre Eltern und Freunde sterben, in einem Alter, in dem sich andere Kinder allenfalls mit dem Ausfall ihres ersten Milchzahns beschäftigen.« Nach Schätzungen der Vereinten Nationen werden im Jahr 2010 in Südafrika 1,5 Millionen Aidswaisen leben.

Übrigens haben inzwischen mehr als 20 Länder eigene Versionen und eigene Figuren der *Sesamstraße* – wie zum Beispiel Samson, Tiffy, Herr von Bödefeld und Finchen in Deutschland.

... der »Kiss«-Sänger Gene Simmons sich eine Kuhzunge hat implantieren lassen?

Gut, sie findet sich auf der »Liste der unglaublichsten Körperteile von prominenten Rock- und Popmusikern« des US-Musikmagazins *Spin*.

Und sie ist »extrem lang und unglaublich beweglich« – sagt Gene Simmons selbst über seine Zunge. Diese trug dem Sänger und Bassisten der legendären Glam- und Heavy-Metal-Band »Kiss« nicht nur den Spitznamen »Frauenglück« ein; sie beschäftigt auch Mythenexperten und Erzählforscher.

Kein Wunder, denn die Musiker von »Kiss« inszenierten sich stets als grell geschminkte und kostümierte Comicfiguren. Gene Simmons mimte dabei unanständig züngelnd den »Dämon« und malträtierte blut- und feuerspuckend mit diabolischem Blick seine beilförmige Bassgitarre. Mit anderen Worten: Das extravagante Schaustellerquartett war in den 1970er und 1980er Jahren ein echter Schocker und Elternschreck.

Die Altvorderen setzten sich auf ihre Weise zur Wehr: mit der Dramatisierung von kollektiven Befürchtungen, sprich Gerüchten.

»Kiss«? Natürlich eine Abkürzung für »Knights in Satan's Service«, teuflische Schwermetallritter auf Seelenfang. Und als diese Unterstellung aus der christlich-fundamentalistischen Ecke keinerlei faktische Entsprechung in den Songtexten oder Interviews der vier Musiker fand, wurde es erst richtig bizarr: Der ehemalige brave Englischlehrer Gene Simmons habe sich die Zunge herausschneiden und eine Kuhzunge einsetzen lassen. Bääh ...

Aber natürlich traut man »so einem« nun wirklich alles zu. Überflüssig zu erklären, dass das Ganze barer Unsinn ist. Aber die Fans und nicht zuletzt Gene Simmons selbst freuen solche Storys – unlängst erst hat der »Kiss«-Musiker ein von ihm gegründetes Männermagazin *Tongue* (Zunge) genannt.

Übrigens: Platz eins und zwei der *Spin*-Liste der unglaublichsten Körperteile von prominenten Musikern belegen unangreifbar der Bauchnabel von Madonna und die Leber von »Rolling Stones«-Gitarrist Keith Richards. Diese sei nämlich so haltbar, dass, »wenn Richards schließlich stirbt, die Außenwand von Raumfähren mit seinem Lebergewebe verkleidet werden kann«, heißt es zur Begründung.

Noch so ein Gerücht …

… beim »Massenselbstmord« der Lemminge in dem berühmten Disney-Film das Filmteam kräftig nachgeholfen hat?

Sie dürfen in keinem »Rätsel«-Lexikon fehlen: die kleinen Wühlmausverwandten, die sich angeblich kollektiv zu Tode stürzen und damit das Synonym »Wie die Lemminge …« für jede Art von unglückseligem Massenverhalten prägten.

Mittlerweile ist recht bekannt, dass Lemminge durchaus kein auffälliges Suizidverhalten an den Tag legen. Die großen Schwankungen in der Population der Nagetiere haben andere Ursachen und hängen zum Beispiel mit den Aktivitäten ihrer natürlichen Fressfeinde wie Hermelin, Schnee-Eule und Polarfuchs zusammen.

Andererseits hat fast jeder von uns schon mal den berühmten Walt-Disney-Film *Weiße Wildnis* von 1959 gesehen, wo Lemminge nach einer langen Wanderung zu Zigtausenden von einer hohen Klippe ins Meer stürzen.

Sie taten dies nicht freiwillig. Micky-Maus-Schöpfer Walt Disney und seine Company waren alles andere als tierfreundlich, wenn es darum ging, möglichst spektakuläre Filmszenen einzuspielen. Für *Die Wüste lebt* jagte die Crew einen Puma auf einen baumhohen Kaktus – anschließend musste das Tier erschossen werden, weil es sich dabei erhebliche Verletzungen an den empfindlichen Pfoten zugezogen hatte.

Auch beim berühmten »Massenselbstmord« der Lemminge in *Weiße Wildnis (White Wilderness)* halfen die Filmleute kräftig nach. Der Streifen wurde im kanadischen Bundesstaat Alberta gedreht, wo natürlicherweise gar keine Lemminge leben. In der Provinz Manitoba konnte das Team schließlich Eskimokindern einige Dutzend Tiere abkaufen. Am Drehort wurden alle Register der Illusionstechnik gezogen, um mit diesen wenigen Lemmingen den Eindruck eines schier endlosen Gewusels zu erwecken. Anschließend trieben Regisseur James Algar und sein Chefkameramann James R. Simon die Nager in den Abgrund.

Insgesamt waren neun Kameraleute drei Jahre lang damit beschäftigt, die *Weiße Wildnis* effektvoll – wenn auch stellenweise völlig unrealistisch – in Szene zu setzen. Fairerweise muss man dazu sagen, dass heute nicht mehr eindeutig zu klären ist, ob Company-Chef Walt Disney von Algars und Simons Aktivitäten wusste oder nicht.

... der tödliche Unfall des Hauptdarstellers Brandon Lee bei den Dreharbeiten zu *The Crow* im fertigen Film zu sehen ist?

The Crow (Die Krähe) ist ein morbider Fantasy-Thriller, der wegen seiner finsteren Bilder und der düsteren Stimmung zum Kultstreifen avanciert ist – und nicht zuletzt wegen der Tatsache, dass der junge Hauptdarsteller Brandon Lee (Sohn des berühmten Kung-Fu-Stars Bruce Lee) bei den Dreharbeiten ums Leben kam.

Als »Eric Draven« betritt Lee in The Crow sein Apartment, wo ein Killer ihn erwartet und auf ihn schießt. Die

Szene wurde am frühen Morgen des 31. März 1993 in Wilmington, North Carolina, abgedreht. Als Lee sich am Boden vor Schmerzen krümmt, merkt die Filmcrew, dass etwas nicht stimmt. Zwei Tage später stirbt der 28-Jährige im »Hanover Regional Medical Centre«. Die Pistole seines Leinwandkontrahenten (dargestellt von Schauspieler Michael Massee) war mit echten Kugeln anstatt mit Platzpatronen geladen gewesen.

So jedenfalls wird es kolportiert.

Und: Hinter dem vermeintlichen Unfall stecke entweder die chinesische Mafia (die schon 1973 Brandons Vater für seine öffentliche Zurschaustellung geheimer Kampfkünste aus dem antiken China mit dem Tode bestraft habe) oder aber Auftragsmörder der Filmindustrie Hongkongs, für die zu arbeiten Lee sich stets geweigert hatte.

Damit nicht genug: Die Szene mit dem Mord an dem jungen Martial-Art-Star sei original in dem fertigen Film *The Crow* belassen worden.

Doch keine dieser Behauptungen hält einer Überprüfung stand. Die Polizei verwendete 700 Stunden auf die Untersuchung des Falls und kam zu dem Ergebnis, dass Lee von dem Fragment einer Pistolenkugelattrappe tödlich verwundet wurde, die kurz zuvor für eine Großaufnahme benötigt worden war.

Dieses hatte sich verklemmt und steckte unentdeckt im Lauf der Pistole und wurde dann durch den Explosionsdruck der Platzpatrone herausgeschleudert. Aufgrund seiner Materialbeschaffenheit und seiner scharfen Kanten war die Wirkung des Projektils auf kurze Distanz noch verheerender als die einer echten Kugel desselben Kalibers. Somit stellt sich Brandon Lees Tod als tragischer Unfall dar. Anklage wurde nie erhoben, eine Zivilklage von Lees Mutter gegen das Filmstudio außergerichtlich beigelegt.

Die Aufnahmen von dem Unglück wanderten in die Archive der Ermittlungsbehörden und waren zu keinem Zeitpunkt öffentlich verfügbar. Was in *The Crow* zu sehen ist, ist ein Nachdreh der Szene mit einem Körperdouble, dem Tricktechniker per Computeranimation Lees Gesicht aufsetzten.

... die Polizei bei einer Verfolgungsjagd Autos beschlagnahmen darf?

Diese Szene kennen wir aus Hunderten von Krimis: Ein Polizist auf Verbrecherjagd rennt auf die Straße, hält wild gestikulierend ein Auto an, reißt die Tür auf und ruft: »Polizei! Ich brauche Ihren Wagen!«

Gibt's das nur im Fernsehen? Oder kann das jedem Autofahrer tatsächlich einmal so passieren?

In den USA kostet es laut Gesetzbuch zwischen 50 und 1000 Dollar Strafe, sich einem solchen Ansinnen eines Polizeibeamten zu widersetzen. Allerdings ist auch dort umstritten, wie weit die Hilfsbereitschaft eines Normalbürgers zu gehen hat: Ob der Fahrer die Amtsperson lediglich unterstützen (also etwa den Polizisten auf dem Beifahrersitz mitnehmen) oder aber ihm das Steuer überlassen muss, wird kontrovers diskutiert. Präzedenzfälle gibt es kaum dazu, denn in der Realität kommt diese Situation anscheinend so gut wie nie vor.

Auch in Deutschland existiert keine einheitlich festgeschriebene Regelung. Ganz allgemein gilt, dass zur Abwehr von Gefahren als letzte Möglichkeit auch Unbeteiligte in Polizeiaktionen einbezogen werden dürfen – entweder mit ihrem Wissen oder eben auch mit privaten Gegenständen wie Werkzeugen, Handy oder dem PKW.

Wie in den USA wird jedoch auch bei uns von dieser

Möglichkeit äußerst selten Gebrauch gemacht. Denn für die betreffende Person darf dabei »keine erhebliche Gefährdung entstehen«.

... die Schauspielerin Audrey Hepburn eine Liste mit recht eigenwilligen Beauty-Tipps hinterlassen hat?

Wie bekommt frau:

»Schöne Lippen? Sagen Sie nur das Beste über Ihre Mitmenschen!

Schöne Augen? Sehen Sie nur das Gute in Ihrem Gegenüber!

Eine schlanke Figur? Teilen Sie mit den Bedürftigen!

Schöne Haare? Sorgen Sie dafür, dass ein glückliches Kind jeden Tag Ihr Haar zärtlich durch seine kleinen Finger gleiten lässt!

Eine gute Haltung? Halten Sie den Kopf hoch, wenn Sie durch den Sturm gehen. Sie sind nicht allein!

Die Menschen müssen, mehr als jede leblose Sache, wiederhergestellt, wieder belebt, erneuert, wiedergewonnen und zurückgekauft werden. Niemand darf abgewiesen werden. Wann immer Sie eine helfende Hand benötigen, werden Sie eine am Ende eines jeden Ihrer Arme finden.

Und Sie werden irgendwann feststellen, dass wir zwei Hände haben – eine, um uns selbst zu helfen, und noch eine, um damit anderen zu helfen.

Die Schönheit einer Frau liegt nicht in schicker Kleidung oder schönem Haar. Ihre wertvollste und anmutigste Schönheit gründet in der einzigartigen Feinfühligkeit und Empfindsamkeit ihrer Seele. Die Schönheit einer Frau muss aus ihren Augen, aus ihrem Herzen strahlen – da, wo die Liebe ihren Sitz hat.«

Romantisch? Bedenkenswert? Oder einfach nur ziemlich platt und schräg?

Wie auch immer: Diese »Beauty-Tipps«, die sich eher wie ein humanitäres oder religiöses Manifest lesen, sollen von der weltberühmten Aktrice Audrey Hepburn stammen. Seit etwa vier Jahren rauscht diese Liste durchs Internet.

Unbestritten war die vierfache Oscar-Preisträgerin (gestorben 1993) eine der schönsten Schauspielerinnen ihrer Zeit. Und auch das eine oder andere Bonmot von ihr ist überliefert. Zum Beispiel: »Wenn man im Mittelpunkt einer Party stehen will, darf man nicht hingehen.« Oder: »Wenn du die Bewunderung von zahlreichen Männern gegen die Kritik eines einzelnen eintauschen willst, dann heirate.«

Die obige Sammlung indessen hat mit dem *Frühstück-bei-Tiffany*-Star nichts zu tun. Der wahre Urheber ist der amerikanische Autor und Humorist Sam Levenson, von dem Sprüche stammen wie: »Wahnsinn ist erblich. Du kannst ihn von deinen Kindern bekommen.«

Die gebürtige Belgierin Audrey Hepburn engagierte sich zwar während des Zweiten Weltkriegs in der Résistance gegen die deutsche Besatzung und war nach ihrer Schauspielkarriere Sonderbotschafterin des Kinderhilfswerks der Vereinten Nationen (UNICEF). Aber zum schwülstigen Überschwang neigte sie eigentlich nicht.

... der Schauspieler Jack Nicholson erst mit 37 Jahren erfahren hat, dass seine »Schwester« eigentlich seine Mutter ist?

Ein hartgesottener, mit allen Wassern gewaschener Mann, dem das Leben nichts mehr vormachen kann, den nichts mehr zu überraschen scheint: Das ist die Rolle, die Jack Nicholson in *Chinatown* spielt.

Als Privatdetektiv Jake Gittes hat er es in dem Film Noir

von 1974 mit dunklen Gestalten, obskuren Ermittlungen und geheimnisvollen Auftraggebern zu tun. Doch was sich parallel zum Kinostart von *Chinatown* im richtigen Leben ereignete, ließ Jack Nicholson nach eigenem Bekunden »völlig fassungslos« zurück.

Das *Time Magazine* brachte eine Titelstory über den *Chinatown*-Hauptdarsteller, der mit diesem Welterfolg den Aufstieg vom »good actor« zum Spitzenschauspieler schaffte. Im Zuge seiner Recherchen rief ein *Time*-Journalist bei Nicholson an, um sich von ihm eine pikante Information bestätigen zu lassen – dass nämlich seine Schwester June in Wahrheit seine Mutter sei.

Nicholson fiel aus allen Wolken. Und machte sich nun erst einmal selbst daran, seine Familienverhältnisse näher zu erkunden. Tatsächlich stellte sich heraus: Da seine Mutter June bei der Entbindung erst 17 Jahre alt gewesen war, gab sich an ihrer Stelle Jacks Großmutter Ethel als seine Mutter aus, um dem Ansehen ihrer Tochter nicht zu schaden. June wiederum übernahm die Rolle der älteren Schwester. Seinen Vater hatte Jack Nicholson nie kennen gelernt.

Es war Junes Schwester Lorraine, die dem jungen Schauspielstar schließlich die ganze Geschichte erzählte. Seine vermeintliche Schwester – in Wahrheit seine leibliche Mutter – war zu diesem Zeitpunkt schon gestorben.

Der *Super-Illu* sagte Nicholson unlängst, dass eine Kinoversion seiner verdrehten Familienverhältnisse womöglich reizvoll für das Publikum sein könnte: »Ich würde das Drehbuch am liebsten selbst schreiben.« Auch fände er es spannend herauszufinden, wer eigentlich etwas von dem Geheimnis wusste. »Ich bin in einer Kleinstadt aufgewachsen. Ich verstehe nicht, warum ich nie auch nur einen Pieps Gerüchte gehört habe.«

... Humphrey Bogarts Rolle in *Casablanca* ursprünglich von Ronald Reagan gespielt werden sollte?

Ronald Reagan und Ann Sheridan statt Humphrey Bogart und Ingrid Bergmann? Ein befremdlicher Gedanke.

Und doch verlautbarte die gewöhnlich gut informierte Zeitung *The Hollywood Reporter* am 5. Januar 1942: »Die Schauspieler Ronald Reagan und Ann Sheridan treten zum dritten Mal gemeinsam für die Warner-Studios vor die Kamera. Der Film *Casablanca* handelt von Kriegsflüchtlingen in der nordafrikanischen französischen Kolonie Marokko und basiert auf dem Theaterstück *Everybody Comes to Rick's* von Murray Burnett und Joan Alison, dessen Rechte Warner für 20 000 Dollar erworben hat.«

Diese kurze Notiz in der Klatschpresse war und blieb indes die einzige Verbindung zwischen dem späteren Präsidenten Ronald Reagan und dem Kultstreifen *Casablanca*. Selbst wenn Reagan für die *Casablanca*-Hauptrolle tatsächlich im Gespräch gewesen wäre – er hätte absagen müssen, da er Reserveoffizier der US-Armee war und seine Filmkarriere spätestens mit dem Kriegseintritt der Vereinigten Staaten am 8. Dezember 1941 ruhte.

Allerdings stand eine Besetzung der Rolle des Rick Blaine mit Ronald Reagan zu keinem Zeitpunkt ernsthaft zur Debatte. Die Meldung im *Hollywood Reporter* basierte auf einer lancierten Pressemitteilung der Produktionsfirma Warner, die ihre Exklusivstars Ronald Reagan und Ann Sheridan nach zwei erfolgreichen gemeinsamen Filmen *(Kings Row* und *Juke Girl)* im Gespräch halten wollte.

Casablanca-Produzent Hal Wallis hatte sich zu diesem Zeitpunkt längst auf Humphrey Bogart als »Rick« festgelegt und den Warner-Studios entsprechende Weisungen erteilt.

… der Eagles-Song *Hotel California* ein satanistisches Ritual beschreibt?

»Du fährst nachts über diesen Wüsten-Highway, und du bist müde.
Endlich siehst du ein Licht, und dann steht sie da im Eingang und du denkst:
Das hier könnte der Himmel oder die Hölle sein.
Sie zündet eine Kerze an und zeigt dir den Weg, und im Korridor hörst du die Stimmen.
Sie hat einen Mercedes-Benz und viele hübsche Jungs; sie tanzen im Innenhof, und du tanzt mit. Du bestellst Wein, und der Chef sagt, dass es so eine Stimmung seit 1969 nicht mehr gegeben hat.
Aber mitten in der Nacht, beim Champagner unter der verspiegelten Zimmerdecke, wecken dich wieder diese Stimmen. Und sie sagt, dass alle hier Gefangene sind.
Und in der Kammer des Meisters stechen sie das Tier mit ihren eisernen Messern, aber sie können es nicht töten.
Du rennst zur Tür, und der Nachtportier sagt, du kannst jederzeit kommen, aber niemals wieder gehen …«

So könnte man aufs Wesentliche verkürzt den weltberühmten Song *Hotel California* von den Eagles übersetzen (nach www.industrial-technology-and-witchcraft.de). Ein Titel, der in der einschlägigen »Aufklärungsliteratur« immer wieder als Beispiel für den unheilvollen Einfluss des Satanismus auf die Rockmusik genannt wird.

Wieso?

Da ist einmal die mystische Symbolmixtur mit Anspielungen auf »das Biest/Tier« (»But they just can't kill the beast«) und auf das Jahr 1969 (»We haven't had that spirit here since nineteen sixty-nine«). In der Johannes-Offenbarung ist »The Beast« (»das große Tier«) der Antichrist, und im Jahr 1969 schrieb der Gründer der amerikanischen Satanskirche, Anton LaVey, die *Satanische Bibel.*

LaVey soll zum anderen auch auf dem Cover des 1976 erschienenen Albums *Hotel California* zu sehen sein, als dunkle Gestalt am Fenster im ersten Stock eines seltsamen Gebäudes – angeblich das Hauptquartier der »Church of Satan« in Kalifornien.

Doch in Wahrheit zeigt die Plattenhülle das Beverly-Hills-Hotel auf dem Sunset Boulevard (auch bekannt als »The Pink Palace«), und die satanistische Interpretation ist nur eine von mehreren Lesarten des Jahrhundertsongs der Eagles.

Anderen Gerüchten zufolge befindet sich das unheimliche »Hotel California« in Mexiko, und zwar in der Kleinstadt Todos Santos unweit der Pazifikküste, circa eine Autostunde südlich von La Paz. Das ist im Prinzip auch richtig, allerdings wurde das »Hotel California« in Todos Santos erst eröffnet, nachdem die Eagles den gleichnamigen Song geschrieben hatten.

Oder handelt *Hotel California* von einer psychiatrischen Klinik nahe Los Angeles, dem berüchtigten Camarillo State Hospital, das 1997 geschlossen wurde?

Oder aber kitzelt das Lied die unterschwelligen Ängste mancher Amerikaner, in der menschenleeren Einöde entlang der endlosen Highways in ein Kannibalennest zu geraten – wovon zum Beispiel auch Filme wie *Hotel zur Hölle, Hügel der blutigen Augen* oder *Das Kettensägenmassaker* handeln?

Nichts von alledem.

Eagles-Schlagzeuger Don Henley erklärte 1995 gegenüber der Zeitung *San Francisco Chronicle, Hotel California* habe den damaligen Zeitgeist eingefangen – nach Don Henleys Ansicht eine »Ära der Exzesse, vor allem in der Musikindustrie«.

Der Eagles-Hit sei als ein Song über die Korruption in

der dekadenten Musikszene von Los Angeles und über den »Verlust der Unschuld« der Band zu verstehen. Das »Hotel California« stehe symbolisch für einen goldenen Käfig, den die Musiker freiwillig betreten hätten, um dann später feststellen zu müssen, dass sie nie wieder da herauskommen.

»Es ist eine Metapher für talentierte, aber auch weltfremde Künstler, die sich im glitzernden Spinnennetz der Musikindustrie verfangen. Das ist das Thema des gesamten *Hotel-California*-Albums: der Überdruss am Leben auf der Überholspur.«

... die Rolling Stones in dem Lied *Sympathy for the devil* ihre Sympathie für den Teufel bekunden?

Auch an *Sympathy for the devil* von den Rolling Stones entzündet sich immer wieder der simplifizierende Trivialmythos von der Rockmusik als Sprachrohr des Teufels.

Wieso eigentlich? Sehen wir uns den Text des Songs von dem 1968 erschienenen Album *Beggar's Banquet* einmal näher an:

> »Erlauben Sie, dass ich mich vorstelle: Ich bin ein Mann von Welt und Stil.
> Ich gehe schon seit vielen Jahren um, raubte vielen Menschen die Seele und den Glauben.
> Ich war dabei, als Jesus Christus seinen Moment der Qual und des Zweifels hatte.
> Ich stellte sicher, dass Pilatus seine Hände in Unschuld wusch und Jesu Schicksal damit besiegelte.
> Ich freue mich nun, Sie kennen zu lernen – ich hoffe, Sie erraten meinen Namen.
> Denn das, was Ihnen so rätselhaft vorkommt, ist eben die Art und Weise, wie ich mein Geschäft betreibe.

Ich schlich herum in St. Petersburg, als ich sah, dass es Zeit für einen Wechsel war.
Ich tötete den Zaren und seine Minister, Anastasia schrie vergeblich.
Ich fuhr einen Panzer und hatte den Rang eines Generals, als der Blitzkrieg tobte und die Leichen stanken.
Ich sah mit Freude, wie eure Königinnen und Könige mehr als zehn Dekaden lang um ihre selbstgeschaffenen Götter kämpften.
Ich schrie: ›Wer hat die Kennedys ermordet? Waren es eigentlich nicht du und ich?‹
Alles in allem waren es wohl du und ich.

Darf ich mich Ihnen vorstellen: Ich bin ein Mann von Welt und Stil.
Und ich legte Fallen für die fahrenden Sänger, die getötet wurden, bevor sie Bombay erreichten.
So, wie jeder Polizist ein Verbrecher ist und alle Sünder heilig sind,
so, wie die Köpfe Schwänze sind, nennen Sie mich einfach Luzifer,
denn mir gegenüber ist Zurückhaltung angebracht.
Also, wenn Sie mich treffen, zeigen Sie etwas Höflichkeit, etwas Mitleid und Geschmack.
Lernen Sie Diplomatie – sonst werde ich Ihre Seele übel verwüsten.« (siehe Übersetzung des Liedtextes unter www.lyrics.de)

Neben Anspielungen auf die Beatles (die »fahrenden Sänger« in Strophe zwei und die große Konkurrenz der »Stones«) handelt *Sympathy for the devil* vom Wirken des Teufels durch die Weltgeschichte hindurch.

Das bedeutet indes mitnichten, dass die Rolling Stones

besondere Sympathien für das Böse hegten – sondern der Song ist die musikalische Umsetzung eines Romans der Weltliteratur, nämlich *Der Meister und Margherita* von Michail Bulgakow. In der Absicht, den »real existierenden« Sozialismus ad absurdum zu führen, schildert das 1940 erschienene Buch einen Besuch des Teufels im stalinistischen Moskau, der durch die Jahrhunderte eilt und sich nun daranmacht, die erstarrte Sowjetunion »aufzumischen«.

Mick Jagger und seine Mannen nahmen Satan als Symbol für eine Art Kollektivzweifel am »heilen«, selbstgerechten Amerika und der Materialismusgläubigkeit. Und sie sangen nicht deshalb vom Teufel, weil sie an ihn glaubten, sondern weil die große Mehrheit der Amerikaner, Engländer und (mit Verspätung) der Deutschen darüber empört war, dass sie von ihm sangen. Das laszive Beckenkreisen eines Elvis Presley und dessen erotisch angehauchten Belanglosigkeiten waren Ende der 1960er Jahre längst out. Wer provozieren wollte, musste neue Tabus suchen und brechen.

Unbestritten ist, dass okkulte Strömungen bei Rolling-Stones-Boss Mick Jagger privat durchaus eine Zeit lang auf Interesse stießen. So pflegte Jagger in den 1960er Jahren Kontakte zu dem Undergroundfilmer Kenneth Anger, dessen Werke stark okkult-mystisch geprägt waren.

Aber Ende 1969 brach Jagger seine Mitarbeit an Angers Streifen *Lucifer Rising* ab. Kurz zuvor, am 6. Dezember, hatte es während eines »Stones«-Konzerts in Altamont einen tragischen Zwischenfall gegeben: Vor der Bühne töteten Mitglieder der Rockergang Hell's Angels den 18-jährigen Schwarzen Meredith Hunter.

Wie ernst es Jagger bis dahin mit Satanismus gewesen war, lässt sich kaum beantworten. Fest steht: Nach Altamont wollte er von der »schöpferischen« Gesetzlosigkeit und Gottgleichheit des Individuums, die der moderne Neosatanismus predigt, nichts mehr wissen. Über Kenneth Anger sagte Jagger später: »Ich dachte, dass er wirklich Talent als Filmemacher hatte, aber seine ganze religiöse Erfahrung war große Scheiße.«

... Heino ein Albino ist?

Volksmusiklegende Heino ist nach eigenen Angaben der einzige Deutsche, der auf dem Foto seines Personalausweises mit Sonnenbrille zu sehen ist. Die trägt er seit 1971, als eine Augenkrankheit im Zusammenhang mit einer Schilddrüsenstörung das rechte Auge etwas hervortreten ließ. In einem Interview erklärte er dazu:

»Meine ersten Aufnahmen, die ersten vier, fünf Jahre, habe ich ja ohne Sonnenbrille gearbeitet. Die Brille war dann aber ein Muss gewesen, weil ich in den 1970er Jahren eine Augenkrankheit hatte, mein rechtes Auge war hervorgetreten, und man vermutete dahinter einen Tumor. Aber ich habe mich nicht operieren lassen, da sich diese Vermutung als falsch erwies. Der Professor damals hat mir dann eine Brille verordnet, weil es nicht mehr möglich war, so, mit zwei verschiedenen Augäpfeln, wo der eine hervorgetreten war, auf die Bühne zu gehen und sich unter anderem dem Scheinwerferlicht auszusetzen.« (Das vollständige Interview ist unter www.planet-interview.de zu finden.)

Die Sonnenbrille wurde zum Markenzeichen des Heinz-Georg Kramm, der einst von seiner Schwester den Spitznamen »Heino« verpasst bekam. Heute fühlt sich Heino ohne die dunkle Brille irgendwie »unwohl«: »Ich würde ja auch nicht in kurzen Hosen gehen«, sagt er.

Manch einer findet den Schlagerbarden indes »schon sehr mysteriös wegen seiner schwarzen Brille«, liest man beispielsweise in dem Internetforum »Wir höflichen Paparazzi – Geschichten von Prominenten«.

Und weiter: »Meine Mutter behauptet, da Heino ein Albino ist, hat er rote Augen. Und weil Albinos Licht nicht so recht vertragen, muss er eine Brille tragen. Das konnte ich meiner Mutter allerdings nie so wirklich glauben, da mein Kaninchen (das Selige hieß Balduin, und ich war fünf) auch Albino war. Und nix Ungewöhnliches war mit den Augen festzustellen. Hat schon jemand Heino ohne Brille gesehen? Das wäre doch wirklich einmal schön.«

Jemand hat. Und zwar die *Welt-am-Sonntag*-Reporterin Britta Stuff, die Heino vor seiner Abschiedstournee im Herbst 2005 interviewte. Hier ist ihr Bericht:

»Die Brille trägt er weiter, obwohl die Augen okay sind ... Doch wie soll man über einen Menschen schreiben, dessen Augen man nicht kennt. Auf diese Frage weiß auch Heino keine Antwort. Er schweigt. Und dann zieht er sie doch weg von der Nase. Allerdings nicht zu weit weg von seinem Antlitz.

Seine Augen sind blau. So hell, dass sie fast weiß sind wie die Wimpern und die Brauen. Wie alles an diesem Gesicht, das so verletzlich ist. Er sagt: ›Sehen Sie, die Augen sind nicht rot. Viele Menschen denken, ich sei ein Albino.‹ Dann ist der Moment vorbei, die Brille wieder da und der Spalt zwischen Heinz-Georg und Heino wieder geschlossen. Der Fotograf fragt: ›Können wir das fotografieren?‹ Und Heino sagt: ›Dat macht der Heino nicht.‹

Es ist klar, warum der Heino das nicht macht, denn der Heino braucht die Brille, und sie braucht ihn, um nicht zu sein, was sie einmal waren: eine einfache Brille und der Heinz-Georg, den niemand kennt.«

Alles klar?

... Profiler sich in die Seele des Mörders hineinversetzen?
Was vor ihrem geistigen Auge abläuft, bekommt der Zuschauer immer wieder in Zehntelsekunden kurzer Schwarz-Weiß-Sequenzen zu sehen: Sam Waters ist FBI-Spezialistin und besitzt die besondere Gabe, sich in den Täter hineinzuversetzen und den Ablauf des Verbrechens mit seinen Augen zu sehen.

In der TV-Serie *Profiler* gelingt es Sam Waters (dargestellt von Ally Walker) durch diese Fähigkeit, sogar hoffnungslose Fälle aufzuklären. Auch populäre Sachbücher wie *Die Seele des Mörders*, *Jäger in der Finsternis* oder *Anatomie des Mörders* nähren die Vorstellung, dass Profiling eine nahezu übersinnliche Einsichtnahme in die seelischen Abgründe von Extremtätern bedeutet.

»Zum Glück geht das nicht«, erklärt der international tätige Kölner Kriminalbiologe Mark Benecke, der sich intensiv mit dem inhaftierten Kolumbianer Luis Alfredo Garavito befasst hat (Garavito gilt mit mehr als 300 Opfern als der furchtbarste Serienmörder der jüngeren Kriminalgeschichte). »Wenn wir das täten, dann könnten wir wohl nicht mehr ruhig schlafen.«

Für die Ermittlungen ist es gar nicht sonderlich wichtig, die »Seele« eines noch nicht ermittelten Täters zu erkennen. Wesentlich bedeutsamer sind handfeste Daten: Aktionsradius, Alter, Hautfarbe, Lebensgewohnheiten und Vorlieben bei der Tat. Um diese Faktoren zu bestimmen, hilft vor allem die statistische Auswertung vergangener Verbrechen, die dann eine Vorhersage im aktuellen Fall erlaubt. Durch dieses eher mathematisch zu nennende Herangehen entstand auch das viel zitierte, aber karikaturhafte Serientäterprofil »weiß, männlich, zwischen 25 und 35 Jahre alt« – es hatte sich in den USA zu Beginn der Erforschung von Serientaten eine Zeit lang als häufigster Tätertyp dargestellt.

Beim echten Profiling werden daher seltener Psychologen eingesetzt, sondern meist Kriminalisten. In Deutschland nennen sich die betreffenden Abteilungen »Operative Fallanalyse« (OFA) und sind bei den Landeskriminalämtern angesiedelt. Dort werden die Ermittlungsergebnisse der örtlichen Kriminalpolizei wie Fotos, Tatortspuren etc. in kleinen Teams noch einmal einer intensiven Durchsicht unterzogen, manchmal nur wenige (anstrengende) Tage lang. Der Tathergang wird auf diese Weise möglichst präzise rekonstruiert; daraus lassen sich – im Vergleich mit ähnlichen Verbrechen – brauchbare Rückschlüsse auf den möglichen Täter ableiten.

Das moderne Profiling entstand, als in den USA Spezialagenten wie Robert Ressler – also Polizisten des FBI – zunächst gegen den Willen der Behörden in Gefängnisse gingen und festgenommene Serientäter systematisch befragten. Dabei kristallisierten sich zwar auch bestimmte Charakterzüge der Täter heraus (etwa die völlige Absenz von Mitgefühl, Empathie, Erbarmen, Sozialität) – die Methode war aber nie auf die in Krimis gerne dargestellten seelischen Verkrüppelungen ausgerichtet. Mark Benecke: »Während die innere Disposition des Täters während der Tat vor allem die Richter für die Urteilsfindung interessiert, handelt es sich bei der operativen Fallanalyse eben um ein vorwiegend polizeilich kriminalistisches Werkzeug.«

Aufnahmen von lebenden Serienmördern mittels Computertomographie zeigen übrigens, dass bei ihnen tatsächlich Gehirnveränderungen vorliegen, besonders im vorderen Großhirnteil, der die Persönlichkeit ausmacht. »Derzeit wissen wir aber noch nicht, wie viele scheinbar normale Menschen ebenfalls Veränderungen im Gehirn aufweisen«, sagt Benecke. »Und auch der Einfluss der Umwelt auf ein vielleicht bereits verändertes Gehirn ist bisher nicht klar beschreibbar. Es gibt also noch sehr viel zu forschen.«

… das Frankensteinmonster in Ingolstadt erschaffen wurde?

Dumpf hallen zehn Schläge einer rostigen Turmuhr durch die finsteren Gassen von Ingolstadt. Die unruhige Flamme einer Fackel wirft bizarre Schatten in den Innenhof des Gasthauses »Daniel« in der Altstadt. Ein paar Dutzend Menschen haben sich dort versammelt und warten im kalten Nachtwind auf das Erscheinen von Dr. Viktor Frankenstein.

Plötzlich gellt ein markerschütternder Schrei aus dem Fenster von Frankensteins Studierstube im ersten Stock des alten Gemäuers. Kurz darauf erscheint der Doktor höchstselbst im Türrahmen. Sein weißer Kittel ist blutverschmiert.

Leider, klärt er die Menge auf, sei mit seinem Experiment etwas schiefgegangen. Weswegen er nun allerdings Zeit für eine kurze Stadtführung habe. Das Dumme daran: Seine »Kreatur« sei soeben aus dem Labor ausgebrochen und irre vermutlich mordlustig in den dunklen Ecken der Stadt umher …

»Wenn die Schatten länger werden, erhebt sich Dr. Frankenstein aus seiner Gruft, wirft seinen weiten Mantel um und lädt Sie ein zu einem gruseligen Spaziergang durch die finstere Vergangenheit Ingolstadts« – so wirbt die Donaustadt für eine schaurig-schöne »Murder & Mystery«-Tour (von Mai bis Oktober).

Was aber hat Ingolstadt mit Frankenstein zu tun?

»Endlich dämmerte der Morgen, trüb und feucht, und er enthüllte meinen schlaflosen und schmerzenden Augen die Kirche von Ingolstadt, ihren weißen Turm und die Uhr, die sechs anzeigte«, notierte Viktor Frankenstein 1799 in sein Tagebuch. Was sich kurz zuvor in einer »düsteren Nacht im November« zugetragen hatte, ist wohl den meisten Zeitgenossen nicht erst seit der opulenten Kinoversion von 1994 mit Robert de Niro bekannt: Frankenstein, ein junger begabter Naturwissenschaftler, haucht einer aus Leichenteilen zusammengesetzten Kreatur Leben ein – mit schrecklichen Folgen.

Doch die jüngste Starverfilmung *Mary Shelley's Frankenstein* entreißt der Frankensteinlegende ein Detail, das die meisten Leinwandfassungen aussparen: Der vielleicht berühmteste fantastische Roman der Weltliteratur spielt in weiten Teilen im bayerischen Ingolstadt.

Warum die britische Autorin Mary W. Shelley gerade einen deutschen Schauplatz wählte, als sie 1816 während eines Ferienaufenthaltes am Genfer See ihren *Frankenstein oder Der moderne Prometheus* ersann, kann nur vermutet werden. Gesehen hat Shelley die Stadt an der Donau wohl nie, und so sucht man reale Alt-Ingolstädter Topografie in ihrem Buch vergeblich. Mary Shelleys Ingolstadt ist ein abstraktes, düsteres Gassengedränge, das ein weißer Kirchturm überragt und in dem nur Frankensteins Hinterhofdachkammer verschwommen aufscheint.

»Ingolstadt war für sie die Stadt des Adam Weishaupt«, vermutet die Medizinhistorikerin Christa Habrich von der Ludwig-Maximilians-Universität München und Leiterin des Medizinhistorischen Museums in Ingolstadt. Der Radikalaufklärer Weishaupt rief 1776 in Ingolstadt den Akademikergeheimbund der Illuminaten ins Leben, dessen Mitglieder sich nicht mehr als Naturphilosophen verstanden, sondern als experimentierende Wissenschaftler – exakt jene Entwicklung, die Viktor Frankenstein in Shelleys Buch nimmt.

Keine Frage: Hier, in der »Alten Anatomie« der ehemaligen Universität von Ingolstadt, die heute das Medizinhistorische Museum beherbergt, wäre Dr. Viktor Frankenstein ganz in seinem Element gewesen. »Wenn es das Frankensteinmonster wirklich gegeben hätte«, erklärt die Medizinhistorikerin Christa Habrecht, »dann wäre es in diesen Räumen erschaffen worden« – wo zum Beispiel der fleischlose Mund eines Knochenmannes hinter einer Glasvitrine zu einem höhnischen Grinsen verzerrt zu sein scheint.

Dabei hat die Szenerie wenig Komisches: Scharf geschliffene Sezierbestecke, blitzende Knochensägen, Wetzsteine und ein echter Schädelspalter liegen herum. Das Riesenpräparat eines Auges mit fingerdickem Sehnerv starrt ins Leere. Im Nebenraum wartet ein Operationstisch mit zerschlissenem Polsterleder.

Nicht ohne Begeisterung führt Christa Habrich ein chirurgisches Taschenbesteck aus dem Jahr 1810 vor und erzählt dabei, warum ihr der Frankensteinmythos so sympathisch ist. »Für mich hat die alte Geschichte eine höchst aktuelle ethische Intention. Sie warnt uns Wissenschaftler davor, nicht alles zu tun, wozu wir vielleicht bald in der Lage sind.« Dennoch versäumt die Medizinhistorikerin nicht, jeden Besucher darauf hinzuweisen, dass »Frankenstein« nie gelebt hat, sondern literarische Fiktion ist.

Nichtsdestotrotz flattern der Stadtpressestelle immer wieder Briefe ins Haus mit dem Wunsch, die Wirkungsstätte Frankensteins besuchen zu dürfen. Ein US-Bürger habe kürzlich sogar angefragt, ob es denn wahr sei, dass die Fenster von Frankensteins ehemaligem Wohnhaus jeden Abend mit Steinen zugemauert würden, am nächsten Morgen aber wie von Geisterhand wieder freigelegt seien.

... auch das Privatfernsehen jeden Zuschauer Geld kostet?

Bei der Gebühreneinzugszentrale (GEZ) zieht das Argument bislang nicht: »Ich sehe doch nur die privaten Sender!«, behaupten viele Schwarzseher, wenn die GEZ-Fahnder vor der Haustür stehen. Dennoch müssen laut Gesetz auch die Fans des Privat-TV die Fernsehgebühren für die öffentlich-rechtlichen Anstalten in Höhe von 17,03 Euro monatlich berappen.

Das mag ärgerlich sein – aber auch das vermeintlich kostenlose Privatfernsehen gibt es nicht umsonst.

Diese These vertritt mit einigem Fug und Recht der Hamburger Medienwissenschaftler Hans-Jürgen Kleinsteuber. Er macht folgende Rechnung auf: Kommerzielles Fernsehen finanziert sich ausschließlich durch Werbung. Werbung aber fließt als Kostenfaktor in die Herstellung von Alltagsprodukten ein. »Indem wir kaufen, tragen wir als Konsumenten über den Kaufpreis alle Kosten, einschließlich der Werbung«, erklärt Hans-Jürgen Kleinsteuber. Auf jedem beworbenen Produkt liege also eine kleine Extraabgabe an die werbetreibenden Medien. »Werbesteuer« nennt Kleinsteuber das – »weil sie auf dem Kaufpreis der Produkte liegt, vergleichbar der Mehrwertsteuer«.

Diesen Betrag pro beworbenes Einzelprodukt zu berechnen sei unmöglich. Insgesamt aber koste das Privatfernsehen jeden Zuschauer wohl schätzungsweise an die 90 Euro im Jahr. Und im Gegensatz zu den öffentlich-rechtlichen Rundfunkgebühren wird für diese »Werbesteuer« selbst derjenige zur Kasse gebeten, der den Fernseher ganz abschafft.

Unstrittig ist, dass die Werbekosten je nach Produkt 0,2 bis 20 Prozent des Kaufpreises ausmachen – Werbung verteuert die Waren also eindeutig. Andererseits sorgt Werbung aber auch dafür, dass Produkte billiger werden, weil sie zu einem entsprechenden Absatz beiträgt und die Produkte in größeren Stückzahlen hergestellt werden können, was wiederum den Preis senkt.

Tja, was denn nun? Es erscheint sinnvoll, die »Werbesteuer« als eine Art Parabel zu verstehen, die schwer durchschaubare Zusammenhänge ansatzweise nachvollziehbar machen will. Recht hat Kleinsteuber aber wohl, wenn er sagt: »Niemand anderes als der Konsument zahlt letztendlich die Zeche.« Denn das ist eigentlich immer so.

... die TV-Sender Filme und Serien manchmal bewusst falsch synchronisieren?

Kühle Logik zeichnet ihn aus. Unbestechliche Prinzipien leiten sein Handeln. Gefühle sind für ihn nur vom Standpunkt des unbeteiligten Beobachters aus »faszinierend«: So kennt die TV-Gemeinde den spitzohrigen »Mr. Spock« aus der Science-Fiction-Serie *Raumschiff Enterprise*. Dass der Mann vom Planeten Vulkan auch noch eine ganz andere Seite hat, weiß kaum einer seiner deutschen Fans.

In der Folge *Weltraumfieber* bittet Mr. Spock den »Enterprise«-Kapitän James Kirk, ihn zu seinem Heimatplaneten zu fliegen, da er sich »krank« fühle. So jedenfalls wollte es die deutsche Synchronisation der amerikanischen Kultserie. Tatsächlich aber war Spock eher liebeskrank. Denn: Alle sieben Jahre machen Vulkanier einen sexuellen Zyklus durch, bei dem sie sich verlieben und fortpflanzen. Diesen wesentlichen Charakterzug des Weltraumhelden synchronisierte das ZDF einfach weg.

Ein Vergleich zwischen dem US-Original und den deutschen Folgen zeigt, dass die Mainzer Übersetzer so manches heikel erscheinende Thema mit flapsigen Sprüchen und witzigen Spitznamen übertünchten. Im Original besticht *Raumschiff Enterprise* dagegen gerade durch die chronologische Persönlichkeitsentwicklung der wichtigsten Charaktere.

Aber nicht nur Mr. Spocks Sexualleben konnte der Zuschauer in Deutschland allenfalls erahnen. Auch die traumatische Vietnam-Vergangenheit des smarten Hawaii-Detektivs Magnum fiel bei der Erstausstrahlung in der ARD größtenteils der Schere zum Opfer. Daraus resultierende logische Brüche in der Handlung wurden kurzerhand umsynchronisiert und den Hauptfiguren zum Beispiel Dialoge über einen Konflikt zwischen Arabern und der PLO (Palestine Liberation Organization/Palästinensische Befreiungsorganisation), in den Mund gelegt. Als RTL die Serie übernahm, investierte der Kölner Privatsender damals mehr als 2,5 Millionen Mark in eine Neuvertonung, um *Magnum* originalgetreu zeigen zu können.

Gegen den Vorwurf der Zensur indes verteidigte sich die ARD vehement. Die Art und Weise, wie das Thema des Vietnamkrieges in der leichtgewichtigen Unterhaltungsserie *Magnum* aufbereitet wurde, »hätte auf ein europäisches Publikum befremdlich gewirkt«, erklärte die Redaktion. Außerdem hatten die Kürzungen auch einen simplen kommerziellen Hintergrund: Die Schnitte waren notwendig, um auf die für das ARD-Programmschema benötigte Laufzeit von 45 Minuten pro Folge zu kommen.

Weitere Beispiele: In dem Hitchcock-Klassiker *Berüchtigt* etwa agierten in der deutschen Fassung jahrzehntelang statt der Nazispione Rauschgiftschmuggler, ehe das ZDF den Film neu überarbeitete. In *Tanz der Vampire* zeigt sich der jüdische Vampir Shagal vom christlichen Kruzifix unbeeindruckt – in der deutschen Synchronisation heißt es stattdessen lapidar: »Das wirkt doch nur bei den alten Vampiren.«

Zu der oft falschen Rücksichtnahme auf das deutsche Publikum kommt zunehmend finanzieller Druck: »Oft wird am Fließband produziert«, weiß die Synchronsprecherin Scarlett Lubowski *(Biene Maja)*. Über die Folgen klagen beispielsweise nicht nur die Veranstalter des alljährlichen »Fantasy Filmfests« in sieben deutschen Großstädten: »Viele Film- und Videopremieren werden anscheinend von Butterfahrten-Animateuren synchronisiert.«

... die Serie *Die Zwei* nur in Deutschland erfolgreich war – wegen der lustigen Synchronisation?

Apropos Synchronisation: Es geht natürlich auch anders.

Der anderwärts gescheiterten Krimiserie *Die Zwei* mit Tony Curtis und Roger Moore habe nur die deutsche Bearbeitung durch Synchronautor und Regisseur Rainer Brandt zum Erfolg verholfen, hört man immer wieder.

Gewiss: Sottisen wie »Mein Name ist Brett – wie das vorm Kopf« oder »Da laust mich doch der mit dem langen Zottelfell« finden sich im Original nicht, ebenso wenig wie solche Nonsensdialoge:

> *Brett Sinclair (Moore):* »Ich bewundere deinen Sinn fürs Unauffällige. Die Jacke meine ich.«
> *Danny Wilde (Curtis):* »Katholisch Mufflon, selbst geschlachtet. Du könntest so etwas natürlich nicht tragen.«
> *Sinclair:* »Du sprühst ja wieder ... Hoffentlich sprühst du auch die ganze Folge über.«
> *Wilde:* »Ich werde die Fans schon kleinkriegen. Übrigens, du musst in der letzten Folge was gesagt haben – da hat einer ans ZDF geschrieben.«
> *Sinclair:* »Danny, ich habe fast 500 Meilen hinter mir. Lass mich damit zufrieden. Der Sinn steht mir einzig nach einem gepflegten Bad. Darin werde ich mich aalen. Und dann werde ich schlafen.«
> *Wilde:* »Du kriegst ein Küsschen. Vergiss nicht, den Stöpsel in die Badewanne zu stöpseln. Denn so ein Aal ist schnell zum Rohre hinaus.« (Zit. nach Harald Keller: *Kultserien und ihre Stars)*

Den »Danny Wilde« sprach übrigens Rainer Brandt selbst, ehemaliger Kabarettschüler von Wolfgang Neuss und Synchronlegende. Und völlig unbestritten machte er aus der eher drögen Vorlage um zwei gelangweilte Hobbykriminalisten ein unvergessliches Bonmotfeuerwerk. Seine Witztransplantation hatte unter anderem zur Folge, dass die Zuschauer sich bei Kabel 1 die flottesten Sprüche von Lord Brett Sinclair und Ölmillionär Danny Wilde unter einer 0190er-Nummer immer wieder anhören konnten.

Nicht ganz richtig ist allerdings die Behauptung, *The Persuaders* (so der Originaltitel) seien überall sonst gefloppt. In Großbritannien spielten die 24 Folgen trotz außergewöhnlich hoher Gagen für die beiden Topstars Tony Curtis und Roger Moore ihre Kosten von zweieinhalb Millionen Pfund mühelos wieder ein.

In den USA wurde die Serie tatsächlich vorzeitig aus dem Programm genommen. Thematik und Machart waren offenbar zu europäisch geraten.

… Zeichentrickfilme epileptische Anfälle auslösen können?

In Japan erlitten mehr als 600 Kinder einen epileptischen Anfall, während sie eine Zeichentrickserie im Fernsehen schauten. Viele Medienforscher zeigten sich alarmiert, sprachen von »Reizüberflutung« und geißelten die rasanten Schnitte und die schnell wechselnden Bildfolgen solcher Sendungen.

Möglicherweise zu Unrecht.

Hirnforscher der Universität Pisa sind sich sicher, dem Auslöser auf die Schliche gekommen zu sein: Bei 0,5 bis 0,8 Prozent aller Kinder liegt anscheinend eine angeborene Fehlfunktion eines »Kontrastreglers« in der Großhirnrinde vor. Dieser verarbeitet abrupte Helligkeitsveränderungen, wie sie auch bei Zeichentrickfilmen und Computerspielen oftmals zur Animation gehören.

Die Wissenschaftler wollen nun technische Empfehlungen für die Produzenten und Hersteller entwickeln, wie die von dieser Schwäche Betroffenen geschützt werden können. Ein Freibrief für unmäßigen TV-Konsum schon im Kindesalter bedeutet diese neue Erkenntnis allerdings nicht.

... Sherlock Holmes und Dr. Watson reale Vorbilder haben?
Natürlich fließen in literarische Werke immer sehr viele verschiedene Ideen mit ein, doch die Figur des Sherlock Holmes beruht tatsächlich sehr stark auf einer einzelnen realen Person: Joseph Bell (1837–1911), Medizinprofessor an der Universität Edinburgh, damals wie heute eines der renommiertesten Zentren medizinischer Forschung. Einer seiner Studenten war ab 1877 der spätere Schriftsteller Arthur Conan Doyle – zehn Jahre bevor seine erste Sherlock-Holmes-Geschichte erschien.

Bell war hager, hatte ein eckiges Gesicht mit stechenden grauen Augen und einer hakenförmigen Nase und einen energischen Schritt – ganz so, wie man sich Sherlock Holmes vorstellt. Doch wichtiger waren für Conan Doyle wohl die Charaktereigenschaften seines Vorbilds: Bell galt als einer der fähigsten Hochschullehrer. Seine genaue Beobachtungsgabe und sein logisches Denken halfen ihm, schnelle und exakte Diagnosen zu stellen, und diese Fähigkeiten versuchte er auch seinen Studenten zu vermitteln.

Bell achtete nicht nur auf medizinische Merkmale, sondern auf jeden Hinweis, der beim Verständnis der Person helfen konnte. Wenn er etwa einen Seemann behandelte, dann suchte er nach Tätowierungen. So konnte er die Reisen des Patienten und damit die Herkunft möglicher Tropenkrankheiten rekonstruieren.

Als eine Frau mit einem Ausschlag an der Hand zu ihm

kam, konnte er aufgrund ihrer Aussprache und der Art des Schmutzes an ihren Stiefeln erkennen, dass sie aus Fife/Schottland stammte, einem Zentrum der Linoleumherstellung. Daraus schloss er korrekt, dass sie in einer Fabrik mit Chemikalien in Kontakt gekommen war.

Ganz wie der literarische Holmes war auch der reale Professor nicht abgeneigt, seine Mitmenschen mit seinen Fähigkeiten ein wenig an der Nase herumzuführen. So soll er einmal seine Studenten angewiesen haben, den Geschmack einer Flüssigkeit zu testen, und als gutes Vorbild steckte er erst einmal selbst den Finger hinein und dann in den Mund. Die Studenten, die es ihm nachmachten, verzogen bei dem üblen Geschmack die Gesichter, doch Bell lachte nur: »Wenn Sie Ihre Beobachtungsgabe besser entwickelt hätten, hätten Sie bemerkt, dass ich den Zeigefinger in das Glas gesteckt habe, während der Mittelfinger den Weg in meinen Mund fand.«

Und der literarische Dr. James Watson ist natürlich der Autor selbst, Arthur Conan Doyle, der in seinem zweiten Studienjahr als Assistent des Professors arbeitete und gewiss oft genug nur mit vielen Nachfragen den Gedankengängen des Meisters folgen konnte.

Selbst die Äußerlichkeiten stimmten überein: Watson wie Conan Doyle waren von stämmiger Statur und trugen einen Walross-Schnauzer. Und die Ähnlichkeit zwischen Holmes und Professor Bell war offenbar auch für Zeitgenossen unübersehbar. So schrieb Robert Louis Stevenson *(Dr. Jekyll und Mr. Hyde, Die Schatzinsel)* im Jahr 1893 an seinen Autorenkollegen Conan Doyle: »Ich hoffe, Sie erlauben mir, Ihnen ein Kompliment zu den sehr ideenreichen und sehr interessanten Abenteuern des Sherlock Holmes auszusprechen. Das ist die Art Literatur, die ich gerne lese, wenn ich Zahnschmerzen habe ... Doch eines bewegt mich: Könnte dies mein alter Freund Joe Bell sein?«

… Laserstrahlen rot sind?

Ob *Star Wars, Moonraker* oder *Austin Powers:* In Science-Fiction-Filmen ziehen sich die Strahlen der Laserwaffen als leuchtende Spuren durchs All.

Hier auf der Erde, im Agententhriller, muss der Held hin und wieder in das Hochsicherheitslabor der Schurken einbrechen. Doch der Alarm geht sofort los, wenn er einen der Laserstrahlen schneidet, die sich wie ein Netz roter Leuchtfäden durch den Raum spannen.

In Wirklichkeit könnte man die Laserstrahlen gar nicht sehen – weder im All noch hier unten. Denn ein Laserstrahl ist nichts anderes als gebündeltes energiereiches Licht einer bestimmten Wellenlänge. Und Licht können wir nur dann sehen, wenn es direkt in unser Auge fällt, und dazu muss es von irgendeinem Objekt reflektiert werden.

Das kann man leicht mit einer Taschenlampe nachvollziehen: Wenn man den Strahl einer Taschenlampe auf eine Wand richtet, sieht man zwar den hellen Fleck an der Wand. Dort nämlich wird das Licht in alle Richtungen gestreut, sodass ein Teil davon in unser Auge fällt. Den Strahl selbst können wir dagegen nicht sehen. Sichtbar wird er nur, wenn wir die Taschenlampe draußen bei diesigem Wetter oder Nebel verwenden. Dann sind in der Luft sehr viele Wassertröpfchen vorhanden, an denen das Licht gestreut und reflektiert wird.

Dieser Effekt lässt sich auch im Kino selbst beobachten: Wir sehen das Licht des Projektors nur auf der Leinwand, aber nicht im Raum. Nur wenn geraucht wird oder viel Staub in der Luft schwebt, sieht man den kegelförmigen Lichtstrahl.

Im Weltraum hingegen sind nicht genügend Streuzentren vorhanden – wir würden also die Laserstrahlen von Raumschiffen oder Sternenkriegern nicht als Leuchtspur sehen können. Sie wären unsichtbar und nur kurz als Lichtpunkt wahrnehmbar, wenn sie auf das gegnerische Raumschiff auftreffen.

Und der Agent im Hochsicherheitslabor? Da es dort gewöhnlich blitzsauber und trocken ist, sind weder genug Staubteilchen noch genug Wassertröpfchen in der Luft; auch hier wären die Strahlen also unsichtbar. Was dem Agenten die Arbeit noch erheblich schwerer macht.

... Autos bei einem Aufprall sofort explodieren, wie in den Actionfilmen?

Kein Actionfilm ist sein Geld wert, wenn nicht ein paar Autos explodieren. Doch in der Realität kommt es kaum vor, dass Autos bei einem Unfall explodieren oder auch nur in Brand geraten.

Denn für eine Explosion ist erstens eine explosionsfähige Substanz und zweitens ein Funke nötig. Bei modernen Autos befindet sich der Tank unter der Rücksitzbank – in einem Bereich, der bei einem Unfall mit am wenigsten betroffen ist. Es ist also schon mal ziemlich unwahrscheinlich, dass überhaupt Benzin ausläuft. Und selbst wenn: Ausgelaufenes Benzin explodiert nicht so ohne weiteres.

Benzin ist natürlich grundsätzlich brennbar, aber für eine schöne Kinoexplosion wäre es erforderlich, dass sich Benzindämpfe zunächst im richtigen Verhältnis mit Luft mischen und dann gezündet werden. Ausgelaufener Dieselkraftstoff ist sogar äußerst schwer entzündbar und brennt kaum.

Außerdem entzündet sich Benzin nicht von selbst, dazu ist ein Funke nötig. Bei einem schweren Autounfall oder Aufprall können zwar alle möglichen Kurzschlüsse der Elektrik entstehen und zu Funken führen, aber die Autobauer achten aus gutem Grund darauf, die Elektrik nicht in der Nähe des Tanks unterzubringen.

Aber nur einmal angenommen, alles käme tatsächlich zusammen: Wenn Benzin ausläuft und außerdem noch Funken durch Kurzschlüsse entstehen, dauert es daher gewöhnlich trotzdem noch eine Weile, bis das Benzin die Funkenquelle erreicht hat. Es müssen also mehrere Bedingungen gleichzeitig erfüllt sein, bis ein Auto in Brand gerät.

Im Einzelfall kommt es vor, dass auslaufendes Benzin durch irgendeinen Funken gezündet wird und der Wagen in Brand gerät. Doch das passiert nicht sofort beim Aufprall, sondern erst nach einiger Zeit. Und ein großer Feuerball entsteht auch nicht einfach durch auslaufendes Benzin, sondern nur wenn der Treibstoff fein verteilt wird. Jeder, der Erfahrung im Rettungsdienst hat, kann bestätigen, dass Autounfälle überwiegend ohne Feuer ablaufen. Das ist auch gut so – man stelle sich die Katastrophe vor, wenn bei einer der regelmäßigen Massenkarambolagen bei Nebel auf der Autobahn jedes Auto auch noch wie im Film explodieren würde.

Die Autos im Actionfilm richtig explodieren zu lassen erfordert hingegen die Kenntnisse und die Mittel der Spezialeffekt-Experten.

... man einen auf die Erde zurasenden Asteroiden sprengen könnte?

Das Ende der Welt droht. Mit einer Geschwindigkeit von 36 000 Stundenkilometern rast ein Asteroid von der Größe des Staates Texas auf die Erde zu. Und nur 18 Tage bleiben, um die finale Katastrophe abzuwenden.

Mit dem Mut der Verzweiflung wird ein geradezu irrwitziger Plan zur Rettung des Blauen Planeten entworfen: Die

NASA (National Aeronautics and Space Administration/ zivile US-Bundesbehörde für Luft- und Raumfahrt) heuert den weltbesten Experten für Tiefölbohrungen samt seinem zwölf Mann starken Expertenteam an. Ziel ist es, auf dem Asteroiden zu landen, ihn anzubohren und mit einem nuklearen Sprengkopf von innen heraus in kleine Teile zu zerlegen.

In dem Hollywood-Knallbonbon *Armageddon* gelingt die heldenhafte Mission von Bruce Willis und seinen Mannen. In der Realität wäre sie vollkommen sinnlos. Denn Folgendes würde passieren:

Die einzelnen Brocken des Himmelskörpers würden exakt in derselben Richtung weiterfliegen. Als Resultat gäbe es statt eines großen Einschlags mehrere kleine mit denselben katastrophalen Folgen: extreme, wenn auch lokale Zerstörung sowie jahrelange globale Wetterbeeinflussung.

Oder: Der Asteroid zerbröselt in viele kleine Teile, die in der Erdatmosphäre verglühen. Gut? Nein, denn dadurch würde sich die Atmosphäre so stark aufheizen, dass wir an der alles versengenden Hitze zugrunde gehen würden.

Optimal wäre es, den Asteroiden rechtzeitig genau in seinem Masseschwerpunkt zu sprengen, sodass alle Teile so weit auseinander fliegen, dass nur wenige kleine Brocken in die Erdatmosphäre eindringen. Das ist allerdings ziemlich schwierig – und die Zeitspanne von 18 Tagen wäre deutlich zu kurz, um dieses Abwehrszenario auch nur annähernd zu realisieren.

»Wir wissen einfach zu wenig über die Struktur der Asteroiden, um vorhersagen zu können, ob eine Explosion erfolgreich sein kann oder aber die Situation nur noch schlimmer macht«, erklärte der NASA-Astronaut Edward Lou dem Wissenschaftsmagazin *Nature*. »Wir brauchen etwas, was vorhersagbar ist.« Lou ist Mitglied der »B612-Foundation«, einer Art Lobbyorganisation für eine bessere Überwachung des Alls, die sich nach dem Asteroiden B612 in Antoine St. Exupérys *Der Kleine Prinz* benannt hat.

Tatsächlich deuten Beobachtungen darauf hin, dass Asteroiden mit einem Durchmesser von mehr als einigen hundert Metern ein komplexes Innenleben haben und eher lockere Konglomerate sein dürften, was die Wirkung einer Explosion stark verringern würde.

Entgegen des Hollywood-typischen Szenarios der Sprengung (wie in *Armageddon* oder *Deep Impact)* favorisieren die Wissenschaftler deshalb eher eine allmähliche Ablenkung des Felsbrockens – was allerdings seine frühzeitige Entdeckung voraussetzt.

Doch wie will man das genau anstellen?

Man könnte, so eine Idee der Forscher, ein Triebwerk auf dem Asteroiden installieren, welches durch einen beständigen Schub dessen Bahn ändert. Aber: Viele Asteroiden scheinen – wie schon gesagt – recht porös zu sein und aus losem Geröll zu bestehen, das nur durch Eis zusammengehalten wird, sodass es nicht ganz leicht sein dürfte, ein schweres Triebwerk dort aufzustellen.

Und es gibt noch ein größeres Problem: Die meisten Asteroiden drehen sich um ihre eigene Achse, sodass man das Triebwerk ein- und wieder ausschalten müsste, um eine ständige Ablenkung in eine Richtung zu erreichen. Und vorhersagbarer wird der Ausgang der Aktion durch diese Unwägbarkeiten auch nicht gerade.

Edward Lou und sein Mitstreiter Stanley Love, ebenfalls Mitglied der B612-Foundation, schlagen daher eine andere Strategie vor: Sie wollen ein Raumschiff über dem Asteroiden positionieren, das mit seinen Triebwerken gerade so viel Schub aufbringt, dass es nicht von dem Brocken angezogen wird. Die Triebwerke wären dabei so montiert, dass sie nicht auf die Oberfläche des Asteroiden gerichtet sind. Wie der Asteroid beschaffen ist oder ob er rotiert, ist bei dieser Methode egal.

Die Masse des über dem Asteroiden schwebenden Raumschiffes aber könnte den Brocken ganz leicht ablenken. Die beiden Forscher haben berechnet, dass ein Raumschiff mit einer Masse von 20 Tonnen einen Asteroiden mit einem Durchmesser von 200 Metern innerhalb eines Jahres ausreichend ablenken kann – wenn man nur lange genug vorher, in diesem Beispiel etwa 20 Jahre, Bescheid weiß. (Zit. nach www.astronews.com)

Welche Möglichkeiten gäbe es noch?

Eine Atomrakete wird direkt neben dem Asteroiden gesprengt, um ihn durch die Wucht der Explosion von seiner Bahn abzulenken. Oder eine Superrakete wird in den Asteroiden getrieben, er wird also selbst mit einem Raketenantrieb versehen, um ihn abzulenken. Wenige Kilometer Abweichung von seiner alten Bahn würden ausreichen – und im Idealfall hätte man mehrere Jahre dafür Zeit, wenn er früh genug entdeckt würde. Dennoch bräuchte man so viel Energie, um diesen gewaltigen kosmischen Berg zu verrücken, dass die Energievorräte der Erde vermutlich nicht dafür ausreichen.

Oder: den Asteroiden mit seinen eigenen Waffen schlagen. Man könnte rings um den Asteroiden riesige Spiegel in Position bringen, um mit der Energie des Sonnenlichts den Asteroiden gezielt aufzuheizen. Beim Abdampfen der Materie entsteht ein kleiner Rückstoß, der seine Bahn verändert.

Diese Methode wäre technisch sehr aufwändig, denn die Spiegel müssten für lange Zeit nahe um den Asteroiden kreisen und dabei gezielt steuerbar sein. Doch richtig eingesetzt, könnten einige Monate vor dem Spiegel den Asteroiden ebenso aus der Bahn werfen wie die Sprengung einer Atomrakete. Doch für die Planung und Entwicklung dieser Abwehrtechnik bräuchte man viel Zeit. (Zit. nach www.br-online.de)

Da dichte Vorüberflüge von Asteroiden relativ häufig vorkommen, halten manche Forscher die Weiterentwicklung von Antriebstechnologien für erforderlich, die ein Raumschiff sehr schnell auf einen Rendezvouskurs mit einem Asteroiden bringen könnte, um diesen zu untersuchen. Auch betonen die Forscher die Notwendigkeit von bodengestützten Asteroidensuchprogrammen, die möglicherweise auch durch ein entsprechendes Weltraumteleskop ergänzt werden könnten.

Aber wie wahrscheinlich ist eigentlich der Einschlag eines gigantischen Asteroiden wie der, der nach Meinung mancher Wissenschaftler für das Aussterben der Dinosaurier am Ende der Kreidezeit vor rund 65 Millionen Jahren verantwortlich gewesen sein soll?

Ein alltägliches Ereignis sind Einschläge von Asteroiden, die kleiner als ein Meter sind und die in der Atmosphäre verglühen. Experten schätzen aber, dass mehr als 1000 Asteroiden mit einem Durchmesser von einem Kilometer und mehr als möglicherweise gefährliche erdnahe Objekte (PHOs = potentially hazardous near-earth objects) betrachtet werden müssen. Brocken ab dieser Größe gelten als Killer: Selbst ein kleiner Asteroid mit einem Durchmesser von 50 bis 80 Metern, wie er 1908 im sibirischen Tunguska einschlug, setzt eine Energie von zehn bis fünfzehn Megatonnen frei (zum Vergleich: Die Bombe über Hiroshima entsprach etwa 0,02 Megatonnen). Ein Land wie Belgien würde durch einen solchen Einschlag von der Landkarte radiert.

Ein Asteroid, der sich auf direktem Kollisionskurs mit

der Erde befindet, ist derzeit unter den PHOs nicht zu erkennen. Doch das muss nicht unbedingt etwas heißen, da die Bahndaten der Objekte oft nicht genau genug bekannt sind, Störungen durch alle anderen Körper des Sonnensystems dazukommen und aus »ungefährlichen« Brocken durch solche Beeinflussungen sehr rasch »gefährliche« werden können (und umgekehrt).

Rein statistisch ist mit einer alles vernichtenden Kollision der Größenordnung wie vor 65 Millionen Jahren etwa alle 50 Millionen bis 100 Millionen Jahre zu rechnen. So betrachtet, könnte also der nächste *Deep Impact* jederzeit erfolgen.

Aber das ist eben wie beim Würfeln: Auch wenn 100-mal keine Sechs da war, steigt die Wahrscheinlichkeit für eine Sechs im nächsten Wurf nicht, obwohl sie statistisch »überfällig« ist.

Geschichte

Stimmt es, dass

... Deutschland noch keinen Friedensvertrag hat?

Am 7. Mai 1945 kapitulierte die deutsche Wehrmacht in Reims vor den Westmächten, am 8. Mai in Berlin-Karlshorst vor der Sowjetunion – und zwar bedingungslos. Mit der »Berliner Deklaration« und der vollständigen Aufteilung Deutschlands in Besatzungszonen erlangten die Siegermächte am 5. Juni offiziell die Regierungsgewalt in Deutschland.

Bei der darauf folgenden Potsdamer Konferenz vom 17. Juli bis 2. August 1945 wurde kein formaler Friedensvertrag zwischen Deutschland und den Alliierten geschlossen, weil ein souveränes Deutschland damals nicht mit am Tisch saß. Das heißt, auf deutscher Seite fehlten auf Jahre hinaus legitimierte Volksvertretungen, die einen solchen Vertrag für alle Deutschen hätten aushandeln und unterschreiben können.

Auch die Gründung der Bundesrepublik Deutschland im Jahr 1949 änderte daran wenig. Zwar erklärte sich die BRD selbst zum Rechtsnachfolger des Deutschen Reiches, tatsächlich aber war die staatliche Souveränität zu diesem Zeitpunkt noch längst nicht erreicht – das Besatzungsstatut wurde mit der Verkündung des Grundgesetzes am 23. Mai 1949 lediglich abgeschwächt. Außerdem richtete sich der Alleinvertretungsanspruch der Bundesrepublik Deutschland gegen die Souveränitätsinteressen der DDR, sodass erst die Wiedererlangung der deutschen Einheit 1990 einen Friedensvertrag möglich machte.

Tatsache ist: Der so genannte Zwei-plus-Vier-Vertrag zwischen der DDR und der BRD sowie der Sowjetunion, den USA, Großbritannien und Frankreich vom 12. September 1990, der die Souveränität Deutschlands regelt und die Grenzen endgültig festlegt, ist kein formeller Friedensvertrag, sondern nur ein »materieller«.

Für einen formellen Friedensvertrag wären die Unterschriften aller Siegermächte, also auch der kleineren Staaten der Siegerkoalition von 1945, notwendig gewesen. Darauf verzichtete man 1990 bewusst, um den Zeitplan der deutschen Einheit nicht zu gefährden. Materiell enthält der Zwei-plus-Vier-Vertrag hingegen alle notwendigen Regelungen für einen Friedensschluss und schreibt nicht zuletzt auch einen damals 45 Jahre währenden Frieden fest.

Ernsthafte Versuche, dies anzuzweifeln, gibt es nicht und wird von Staats- und Völkerrechtlern auch künftig für praktisch ausgeschlossen gehalten.

... der »Kuckuck« des Gerichtsvollziehers nach dem preußischen Reichsadler benannt ist?

Heutzutage zeigt das Pfandsiegel des Gerichtsvollziehers nur den weißen Schriftzug »Pfandsiegel« auf rotem Grund und die Namen des zuständigen Amtsgerichts und des Gerichtsvollziehers.

Im 18. und frühen 19. Jahrhundert indes, als die ersten staatlichen Vollstrecker und Exekutoren auf Schuldner angesetzt wurden, war das Pfandsiegel identisch mit dem preußischen Reichsadler. Daher wurde es im Volksmund »Kuckuck« und der Gerichtsvollzieher »Kuckuckskleber« genannt.

… es noch lebende Nachkommen von Schiller und Goethe gibt?

Dieser Frage ist MDR 1 Radio Thüringen für die Sendereihe *Der Redakteur* auf den Grund gegangen. Ergebnis:

Johann Wolfgang von Goethe hatte mit seiner Frau Christiane Vulpius einen Sohn August sowie vier weitere Kinder, die entweder tot zur Welt kamen oder sehr früh starben. August, der auch relativ früh verstarb, hinterließ die Söhne Walther und Wolfgang sowie eine Tochter Alma. Alle drei starben, ohne Kinder zu hinterlassen. Als letzter Goethe starb Walther 1885. Er schenkte den goetheschen Nachlass dem Herzogtum Sachsen-Weimar-Eisenach.

Friedrich Schiller hatte vier Kinder: die Söhne Karl und Ernst sowie die Töchter Karoline und Emilie. Aus der Linie der jüngsten Tochter Emilie ging unter anderem der Maler Ludwig von Gleichen-Rußwurm hervor. Dessen Sohn Alexander war bayerischer Kammerherr und starb 1947 als letzter direkter Nachfahre Schillers. Der letzte Namensträger des Dichters, Karls Sohn Friedrich, war bereits 1877 gestorben, die Linie von Schillers Schwester Christophine war 1926 erloschen.

… Donald-Duck-Comics in Finnland zeitweise verboten waren, weil Donald keine Hosen trägt?

Und außerdem unterhält der cholerische Erpel auch noch eine unangemessene Beziehung zu einer unverheirateten Ente – shocking!

Aber ist das Grund genug, die weltberühmte Disney-Figur zu verbieten? Ausgerechnet im als liberal geltenden Finnland? Gehen wir der Sache einmal auf den Grund.

Helsinki, 1977: Die finnische Hauptstadt steckt in einer schweren Haushaltskrise. Bei einer Sitzung des Jugendausschusses macht der Lokalpolitiker Markku Holopainen einen folgenschweren Sparvorschlag. Die städtischen Jugendzentren sollen einige ihrer Zeitschriftenabos kündigen, darunter auch Mickey-Mouse- und Donald-Duck-Comics. Holopainens Vorschlag wird einstimmig angenommen.

Ein Jahr später kandidiert Markku Holopainen für einen Sitz im finnischen Parlament. Kurz vor der Wahl schreit ihm eines Morgens eine balkendicke Zeitungsschlagzeile entgegen, er sei der Mann, der »Donald Duck aus Helsinki verbannt« habe.

Wer diese Medienente lanciert hat, konnte nie geklärt werden – möglicherweise steckte die Jugendorganisation der Sozialdemokratischen Partei Finnlands dahinter.

Der schwer brüskierte Politiker bittet den Vorsitzenden des Jugendausschusses, die Sache von damals öffentlich richtig zu stellen. Vergebens. Denn der will selbst ins Parlament gewählt werden und konkurriert mit Holopainen.

Die finnische Presse wittert mit untrüglichem Gespür eine Story und kommt mit Artikel heraus wie »Unser Bann gegen Donald« oder »Donalds Rausschmiss aus Schulen und Bibliotheken«.

Schließlich werden auch ausländische Kollegen aufmerksam und kolportieren die Geschichte nach Deutschland, England und in die USA. Dort heißt es dann: »Donald ohne Trauschein – finnische Politiker außer sich«, oder: »Donald, wo hast du deine Hose gelassen?«

Es kommt, wie es kommen muss: Markku Holopainen verliert die Wahl. Und die Welt ist um eine moderne Wandersage reicher, die auch 30 Jahre später noch nicht wieder zum Stehen gekommen ist.

... Fidel Castro beinahe ein Volksheld in den USA geworden wäre?

Keine kubanische Revolution 1958/59 gegen das Batista-Regime, keine gescheiterte Schweinebuchtinvasion 1961 durch von den USA unterstützte Exilkubaner, keine weltbewegende Kubakrise 1962 wegen der Stationierung sowjetischer Mittelstreckenraketen ... Alle diese spektakulären Eckdaten der jüngeren Zeitgeschichte wären heute in keinem Gedenktagkalender zu finden, wenn Kubas »Máximo Líder« Fidel Castro 1949 den Sprung in die amerikanische Baseball-Profiliga geschafft hätte.

Denn als Jurastudent an der Universität von Havanna galt der junge Fidel als herausragendes Baseballtalent und wurde sogar zu einem Probetraining bei den »New York Yankees« eingeladen. Dort platzte der Traum von der großen Sportkarriere allerdings recht schnell.

Der Rest ist Geschichte.

So steht es auch in deutschen Medien hin und wieder zu lesen, etwa bei *FHM*-online oder www.freenet.de. Doch das Ganze ist wenig mehr als eine typische »Was wäre, wenn ...?«-Gedankenspielerei, die in den USA ähnlich populär und verbreitet ist wie alternative Geschichtsszenarien à la »Was wäre, wenn Kennedy nicht ermordet worden wäre?« oder »Was wäre, wenn das Attentat auf Hitler erfolgreich gewesen wäre?«

Tatsache ist, dass zahlreiche Kubaner in der amerikanischen Baseball-Liga spielen und dass Castro ein großer Fan dieser Sportart ist. Das ist aber auch schon alles.

Der Yale-Professor Roberto González Echevarría fand bei seinen umfangreichen Recherchen für ein Standardwerk über Baseball nur einen einzigen Spielbericht, in dem jemals Fidel Castro erwähnt wurde. Und zwar war das im Zusammenhang mit einem Freundschaftsmatch zwischen der juristischen und der wirtschaftswissenschaftlichen Fakultät der Universität Havanna am 28. November 1946. Darüber hinaus gibt es keinen Hinweis, kein Foto, keinen Zeitungsartikel oder Ähnliches, woraus hervorginge, dass Castro einst ein begnadeter Baseballspieler war.

Auch das Probetraining bei den »New York Yankees« (alternativ werden auch die »Washington Senators« genannt) ist frei erfunden. Vermutlich von einem namentlich nicht mehr zu ermittelnden Journalisten; denn die ironischen Bezüge der Story sind kaum zu übersehen: Ein Profivertrag bei den »Washington Senators« hätte aus Amerikas Erzfeind Fidel Castro einen »Senator« in der US-Hauptstadt gemacht, und in New York wäre er damit zu einem »Yankee« geworden – zu einem Einheimischen also.

Außerdem versorgt das Märchen vom gescheiterten Baseballprofi Fidel Castro die Leser mit einer verführerisch simplen Erklärung für dessen Hass auf Amerika.

... für Leonardo da Vincis Gemälde »Das letzte Abendmahl« dieselbe Person sowohl für Jesus als auch für Judas Modell saß?

Was für eine Geschichte:

Gegen Ende des 15. Jahrhunderts macht sich in Mailand das Künstlergenie Leonardo da Vinci daran, das letzte Abendmahl Christi in einem monumentalen Gemälde darzustellen.

Der ehrgeizige Perfektionist möchte jedem der zwölf Apostel (und natürlich Jesus selbst) eine ausgefeilte Mimik und Gestik verleihen. Die Personen in Leonardos Komposition sollen auf ganz individuelle Weise auf die Ankündigung Jesu reagieren, dass einer von ihnen den Herrn verraten wird – je nach Charakter und Temperament, welche den Aposteln von der Überlieferung zugedacht werden.

An einem Sonntag wird da Vinci bei der Messfeier im Mailänder Dom eines Chorsängers gewahr, der gleichermaßen Liebe, Unschuld, Sanftmut, Sorge, Mitleid und Freundlichkeit ausstrahlt und damit den perfekten Jesus abgibt. Der junge Mann heißt Pietri Bandinelli und erklärt sich bereit, dem Maler für »Das letzte Abendmahl« Modell zu sitzen.

Die Jahre gehen dahin. Immer wieder gerät das Werk ins Stocken, weil Leonardo kein geeignetes Vorbild für den Verräter Judas findet – also eine Gestalt, der die Verzweiflung, Gemeinheit, Habsucht und Sünde ins Gesicht geschrieben stehen. Mehr als ein Jahrzehnt nach dem ersten Pinselstrich trifft der Künstler in einem Mailänder Gefängnis zufällig auf einen verurteilten Verbrecher, der exakt die lange gesuchte Physiognomie mitbringt.

Der Gefangene erhält Haftverschonung, und da Vinci macht sich fieberhaft daran, »Das letzte Abendmahl« zu vollenden.

Doch je mehr der undurchsichtige Charakter des Verräters Judas Ischarioth unter da Vincis Schaffen Gestalt annimmt, desto unruhiger und angespannter wirkt sein Modell. Als der Freiganger schließlich nur noch mit einem Ausdruck unaussprechlichen Entsetzens sein eigenes Konterfei auf der Leinwand betrachten kann, will Leonardo endlich wissen, was ihn so stark bewege.

Der Mann schlägt die Hände vors Gesicht und fragt den Maler unter Schluchzen und Schlucken, ob er sich denn nicht mehr an ihn erinnere – er sei doch der ehemalige Chorknabe Pietri Bandinelli, der ihm einst für das gleiche Gemälde als Jesus Modell saß.

Diese religiöse Allegorie hat es in einigen evangelikalen und charismatischen Kreisen zu beachtlicher Popularität gebracht. Was wenig wundernimmt, da es sich um eine klassische Erbauungsgeschichte mit eindringlicher Warnung handelt: Wer vom Glauben an Gott abdriftet, kommt immer weiter vom Weg ab.

Historisch belegbar ist das Drama um den angeblichen Exjesus und späteren Zuchthäusler Pietri Bandinelli nicht – man darf davon ausgehen, dass das Ganze gut, aber frei erfunden ist.

Bekannt ist, dass Leonardo da Vinci während seiner Arbeit am »Letzten Abendmahl« ausdauernd die Gesichter der Menschen auf den Straßen Mailands studierte, immer auf der Suche nach dem passenden Gesichtsausdruck für die Jünger und Jesus. Allerdings unterhielt er kein Studio, wo er männliche Modelle auf die Leinwand bannte, die tage- oder wochenlang bei ihm saßen. Denn »Das letzte Abendmahl« wurde an die Nordwand des Refektoriums der Dominikanerkirche Santa Maria delle Grazie in Mailand gemalt.

Tatsache ist auch, dass vor allem die Darstellung des Judas dem Renaissancekünstler einige Probleme bereitete. Einem Gerücht zufolge soll Leonardo den Prior von Santa Maria delle Grazie zum Vorbild für seinen Judas genommen haben, weil dieser ihn permanent mit Fragen über die Fertigstellung des Werkes traktierte. Aber auch das ist sehr wahrscheinlich falsch, denn der Mann war schließlich sein Mitauftraggeber (neben Herzog Ludovico Sforza, der das Kloster zur Grablage seiner Familie erwählt hatte), und auch Leonardo konnte es sich wohl nicht leisten, ihn derart zu verprellen.

Außerdem benötigte da Vinci mitnichten mehr als ein Jahrzehnt für »Das letzte Abendmahl«, sondern nur von 1495 bis 1497/98.

… das Wort »Picknick« ursprünglich »Hängen wir einen Nigger« bedeutete?

Bekanntermaßen sinken in der anonymen Struktur des Internets Scham- und Peinlichkeitsgrenzen. Und so manche virtuellen Aktivitäten sind denn auch kaum mehr als das pubertätsbedingte Treiben einiger geistloser Computerkids, die sich mal so richtig auskotzen wollen.

In diese Kategorie fällt auch eine Ketten-E-Mail, die dem Empfänger eine »Tatsache« nahebringen will, die »in unserem Bildungswesen nicht vermittelt wird«: Zur Zeit der Sklaverei in Amerika sei es auf dem Land nämlich üblich gewesen, mit Kind und Kegel und Lunchbox einen Familienausflug zur Hinrichtung eines willkürlich ausgewählten Schwarzen zu machen. Aus dieser Tradition habe sich das Wort »Picknick« entwickelt. Denn das englische/amerikanische »Picnic« sei die Abkürzung für »Pick a Nigger«, was so viel bedeute wie »einen Nigger aufhängen/lynchen«.

Quatsch. »Picknick« stammt aus dem Französischen und ist schon 1692 in dem Lehrbuch *Origines de la Langue Française de Ménage* nachweisbar. Der Ausdruck bezeichnete damals den persönlichen Beitrag eines geladenen Gastes zum Gelingen eines größeren Festes – etwa ein Mitbringsel oder eine Geldspende. Die weitere etymologische Karriere des Wortes ist detailliert zum Beispiel im *Oxford English Dictionary* nachzulesen.

Vorausgesetzt, die Urheber solcher schlechten Scherze wissen überhaupt, was ein Buch ist. Denn Lesen gefährdet bekanntlich die Dummheit.

Halten wir uns lieber an geistvolle Definitionen von »Picknick«, zum Beispiel: »Picknick ist ein Wort, das auf zauberhafte Weise immer schöner wird, wenn man es lange anguckt.« *(FHM-Magazin/For him Magazine)* Oder: »Picknick – schon das Wort klingt wie ein Versprechen, klingt nach heiterer Intimität, spielerisch und ausgelassen, frei von allen Konventionen. Es locken Abenteuer und Erotik, Naturgewalten wie Blitz und Regen, vor allem aber köstlich gefüllte Picknickkörbe.« *(HR-Online)*

... die berühmte Rede des Indianerhäuptlings Seattle in Wahrheit von einem Drehbuchautor fürs Fernsehen geschrieben wurde?

Sagen wir mal so: Zumindest jener Text, der in zahlreichen Büchern, Lyriksammlungen und in den Veröffentlichungen von Umweltschutzorganisationen immer wieder zitiert wird, ist nicht authentisch:

»Der große Häuptling in Washington sendet Nachricht, dass er unser Land zu kaufen wünscht. Der große Häuptling sendet uns auch Worte der Freundschaft und des guten Willens«, soll der legendäre amerikanische Indianerhäuptling Seattle dem ersten Territorialgouverneur Washingtons, Isaac Stevens, entgegnet haben, der 1854 den Indianern das Eigentumsrecht an ihrem Land absprach. Und weiter:

»Das ist freundlich von ihm, denn wir wissen, er bedarf unserer Freundschaft nicht. Aber wir werden sein Angebot bedenken, denn wir wissen, wenn wir nicht verkaufen, kommt vielleicht der weiße Mann mit Gewehren und nimmt sich unser Land. Wie kann man den Himmel kaufen oder verkaufen oder die Wärme der Erde? Diese Vorstellung ist uns fremd. Wenn wir die Frische der Luft und das Glitzern des Wassers nicht besitzen – wie könnt Ihr sie von uns kaufen?«

Es sind vor allem Passagen wie diese, die Häuptling Seattle zu einem Idol der Ökologiebewegung gemacht haben:

»Jeder Teil dieser Erde ist meinem Volk heilig, jede glitzernde Tannennadel, jeder sandige Strand, jeder Nebel in den dunklen Wäldern, jede Lichtung, jedes summende Insekt ist heilig, in den Gedanken und Erfahrungen meines Volkes ... Die duftenden Blumen sind unsere Schwestern, die Rehe, das Pferd, der große Adler sind unsere Brüder. Die felsigen Höhen, die saftigen Wiesen, die Körperwärme des Ponys und die Menschen, sie alle gehören zur gleichen Familie ...

Glänzendes Wasser, das sich in Bächen und Flüssen bewegt, ist nicht nur Wasser, sondern das Blut unserer Vorfahren. Wenn wir Euch das Land verkaufen, müsst Ihr wissen, dass es heilig ist, und Eure Kinder lehren, dass es heilig ist und dass jede flüchtige Spiegelung im klaren Wasser der Seen von Ereignissen und Überlieferungen aus dem Leben meines Volkes erzählt. Das Murmeln des Wassers ist die Stimme meiner Vorväter. Die Flüsse sind unsere Brüder – sie stillen unseren Durst.

Ich weiß nicht – unsere Art ist anders als die Eure. Der Anblick Eurer Städte schmerzt die Augen des roten Mannes. Vielleicht, weil der rote Mann ein Wilder ist und nicht versteht. Es gibt keine Stille in den Städten der Weißen. Keinen Ort, um das Entfalten der Blätter im Frühling zu hören oder das Summen der Insekten.

Ich bin ein roter Mann und verstehe das nicht. Der Indianer mag das sanfte Geräusch des Windes, der über eine Teichfläche streicht, und den Geruch des Windes, gereinigt vom Mittagsregen oder schwer vom Duft der Kiefern. Die Luft ist kostbar für den roten Mann, denn alle Dinge teilen denselben Atem.

Ich bin ein Wilder und verstehe es nicht anders. Ich habe tausend verrottete Büffel gesehen, vom weißen Mann zurückgelassen – erschossen aus einem vorüberfahrenden Zug. Ich bin ein Wilder und kann nicht verstehen, wie das qualmende Eisenpferd wichtiger sein soll als der Büffel, den wir nur töten, um am Leben zu bleiben. Was ist der Mensch ohne die Tiere? Wären alle Tiere fort, so stürbe der Mensch an großer Einsamkeit des Geistes. Was immer den Tieren geschieht, geschieht bald auch den Menschen. Alle Dinge sind miteinander verbunden …«

Bewegende Worte, fraglos. Und eine eindrucksvolle Sichtweise der Natur und des Lebens. Aber am Puget Sound im heutigen US-Bundesstaat Washington, wo Häuptling Seattle um 1785 geboren wurde und zeit seines Lebens blieb, gab es weithin keine Büffelherden – und zu dieser Zeit auch noch keine Eisenbahnlinie.

Hier unterlief dem jungen texanischen Filmprofessor und Drehbuchschreiber Ted Perry ein grober Schnitzer. Denn Perry war es, der 1972 für sein Skript zu dem frühen Ökostreifen *Home* diesen Text schrieb und dem Indianer in den Mund legte.

Das bedeutet indes nicht, dass die ganze Geschichte um Häuptling Seattle und Gouverneur Isaac Stevens erfunden ist. Historisch belegt ist, dass der Namensgeber der amerikanischen Großstadt Seattle 1854 eine circa halbstündige große Rede vor Isaac Stevens und mehreren Hundert Zuhörern hielt.

Es gibt jedoch keine verlässlichen Aufzeichnungen über den Inhalt – sondern nur einen Zeitungsartikel, den die *Seattle Sunday Star* erst 33 Jahre später veröffentlichte. Als Autor zeichnete ein gewisser Dr. Henry A. Smith, der auch mit einiger Sicherheit Ohrenzeuge des Ereignisses gewesen war. Allerdings dürfte er den Häuptling kaum verstanden haben, da dieser nicht englisch, sondern in seiner eigenen Sprache redete.

Somit dürfte schon die erste schriftliche Version der berühmten Rede allenfalls vage etwas mit Seattles tatsächlichen Worten zu tun haben.

In den späten 1960er Jahren machte sich der Dichter William Arrowsmith an eine sprachliche Überarbeitung und glättete dabei den blumigen Überschwang Smiths. Die dritte ist zugleich die bekannteste Fassung: nämlich die oben auszugsweise wiedergegebene von Ted Perry aus dem Jahr 1972. Für zusätzliche Verwirrung sorgte Perry übrigens dadurch, dass er einfach den Adressaten von Häuptling Seattles engagierter Rede änderte – von Gouverneur Isaac Stevens zu Präsident Franklin Pierce.

Zur Weltausstellung »Expo« 1974 in Spokane, Washington, erschien schließlich noch eine Kurzfassung des Perry-Textes als nunmehr vierte Version dessen, was Häuptling Seattle 1854 angeblich gesagt haben soll.

... Störtebeker nach seiner Enthauptung noch an elf Kameraden vorübergehen konnte?

Über das Leben Klaus Störtebekers, des berühmtesten Piraten Deutschlands, ist wenig bekannt. Umso reicher ist der Schatz an Legenden, die sich um sein Leben ranken. Die populärste ist wohl die seines Endes: Als er und seine Kameraden im Oktober 1401 hingerichtet werden sollten, erbat er die Begnadigung all jener Männer, an denen er nach seiner Enthauptung vorbeigehen würde. Seine letzte Bitte wurde gewährt, und als sein Kopf gefallen war, konnte Störtebeker noch elf Kameraden passieren, bevor ihm der Scharfrichter ein Bein stellte.

Bloß eine nette Anekdote? Sehr wahrscheinlich.

Beim schnellen Abtrennen des Kopfes mit einem gezielten Schwerthieb oder einem Fallbeil bricht der Blutdruck und damit auch die Sauerstoffversorgung im Kopf sofort zusammen. Das führt nach allgemeiner ärztlicher Auffassung zu einer sofortigen Ohnmacht und kurz darauf zum Tod.

»Es mag aber Ausnahmen geben«, berichtet der Kölner Kriminalbiologe und Forensiker Mark Benecke. »In einigen ärztlichen Berichten aus den vergangenen Jahrhunderten heißt es, dass der Kopf von Enthaupteten noch reagierte, als er Sekunden nach der Hinrichtung mit dem Namen angeredet wurde. Ob es sich dabei aber um zufällige Reflexe handelt oder nicht, wissen wir nicht.«

Da die Bewegungsfeinsteuerung bei Menschen und anderen Wirbeltieren im Kleinhirn sitzt und dieses bei einer Enthauptung automatisch mit abgetrennt wird, sind gerichtete Bewegungen des Körpers danach nicht möglich. Rein reflektorische Bewegungen des Körpers treten aber auch ohne Gehirn auf, wie man es beispielsweise bei Enthauptungen von Hühnern beobachten kann: »Es ist Hühnern sogar möglich, monatelang ohne Kopf weiterzuleben, wenn die Abtrennung den Gehirnstamm nicht erfasst«, sagt Benecke, »sie müssen dann bloß durch die Halsöffnung direkt gefüttert werden und können keine gelernten Handlungen mehr ausführen.« Auch menschliche Körper zucken nach gestopptem Blutzufluss ins Gehirn noch ruckartig, wie Rechtsmediziner es von Erhängten und Ertrinkenden berichten.

Dass Störtebeker aber noch an seinen Kumpanen vorbeilaufen konnte, bezweifelt Benecke. »Zwar wurde der Schädel des Piraten kürzlich mit einiger Sicherheit identifiziert, es gibt aber keine glaubwürdigen Berichte zum genauen Ablauf seiner Hinrichtung«, sagt der Biologe. »Vielleicht wurde ihm der Kopf im Stehen abgeschlagen, was einem geübten Henker möglich und nicht völlig unüblich war. Der Körper des gefürchteten und gehassten Piraten taumelte nach dem Schlag dann vielleicht nach vorne und blieb ausgestreckt liegen. Im Schreck der Sekunde oder in der rückschauenden Verklärung der Jahrhunderte legte man ihm das vielleicht als gezielte Rettungsaktion aus.«

... ein deutscher Pfarrer beim Untergang der Titanic noch eine letzte Messe las?

Das Ende kam langsam. Langsam genug jedenfalls, um noch eine letzte Entscheidung treffen zu können: In welcher Haltung möchte ich sterben?

Zwanzig Minuten vor Mitternacht klirren in den Bars auf dem Luxusdeck der Titanic leicht die Gläser. In der Küche rutschen einem Bäckerjungen die Brötchen vom Blech. Tief unten aber, im Maschinenraum, ist der Ozeanriese bereits tödlich verwundet. Der Heizer George Beauchamp wird durch »das Rollen eines Donners« aufgeschreckt. Dann brechen auch schon grüne Wassermassen schäumend durch die Schiffswand. Man schreibt den 14. April des Jahres 1912. Ein gewaltiger Eisberg hat die Titanic gerammt. Das vermeintlich sicherste und komfortabelste Schiff seiner Zeit sinkt.

Endspiel. Major Archibald Butt, Militärberater des amerikanischen Präsidenten, begibt sich in den Rauchsalon zum Kartentisch und mischt zum letzten Mal in seinem Leben das Blatt. Drei Herren gesellen sich hinzu. Der mitgereiste Baumeister der Titanic, Thomas Andrews, sitzt daneben und starrt mit leerem Blick die Wand an. Der Millionärssohn Benjamin Guggenheim und sein Kammerdiener Victor Giglio legen statt der Schwimmweste den Smoking an und schlendern scheinbar unbeeindruckt über das Bootsdeck.

Viele andere Passagiere versammeln sich indessen um zwei katholische Geistliche, die den Rosenkranz beten. Reverend Thomas Byles, der Sohn eines englischen Ministers, wollte in New York seinen Bruder mit dessen Verlobten vermählen. Der deutsche Benediktinerpater Joseph Benedikt Peruschitz aus der Abtei Scheyern in Oberbayern war mit dem Aufbau und der Leitung eines katholischen Gymnasiums im US-Bundesstaat Minnesota beauftragt worden. Doch für beide sollte die Atlantiküberfahrt vom englischen

Hafen Southampton nach New York zur letzten Mission werden.

Auf dem Marienplatz in Dorfen bei Erding hatte Peruschitz am 5. Mai 1895 seine Primiz gefeiert, nachdem er eine Woche zuvor in Scheyern zum Priester geweiht worden war. Bis zu seiner Versetzung nach Amerika versah er in dem Benediktinerkloster unter anderem das Amt des Organisten und Musikpräfekten. Außerdem unterrichtete er in der ersten Klasse der Dorfschule Mathematik und Turnen.

Der vielseitige Pfarrer war 41 Jahre alt, als er für 155 Goldmark eine Passage dritter Klasse auf der Titanic buchte. Bis zu seiner Einschiffung wohnte er im Kloster St. Augustin bei Ramsgate in der englischen Grafschaft Kent. Seine Familie wusste von nichts. Erst nach seiner Ankunft auf dem amerikanischen Kontinent wollte Joseph Peruschitz seinen Angehörigen schreiben und ihnen als Überraschung von seiner neuen Aufgabe berichten. Das Schicksal wollte es anders.

»Etwa hundert Passagiere – Katholiken, Protestanten und Juden – umgaben kniend die beiden Priester«, schreibt die Titanic-Überlebende Agnes Mac Coy noch aus dem New Yorker St.-Vinzenz-Krankenhaus an die in Amerika erscheinende *Katholische Volkszeitung*. Die Schiffskapelle stimmt ein Kirchenlied an. Obwohl die Musiker nicht im eigentlichen Sinne zur Besatzung gehören und niemand ihnen verwehren würde, sich zu den Rettungsbooten zu begeben, bleiben sie bis zuletzt an Bord.

Keine Legende, sondern verbürgt: Der Kapellmeister Wallace Hartley war einige Jahre zuvor von einem Kollegen gefragt worden, was er tun würde, wenn er sich eines Tages an Deck eines sinkenden Schiffes wiederfinden würde. »Musik machen«, hatte Hartley geantwortet. Nun lässt er die Kapelle das Beerdigungsstück *Näher mein Gott zu Dir* spielen.

Reverend Byles und Pater Peruschitz »sagten den Leuten,

sie sollten bereuen und sich bereit machen, Gott von Angesicht zu Angesicht zu schauen. Sie beteten den Rosenkranz vor, und die anderen antworteten«, berichtet Agnes Mac Coy weiter. Ein dritter Geistlicher an Bord der Titanic, ein Episkopalprediger aus Litauen namens Montvilla, ergattert einen Platz in einem der Rettungsboote und zelebriert später auf dem Schiff Carpathia mit den Geretteten einen Trauer- und Dankgottesdienst.

Gegen zwei Uhr nachts lässt der Zweite Offizier der Titanic, Charles H. Lightroller, seine Crew mit eingehakten Armen einen Halbkreis vor dem letzten Rettungsboot bilden. Die zum sicheren Tod verdammten zahlreichen Männer an Deck sollen so daran gehindert werden, den einzigen noch verbliebenen Rettungsanker in Panik zu stürmen.

Einer der zahllosen Titanic-Mythen besagt, dass ein Mann sich in Frauenkleidern in das letzte Boot retten konnte. Diesbezügliche Gerüchte rankten amerikanische Zeitungsreporter nach dem Unglück namentlich um die Passagiere William T. Sloper, William Carter und Dickinson Bishop, und auch in einigen Titanic-Verfilmungen erschleicht sich ein Mann als Frau verkleidet die Rettung.

Nichts dergleichen geschah tatsächlich in jener kalten Aprilnacht auf dem Atlantik. Lediglich der 18-jährige Ire Daniel Buckley hatte sich einen (Frauen-)Schal ums Gesicht gewickelt, um in das Rettungsboot Nummer 14 zu gelangen. Die insgesamt 20 Boote boten Platz für rund 1000 Menschen. 2207 befanden sich an Bord.

»Näher mein Gott zu Dir, näher zu Dir!«, intoniert die Schiffskapelle immer wieder, ohne dass jemand den getragenen Choral eigens bestellen muss. »Rufst Du mich einst zu Deinem Thron, werde ich preisen Dich dann ewiglich; darf ja bei Dir dann sein …«

Eine große Zahl von Menschen kniet wie auf eine stumme Übereinkunft hin nieder und fängt an zu beten. Ihr Kreuz fest umklammert, sprechen der deutsche und der englische Geistliche den verzweifelten Titanic-Passagieren Trost zu. Ein paar wollen noch beichten. Schließlich erteilen Reverend Byles und Pater Peruschitz die Generalabsolution.

Zwei Stunden und 40 Minuten nach der Kollision mit dem Eisberg in der Nähe der Großen Neufundlandbank gehen auf der Titanic die Lichter aus. Das Heck hebt sich wie ein zum Siegzeichen hochgestreckter Daumen gegen den Himmel und fährt dann grollend in die Tiefe. »Viele von den 750 Geretteten, die von ihren Booten aus zusahen, wie das Schiff in den Wellen verschwand, erzählten, sie würden nie in ihrem Leben vergessen, wie die beiden Priester mit ihren zum Segen erhobenen Händen inmitten einer betenden Schar untergingen«, schreibt eine New Yorker Zeitung nach der Katastrophe.

Diese Schilderung mag ein wenig verklärt sein – und noch dazu liest man in keinem der bisher erschienenen 3000 Bücher über den Untergang der Titanic etwas über den Ordensgeistlichen aus Deutschland. Lediglich sein Mitbruder, Reverend Thomas Byles, wird in einigen wenigen Dokumenten erwähnt.

Aber im Kloster Scheyern erinnert noch heute eine Gedenktafel mit dieser Inschrift an Pater Peruschitz: »Im 17. Jahr seines Priestertums gab er auf der Titanic sein Leben hin.« Und auch auf dem Dorfener Friedhof findet sich der Name »Joseph Benedikt Peruschitz« auf der Grabstätte der Familie Peruschitz in Verbindung mit dem Untergang der Titanic vor über 90 Jahren.

… Diogenes in einer Tonne lebte?

Als Verächter aller Konventionen und »Diogenes in der Tonne« ist der griechische Philosoph Diogenes von Sinope (ca. 412–323 v. Chr.) in die Geschichte eingegangen. Trotz vornehmer Herkunft führte er ein Bettlerdasein in äußerster Bedürfnislosigkeit – doch in einer Tonne lebte der intellektuelle Sonderling mit dem Beinamen »Kyon« (griech.: Hund) wohl allenfalls vorübergehend.

Diogenes schlief normalerweise in Hauseingängen oder an öffentlichen Plätzen und bat eines Tages einen Freund, ihm eine Kammer zu besorgen. Als das sich hinzog, nahm er so lange seinen Aufenthalt in einem »Pithos«, einer großen tönernen Vorratsamphore, um seiner Verärgerung Ausdruck zu verleihen – sagen manche Historiker.

Andere gehen davon aus, dass die Geschichte mit der Tonne gänzlich eine Legende ist, die auf den römischen Philosophen Seneca zurückgeht. Der hatte einst – in der Möglichkeitsform – über Diogenes geschrieben, dass ein Mann mit derart geringen Ansprüchen ebenso gut wie ein Hund in einem Pithos leben könnte.

... Kleopatra eine wunderschöne Nase hatte?

Asterix geriet völlig außer sich: »Diese Nase, diese Nase!«, schwärmt er in *Asterix und Kleopatra* ungehemmt für die herrische Majestät mit dem schwierigen Charakter und extrem schönen Antlitz. Und auch der Druide Miraculix pflichtet ihm bei: »Wirklich eine sehr hübsche Nase.«

In dem verfilmten Comicalbum reisen Asterix und Obelix zusammen mit Miraculix und dem kleinen Hund Idefix nach Ägypten, um dem Architekten Numerobis beim Bau eines Palastes zu helfen. Die ägyptische Königin Kleopatra hat, um ihren Gast Julius Cäsar zu beeindrucken, die Errichtung des Palastes innerhalb von drei Monaten befohlen – eine Aufgabe, die der geplagte Architekt nur mit Hilfe der Gallier bewältigen kann.

Der Running-Gag mit der »hübschen Nase« in diesem Asterix-Abenteuer geht zurück auf einen Ausspruch des französischen Philosophen Blaise Pascals: »Le nez de Cléopâtre: s'il eût été plus court, toute la face du monde aurait changé.«

Was so viel heißt wie: »Die Nase Kleopatras: Wäre sie kürzer gewesen, hätte sich das ganze Angesicht der Welt geändert.« Pascal wollte damit zum Ausdruck bringen, dass Sinn, Zufall und Paradoxien im Verlauf der Weltgeschichte ebenso eng wie unwägbar nebeneinander liegen.

Aber wie war es um Kleopatras Aussehen – und insbesondere um ihre Nase – tatsächlich bestellt?

Nach Münzporträts zu schließen, besaß Ägyptens bedeutendste Königin und letzte Herrscherin der Ptolemäerdynastie, Kleopatra VII. die Große (69–30 v. Chr.), eine kräftige Hakennase – und eine besonders attraktive Frau soll sie auch nicht gewesen sein.

»An und für sich war ihre Schönheit, wie man sagt, gar nicht so unvergleichlich und von der Art, dass sie beim ersten Anblick berückte«, beschrieb der griechische Historiker und Schriftsteller Plutarch die Wirkung Kleopatras. »Aber im Umgang hatte sie einen unwiderstehlichen Reiz, und ihre Gestalt, verbunden mit der gewinnenden Art ihrer Unterhaltung und der in allem sie umspielenden Anmut, hinterließ einen Stachel.«

Nicht zuletzt bei ihren beiden römischen Geliebten, Caesar und Marcus Antonius. Zwar lebte Plutarch erst einige Jahrzehnte nach Kleopatras Tod und musste sich auf die Aussagen von Zeitzeugen verlassen – aber was Kleopatra wirklich auszeichnete, waren wohl viel eher Intelligenz, Energie und ihre Ausstrahlung. Sie beherrschte neben Griechisch und Ägyptisch mehrere afrikanische und asiatische Sprachen und war außerordentlich gebildet. Sie verstand viel von verwaltungstechnischen Dingen und galt auch auf finanzpolitischem

Gebiet (vor allem was die Vermehrung ihres eigenen riesigen Vermögens anging) als geradezu genial.

Wieso aber machte Hollywood aus der mächtigsten Frau der Antike die in Eselinnenmilch badende Männerverführerin?

Terenci Moix, Spaniens populärster Schriftsteller und Autor des historischen Romans *Der Traum der Kleopatra,* meint dazu: »Kleopatra war eine überaus mächtige und bestens vorbereitete Frau ... Als Politikerin war sie eine ungeheuer energische und aktive Person. Man muss bedenken, dass Kleopatra Opfer der damnatio memoriae (»aus dem Gedächtnis verbannt«; Anm. d. Autors) wurde. Da sie die Verliererin war, wurde sie von den römischen Chronisten mit Schmähungen überhäuft und von ihnen mehr oder weniger als Hure dargestellt, als zerstörerisches, sexbesessenes Weib – während das Kino aus ihr eine Art Versucherin machte, eine Person ohne Hirn.

Dazu wird sie, damit sie jugendlicher und verführerischer wirkt, immer ohne Kinder gezeigt, obwohl sie doch vier hatte. Das ist ein Bild, das die Sieger, die Kolonisten, könnte man sagen, erfunden haben.«

Ein schönes Bild, möchte man nicht zuletzt eingedenk der Glanzleistung Elizabeth Taylors in *Cleopatra* (USA 1962) sagen. Nichtsdestotrotz hängt es ziemlich schief.

... im Jahr 999 in ganz Europa Furcht vor dem Weltuntergang herrschte?

Schließlich heißt es in der Bibel: »Wenn die tausend Jahre vollendet sind, wird der Satan losgelassen werden aus seinem Gefängnis.« Einige Historiker glaubten daher an eine Art Massenhysterie im Jahr 999 kurz vor der Jahrtausendwende.

Falsch, belegen neueste Forschungsergebnisse. Die große Mehrheit der Bevölkerung besaß keinen Kalender und wusste gar nicht, welches Jahr man gerade schrieb. Die Zeitrechnung orientierte sich stattdessen an lokalen oder familiären Ereignissen wie etwa dem letzten Hagelsturm oder dem Tod des Großvaters.

Das angebliche »Schreckensjahr 999« ist ein Mythos des französischen Aufklärers Jules Michelet (1798–1874). Die Mär von der großen Panik diente ihm als Propaganda, mit der er Stimmung gegen die Kirche machte, die seiner Meinung nach das Volk in unaufgeklärter Unmündigkeit belasse.

... jemand heute mehrfacher Trillionär wäre, wenn er im Jahr eins einen Cent bei einer Bank eingezahlt hätte?

Leider kann kein Mensch sein Geld für 2000 Jahre anlegen. Wäre dies möglich, genügte ein Cent zum Supermultimilliardär. Denn bei einem Jahreszins von drei Prozent stünden heute inklusive Zinseszinsen rund 237 Trilliarden Euro auf dem Konto, also eine Zahl mit 21 Nullen.

... Archimedes bei der Belagerung von Syrakus die römische Flotte mit Hohlspiegeln in Brand setzte?

Star Wars in der Antike: Mit einer Art Strahlenkanone soll der geniale Mathematiker und Naturwissenschaftler Archimedes bei der Belagerung seiner Heimat Syrakus im Jahr 213 v. Chr. die römische Flotte in Brand gesetzt haben. Hohlspiegel aus Bronze oder Glas auf den Zinnen der sizilianischen Hafenstadt bündelten die Strahlen der Sonne und lenkten sie auf die Schiffe der Angreifer – heißt es in zahlreichen historischen Überlieferungen zum Zweiten Punischen Krieg.

Doch die gigantischen Brenngläser des Archimedes sind

sehr wahrscheinlich ein Mythos der Antike. Anno 2005 bauten US-Forscher des Massachusetts Institute of Technology (MIT) und der University of Arizona die angebliche Wunderwaffe nach. Sie konstruierten ein Arsenal aus 127 verspiegelten Kacheln von jeweils rund 900 Quadratzentimeter Größe und versuchten, damit ein altes Fischerboot in Brand zu setzen. Das Experiment misslang jedoch. Aus 50 Metern Entfernung brachte die »Strahlenkanone« das Holz des Schiffs nur leicht zum Glimmen. Erst als die Distanz auf die Hälfte verringert wurde, entstand nach etwa 15 Minuten eine kleine Flamme, die jedoch schnell von allein wieder ausging.

Der Spiegel, den die Wissenschaftler vom Arizona Lunar and Planetary Laboratory zusammenbauten, erzeugte weder Rauch noch Feuer.

Allerdings ist fraglich, ob dieses Experiment unter angemessen realistischen Bedingungen ablief. Sollte Archimedes tatsächlich eine Sonnenwaffe eingesetzt haben, richtete er sie wohl nicht auf das durchnässte Holz der römischen Schiffe, sondern auf Segel, Takelage und Aufbauten. Durchaus möglich, dass die gebündelte Strahlenkraft dort schwere Schäden anrichten kann.

Andererseits: Dazu hätten die 60 Schiffe der römischen Kriegsflotte unter dem Kommando des römischen Konsuls Marcus Claudius Marcellus über einen längeren Zeitraum absolut stillstehen müssen. Außerdem sollten Kriegswaffen vor allem praktisch, robust und einfach sein. Daher ist naheliegender, dass der »Daniel Düsentrieb der Antike« in Wahrheit auf Steinkatapulte und Feuerschleudern zurückgriff.

Dafür spricht auch, dass die Saga von den Brennspiegeln des Archimedes erst einige Jahrhunderte nach dem angeblichen Ereignis schriftlich niedergelegt wurde – und zwar um 535 n. Chr. von dem Architekten und Mathematiker Anthemios von Tralles.

... der »Stinkefinger« schon im Hundertjährigen Krieg gezeigt wurde?

Der gestreckte Mittelfinger bei geballter Faust (seit der Fußball-Weltmeisterschaft 1994 auch »Effenberg-Finger« genannt) – diese beleidigende Geste soll aus dem Hundertjährigen Krieg von 1337 bis 1453 stammen. Französische Soldaten drohten den verfeindeten englischen Bogenschützen, ihnen die Mittelfinger (wichtig zum Spannen der Sehne) abzutrennen – und taten dies bei Gefangenen auch wirklich.

Die Briten siegten jedoch am Ende und verhöhnten die Verlierer mit dem hochgestreckten Stinkefinger. So stand es unlängst in der *Glamour,* einer großen deutschen Frauenzeitschrift, zu lesen.

Doch gegen diese Deutung spricht einiges. Zum einen weiß kein Geschichtsschreiber des 14. und 15. Jahrhunderts etwas über diese angebliche Praktik zu berichten. Zum anderen wurden Bogenschützen üblicherweise nicht in Kriegsgefangenschaft genommen. Nur Ritter und ranghohe Anführer waren »wertvolle« Gefangene, die sowohl Ruhm als auch (Löse-)Geld versprachen. Bogenschützen standen außerhalb dieses hierarchischen Systems und gehörten lediglich zum »einfachen« Fußvolk ihres Kriegsherren.

Außerdem: Was für einen Sinn hätte es gehabt, Bogenschützen den Mittelfinger zu amputieren? Anders gefragt: Was hätten die französischen Truppen anschließend mit ihnen tun sollen?

Sie wieder freilassen? Dann hätten die gehandicapten Bogenschützen mit Äxten, Messern, Schwertern oder mit bloßen Händen weitergekämpft.

Sie allesamt töten? Das hätten sie – zynisch gesagt – auch vorher schon tun können, und außerdem hätte das einen schweren Verstoß gegen den mittelalterlichen Ehrenkodex der Kriegsführung dargestellt.

Sie einsperren? Dafür hatten die französischen Truppen weder genügend Wachpersonal noch Nahrungsvorräte.

Alles spricht dafür, dass es sich bei dieser Geschichte um einen Joke handelt.

Der »Stinkefinger« ist eine Erfindung aus unserer Zeit. Er symbolisiert einen erigierten Penis und stellt optisch dar, was das Schimpfwort »Fuck you!« verbal ausdrückt.

... Hitler die Autobahnen gebaut hat?

Der Radioreporter überschlug sich vor Begeisterung: »Der Führer, ach ist das schön. Jetzt sieht er nach Süden, die wunderbare weiße, blanke Reichsautobahn herunter.«

Es ist der 19. Mai 1935. Adolf Hitler eröffnet die erste Teilstrecke der neuen Reichsautobahn. In wenigen Jahren werden Tausende Kilometer Autobahn das Land durchziehen. Zwischen Frankfurt und Darmstadt fing das Unternehmen Reichsautobahn an – und zugleich der Mythos der Autobahn.

Der Generalinspekteur für das deutsche Straßenwesen, Fritz Todt, hatte von Anfang an bestimmt: »Sie haben einzig und allein als die Straßen des Führers zu gelten.« Das war der Beginn einer Legende, die heute noch Wirkung zeigt. »Das mit den Juden, das war nicht richtig – aber immerhin hat Hitler die Autobahn gebaut«, hört man noch immer an so manchem Stammtisch.

Der Historiker Markus Tiedemann hat für seine verdienstvolle Aufklärungsschrift *60 rechtsradikale Lügen und wie man sie widerlegt* recherchiert: Die Autobahnen waren keine Erfindung Adolf Hitlers. Die Bezeichnung »Straßen des Führers« entstammt lediglich der goebbelsschen Propaganda.

In nahezu allen Industrieländern der Welt wurden in den 1920er Jahren umfangreiche Straßenbaupläne erarbeitet. Als Vorbilder galten die Mailänder Autostrada (gebaut 1922/23) und die amerikanischen Highways. Auch im Deutschland der Weimarer Republik besaßen solche Pläne einen nicht geringen Stellenwert.

Die berühmte Berliner AVUS (Automobil-, Verkehrs- und Übungsstraße) wurde schon 1921 eröffnet, und der »Verein zur Vorbereitung der Autostraße Hansestädte – Frankfurt – Basel« legte 1927 einen umfassenden Entwurf für ein Autobahnnetz in Deutschland vor. Nur die wirtschaftliche Rezession und der Schwarze Börsenfreitag im Oktober 1929 verhinderten die schnelle Realisierung der meisten Pläne.

Auch der Autobahnbau als Arbeitsbeschaffungsmaßnahme wurde schon 1932 an der Verbindung Köln – Bonn praktiziert. Allerdings sind 130 000 Arbeitsplätze im Straßenbau nach Hitlers Machtergreifung bei fast 1,8 Millionen Arbeitslosen im Jahre 1936 auch nicht gerade überzubewerten.

Hitler setzte also bereits vorliegende Pläne lediglich um; gebaut worden wären die Autobahnen auch ohne ihn. Und vermutlich in einem vernünftigeren Umfang und mit einem besseren Zeitplan. Denn für die Trassenführung rückte immer mehr der Gedanke der militärischen Nutzbarkeit in den Vordergrund.

Neu am nationalsozialistischen Autobahnbau war vor allem die Tatsache, dass die Arbeitsbeschaffungsmaßnahmen zum großen Teil über die »Reichsanstalt für Arbeitsvermittlung und Arbeitslosenversicherung« finanziert wurde – also mit Arbeitnehmergeldern.

Sex

Stimmt es, dass

… Männer alle sieben Sekunden an Sex denken?

Oft gehört – nie belegt.

So kurz und knapp könnte man diesen populären Sexmythos charakterisieren.

Wie sollte eine solche Zahl realistischerweise auch zu ermitteln sein? Selbst wenn Männer alle sieben Sekunden an Sex denken sollten, schauen sie ganz gewiss nicht auf die Uhr dabei. Und so deutet eigentlich alles darauf hin, dass wir es hier lediglich mit einer legitimen weiblichen Rache für alle Blondinenwitze zu tun haben, angesiedelt irgendwo zwischen »Männer sind Schweine« und »Sie wollen alle nur das Eine«.

Wissenschaftlich seriös hat sich das bekannte amerikanische Kinsey-Institut für Sexual-, Geschlechts- und Reproduktionsforschung mit der Frage beschäftigt, wie oft Männer an Sex denken. Schlappes Ergebnis: 54 Prozent der Befragten tun es »täglich« oder auch »einige Male am Tag«, 43 Prozent höchstens »wöchentlich« oder »ein paar Mal im Monat« und vier Prozent nicht mal das – daran denken, wie gesagt.

Und die Frauen?

Baywatch-Nixe Carmen Elektra erregte 2003 Aufsehen, als sie kurz nach ihrer Vermählung mit Dave Navarro öffentlich bekannte, alle 20 Sekunden an Sex zu denken. Zwei Jahre später kam die kalte Dusche für ihre männlichen Fans: Das sei natürlich nur ein Joke gewesen, stellte die elektrisierende Badeanzugaktrice in dem kanadischen Blatt *Globe and Mail* richtig: »Ich denke, die Leute denken, dass jemand wie ich alle 20 Sekunden an Sex denkt. Ich denke auch, sogar mein Mann Dave wünscht sich das.«

Da mag sie wohl Recht haben.

... Adidas die Abkürzung für »All Day I Dream about Sex« ist?

Eingedenk der gerade vorgestellten Forschungsergebnisse des Kinsey-Instituts kann die Antwort auf diese Frage wohl nur ein glattes Nein sein.

Aber nicht nur deswegen. In Deutschland dürfte weitgehend bekannt sein, dass »Adidas« für den Gründer der Herzogenauracher Schuhfabrik, Adolf »Adi« Dassler, steht.

Nicht so jedoch in Amerika. Dort wurde das Gerücht von den tagtäglichen Sexträumen der Adidas-Beschuhten in den späten 1970er Jahren sehr populär. Zu einer Zeit also, da die Marke mit den drei Streifen von hippen Konkurrenten wie Nike abgehängt wurde. Es steht zu vermuten, dass die US-Firmenbosse selbst den Hoax in die Welt setzten, um ihren Tretern zu mehr Sex-Appeal zu verhelfen.

Sex sells? Nike ist immer noch der größte Sportartikelhersteller der Welt. Wobei wir wohl wieder bei McKinsey und dem Sieben-Sekunden-Mythos wären.

... Katharina die Große Sex mit Pferden hatte?

In Kinoklamotten aus deutschen Landen wie *Katharina – Die nackte Zarin/Exzesse am Zarenhof* – ja.

In der Realität: nein.

Denn die Legende vom ganz speziellen Appetit der gebürtigen Sophie Auguste Friederike von Anhalt-Zerbst auf Pferde wird von den nachbetenden Mündern zumeist verknüpft mit einer weiteren pikanten Behauptung: Die Deutsche sei bei einem ihrer wilden Ritte zu Tode gekommen – das Tier habe sie versehentlich zerquetscht.

Das allerdings ist nachweislich falsch. Katharina die Große starb am 17. November 1796 an den Folgen eines Schlaganfalls.

Gerüchte über ein bizarres Sexualleben begleiteten die Monarchin zeit ihres Lebens – und sind unschwer als klägliche und oberflächliche Schmähungen ihrer zahllosen männlichen Gegner zu identifizieren.

In solchen Brachialmythen agierten sich der Hass und die Feindschaft all derer aus, die sich von einer Frau auf dem russischen Zarenthron ebenso provoziert wie abgestoßen fühlten – obgleich ihre Herrschaft eine der glanzvollsten Epochen der russischen Geschichte einleitete und den Aufstieg Russlands zur europäischen Hegemonialmacht begründete. Die Mär vom Aufreiten erniedrigte die mächtige Katharina die Große zumindest verbal und reduzierte sie auf pure Geschlechtlichkeit. Tatsache ist, dass Historiker der Zarin mehr als zwanzig Liebhaber zuschreiben, von denen sie auch nach dem Tod ihres Gatten Peter III. keinen ehelichte.

Ein Pferd war nicht darunter.

... arbeitslose Frauen in Deutschland auch einen Job als Prostituierte annehmen müssen?

Kein Mythos: Deutsche Wörter wie »Blitzkrieg«, »Achtung« oder »Schweinehund« gehören noch heute zum Standardvokabular jedes Engländers – sagt kein Geringerer als Ex-Monty-Python-Star und Schauspieler John Cleese. Ein »generelles Deutschen-Bashing« gebe es laut Cleese in den englischen Medien, vor allem »in diesen schrecklich dummen Boulevardzeitungen«.

Es war indes nicht einmal eines der berüchtigten englischen Boulevardblätter, sondern die Tageszeitung *The Telegraph*, die am 30. Januar 2005 mit der Schlagzeile herauskam: »If You Don't Take a Job as a Prostitute, We Can Stop Your Benefits!« Was so viel heißt wie: »Kein Arbeitslosengeld mehr, wenn Sie nicht als Prostituierte arbeiten!«

In dem Artikel ging es um eine 25-jährige arbeitslose EDV-Expertin in Deutschland, die ihrem Arbeitsberater signalisiert habe, sie würde auch einen Job in einer Bar akzeptieren. Kurze Zeit später sei der jungen Frau ein Schreiben der Arbeitsagentur ins Haus geflattert, sie habe sich ohne Verzug in einem Berliner Bordell vorzustellen – andernfalls werde ihr das Geld gestrichen. Daran anknüpfend erklärte der *Telegraph*-Autor seinen Lesern in Kurzform die deutschen Arbeitsmarktreformen.

Seine Inspiration hatte sich der englische Journalist offenbar aus der Berliner *tageszeitung* geholt. Die hatte nämlich vier Wochen vorher darüber berichtet, dass die Prostitution mit Inkrafttreten des »Gesetzes zur Regelung der Rechtsverhältnisse der Prostituierten« (Prostituiertengesetz – ProstG) nicht mehr als sittenwidrig zu bewerten sei.

Deshalb sei es grundsätzlich möglich, als Arbeitsloser oder Arbeitslose einen Existenzgründungszuschuss zu erhalten, um sich im Bereich der Prostitution selbständig zu machen. Die vorgesehenen gesetzlichen Bedingungen (zum Beispiel Stellungnahme einer fachkundigen Stelle) müssen erfüllt sein. Umgekehrt gelte auch, dass Prostituierte, die den Ausstieg aus dem bisherigen Gewerbe anstreben, die Vermittlungs- und Beratungsdienste der Bundesagentur für Arbeit nutzen können.

In der Tat ist dieser Sachverhalt völlig richtig dargestellt und wird von der Bundesagentur für Arbeit auch genauso bestätigt.

Die unglückliche 25-jährige Zwangsprostituierte dagegen existiert nur im Kopf des *Telegraph*-Journalisten.

... das Wort »Fuck« in der englischen Geschichte wurzelt und die Abkürzung für »Unzucht mit Erlaubnis des Königs« ist?

»Fuck« ist immer noch ein recht trendiges Schimpfwort, passt praktisch immer und ist nicht so anrüchig wie »Scheiße!« oder Ähnliches. Aber what the fuck bedeutet es eigentlich?

Eine Internetrecherche (Wörterbücher nehmen so ein schmutziges Wort anscheinend nicht in den Mund) fördert eine kuriose Erklärung zutage: Fuck – das sei ein Akronym, also ein Wort, das aus den Anfangsbuchstaben mehrerer Wörter gebildet wurde. Und es bedeute entweder »For Unlawful Carnal Knowledge« oder »Fornication Under Consent of the King«. Ersteres bedeutet holprig, aber wörtlich übersetzt: »Für ungesetzliches fleischliches Wissen«, Letzteres so viel wie »Unzucht mit Erlaubnis des Königs«.

»Unzucht« meinte in alten Zeiten schlicht und einfach »Sex«, und anscheinend spielt dieser Satz darauf an, dass sich einst die Bauern die Zustimmung zur Ehe von ihren Herren oft für eine happige Gebühr erkaufen mussten.

Die Redewendung »For Unlawful Carnal Knowledge« soll ebenfalls aus dem Mittelalter stammen. Zu jener Zeit war es üblich, dass verurteilten Ehebrechern, Vergewaltigern und Kinderschändern eine Tafel um den Hals gehängt wurde, auf welcher der Grund ihrer Verurteilung zu lesen stand.

Mag sein. Aber weder das eine noch das andere hat etwas mit unserem heutigen F-Wort zu tun. Das nämlich stammt aus dem Mittelniederländischen, das um 1150 bis 1500 in den Niederlanden und in Flandern gesprochen wurde. Dort bedeutete »fokken« so viel wie »stoßen« oder »beischlafen«. Als »fukka« und »focka« ging der Begriff auch in den norwegischen und schwedischen Dialekt ein.

Das eigentlich Erstaunliche daran: Obwohl »fokken«, »fukka«, »focka« oder aktuell »fuck« ein Tabuthema umschrieb, machte das Wort eine Weltkarriere.

... der Vatikan die größte Pornosammlung der Welt besitzt?

»Schon witzig, der Papst! Hat die größte Pornosammlung im Vatikan – man muss ja alles kennen – und dann erlässt er so einen Quark ...« So oder so ähnlich lauten immer wieder die Kommentare in diversen Webforen, wenn das Oberhaupt der katholischen Kirche sich zu Fragen der Sexualmoral äußert.

Auch so manches »Erotikquiz« wartet mit der Frage auf: Wer hat die größte Pornosammlung der Welt? Und lässt als richtige Antwort gelten: der Vatikan. Sogar gut informierte Prominente wie zum Beispiel die US-amerikanische Frauenrechtlerin Camille Paglia oder der Starjournalist und Autor William F. Buckley Jr. verbreiten diese Behauptung.

Kein Wunder, dass der aus Irland stammende ehemalige Chef der Biblioteca Apostolica Vaticana (Vatikanische Bibliothek), Pater Leonard Boyle, sich gleich nach seinem Amtsantritt bei einem alteingesessenen Kollegen nach der sagenumwobenen Sammlung erkundigte. Der zuckte jedoch nur mit der Schulter – und auch Boyle selbst wurde nach eigenem Bekunden nie fündig.

Die Vatikanische-Bibliothek verwaltet rund 1,5 Millionen Bücher und 150 000 Handschriften, die online unter www.vatlib.it eingesehen werden können. Und die berüchtigten »Geheimarchive« des Vatikans?

Die wurden 1998 auf Geheiß des damaligen Kardinals

Joseph Ratzinger geöffnet. Experten stießen darin auf 4500 Bände, von denen »auch die Kirche nicht wusste, was sie alles enthalten«, schreibt der Professor für lateinisches Mittelalter und Renaissance an der Universität Tübingen, Peter Godman, in seinem Buch *Weltliteratur auf dem Index*. Dieser Bestand umfasste auch Gutachten und Listen verbotener Bücher, die die katholische Kirche von 1559 bis 1966 als häretisch, ketzerisch oder unmoralisch eingestuft hatte. Bis 1998 kannte keiner die genauen Gründe, die den Vatikan zu einer Zensur bestimmter literarischer Werke veranlasst hatten. Godman sichtete die Bücher (darunter zum Beispiel die Liebeslyrik eines Dante) und kam zu dem Schluss: Der vatikanische Index sei lediglich ein Ausdruck für »ungeheure Ineffizienz und Inkompetenz« gewesen.

Aber wer besitzt nun tatsächlich die größte Pornosammlung der Welt? Es ist das 1947 von dem Zoologen Alfred C. Kinsey gegründete Institut für Sexualforschung an der Indiana University, Bloomington, im US-Bundesstaat Indiana.

... man in Japan getragene Mädchenunterwäsche aus dem Automaten ziehen kann?

Unglaublich, aber wahr: 1993 tauchten in einem Rotlichtbezirk der japanischen Stadt Chiba (Großraum Tokio) die ersten Verkaufsautomaten für getragene Slips und Pantys junger Mädchen auf.

Es erhob sich ein Sturm des Protestes dagegen; aber schnell wurde den Behörden klar, dass sie keinerlei Handhabe hatten, gegen diesen Verkauf vorzugehen. Für jede Art von Waren benötigen Händler in Japan eine Lizenz. Aber niemand hatte je vorausgesehen, dass geschäftstüchtige Schülerinnen gemeinsam mit skrupellosen Sexshopbesitzern auf die Idee kommen würden, angeschmuddelte Mädchenunterwäsche feilzubieten (zum Stückpreis von umgerechnet 50 Euro). Und folglich gab es auch kein Gesetz dagegen.

Erst nach langem Aktenstudium wurden die Stadtväter in einer Sammlung antiker Gesetzestexte fündig. Dort war festgeschrieben, dass Secondhandwaren grundsätzlich genehmigungspflichtig seien. Recht kreativ bog man diese Regel auf die heutigen Verhältnisse hin, und nachdem drei Händler verknackt wurden, verschwanden die Automaten nach und nach wieder.

Doch inoffiziell floriert die so genannte »Buru-sera«-Industrie nach wie vor. »Buru-sera« setzt sich zusammen aus den japanischen Wörtern »buruma« (blühende Blume) and »sêrâ fuku« (Seemann, im übertragenen Sinn die Matrosenkleider, die viele junge Mädchen in Japan als Schuluniform tragen). Es scheint auch heute durchaus nicht unüblich zu sein, dass Schülerinnen auf der Suche nach dem schnellen Geld Sexshops mit »Buru-sera«-Ware versorgen, also mit gebrauchten Kleidungsstücken und Schuluniformen bis hin zu getragener Unterwäsche.

Auch die gewöhnliche Erotik japanischer Rotlichtviertel besteht darin, dass sich der Gast von der vorgeblichen Unschuld im Matrosenkleidchen oder von der halbnackten Serviererin im Häschen-Dress hinreißen lässt. Ob man diesen Lolita-Komplex als perverse sexuelle Verirrung oder als harmlose Flucht in eine »unschuldige« Fantasiewelt außerhalb der rigiden Konventionen deuten soll, ist auch unter Experten umstritten.

... der Keuschheitsgürtel nur eine Legende ist?

»Ging Ritter Kunibert auf Reisen, legte er seine Frau in Eisen. Doch der Neffe Friederich hatte einen Dieterich ...«

So lautet eine humorige Textzeile aus dem Gassenhauer »Ja, so warns die alten Rittersleut« von Karl Valentin – der damit schon vor mehr als 50 Jahren Zweifel anmeldete, ob eheliche Treue mit einem eisernen Foltergerät zu erzwingen ist.

Auch die Historiker sind sich weitgehend einig, dass es sich bei den geschmiedeten mittelalterlichen Verhütungsmitteln, wie sie in einigen Museen gezeigt werden, durchweg um Fälschungen aus dem 19. Jahrhundert handelt. Das renommierte Britische Museum in London entfernte denn auch 1996 einen Keuschheitsgürtel aus seinem Bestand, der seit 1846 dort ausgestellt war.

Fraglos hätte ein solcher Stahlgürtel mit Schloss und einem die Genitalien bedeckenden Steg, der um den Unterleib getragen wurde, ein nahezu tödliches Entzündungsrisiko für die Frauen bedeutet. Anscheinend handelt es sich beim Keuschheitsgürtel bloß um eine Art Scherzartikel des Viktorianischen Zeitalters, möglicherweise auch um eine sadistische Ausprägung dieser als prüde geltenden Epoche.

Und das bringt uns gleich zur nächsten Frage.

… Königin Viktoria so prüde war?

Eine ganze Epoche ist nach ihrer Regierungszeit benannt: Der Viktorianismus oder das Viktorianische Zeitalter währte vom Juni 1837 bis zum Januar 1901 – von der Thronbesteigung bis zum Tod Königin Viktorias von England.

Lustfeindlich und sittenstreng soll es unter ihrer Regentschaft zugegangen sein. Mit »viktorianisch« verbindet man im Allgemeinen den Begriff der Prüderie. Doch die angeblich moralinsaure Herrscherin war in Wahrheit eine romantische und sinnenfrohe Frau. Im privaten Bereich ließ die Herrscherin ihren Gefühlen durchaus freien Lauf. So schrieb sie über ihren Cousin und späteren Gemahl Albert von Sachsen-Coburg-Gotha am 15. Oktober 1839 in ihr Tagebuch:

»Etwa um halb eins schickte ich nach Albert. Er kam in mein Privatzimmer, wo ich allein war, und nach ein paar Minuten sagte ich zu ihm, dass ich dächte, er wisse wohl, warum ich ihn hätte kommen lassen, und dass es mich überglücklich machen würde, wenn er dem zustimmen könnte, was ich wünschte (dass er mich heirate).

Wir umarmten uns immer, immer wieder, und er war so freundlich, so zärtlich. Oh, zu fühlen, dass mich solch ein Engel wie Albert liebte und liebt, ist ein unbeschreiblich großes Entzücken! Er ist vollkommen, vollkommen in jeder Hinsicht, vollkommen schön, vollkommen in allem. Ich sagte ihm, dass ich seiner ganz unwert sei, und küsste seine liebe Hand.

Er sagte, dass er sehr glücklich sei, das Leben mit mir zuzubringen, und war so freundlich und schien so glücklich, dass ich wahrhaft fühlte, dies sei der glücklichste, strahlendste Augenblick meines Lebens, der alles wettmacht, was ich erlitten und ertragen habe. Oh, ich kann es nicht sagen, wie sehr ich ihn anbete und liebe!«

Nach der Hochzeitsnacht am 10. Februar 1840 vertraute Viktoria ihrem Tagebuch an:

»Als der Tag anbrach – denn wir schliefen nicht viel – und ich dieses schöne Engelsgesicht an meiner Seite sah, war dies mehr, als ich sagen kann! Er sieht so schön aus, wenn er nur das Hemd anhat und sein schöner Hals sichtbar wird. Wir standen um Viertel nach acht auf.«

Am 12. Februar 1840: »Schon der zweite Tag nach unserer Hochzeit. Seine Liebe und seine Sanftmut sind jenseits von allem; und diese liebe, weiche Wange zu küssen, meine Lippen auf die seinen zu drücken, ist himmlische Wonne.

Ich fühle ein reineres, unirdischeres Gefühl als je zuvor. Oh, war je eine Frau so gesegnet wie ich.«

Alberts früher Tod 1861 beendete eine der großen Liebesgeschichten des 19. Jahrhunderts. Dass Königin Viktoria sich auch danach durchaus selbst treu blieb, dokumentiert ein Brief von ihr vom 21. April 1866 an ihre älteste Tochter Vicky:

»Ich wünschte, wir fänden mehr schwarzäugige Prinzen und Prinzessinnen für unsere Kinder! Ich muss immer daran denken, was Papa sagte, dass es nämlich wirklich ein Segen ist, wenn die reine königliche Linie ein wenig unsauber ist und sich etwas frisches Blut hineinmischt. Wenn man doch nur für Affie (Alfred, Viktorias zweitältester Sohn) eine dunkeläugige, hübsche und liebenswerte Prinzessin aus einem mediatisierten Haus finden könnte – eine, in die er sich wirklich verlieben würde.« (Alle Zitate nach *Queen Viktoria. Ein biografisches Lesebuch*, dtv-Verlag, München 2000)

Woher also hat das Viktorianische Zeitalter seinen altjüngferlichen, prüden Ruf? Wieso wurden beispielsweise Shakespeares Werke sorgsam von »unanständigen« Wörtern wie Unterleib, Bein, Brust oder Unterrock gesäubert, »unsittliche« Schriften und Theaterstücke gerichtlich verfolgt?

»All das gab es schon vor Viktorias Regierungszeit«, weiß der schwedische Historiker Herbert Tingsten. Geschichtswissenschaftler führen den sexuellen Puritanismus in seiner übersteigerten Form denn auch eher auf die evangelische »Erweckungsbewegung« und ähnliche streng religiöse Strömungen im Großbritannien des 19. Jahrhunderts zurück.

Fraglos leistete Königin Viktoria entscheidende Beiträge zum Viktorianismus. So kämpfte sie etwa vehement gegen die Frauenrechtsbewegung. Tugendsam lebte sie wohl ebenfalls, und in so mancher zeitgeschichtlicher Überlieferung wird mehr als nur angedeutet, dass die so sichtbar herausgestellte Tugend der Herrscherin auf einem Mangel an Sex-Appeal beruhte – schon mit etwa vierzig Jahren muss sie für heutige Verhältnisse ziemlich korpulent gewesen sein.

Aber ebenso sicher ist, dass Königin Viktoria sich tapfer durch die Widersprüchlichkeiten ihres Lebens kämpfte und sich dabei immer wieder staunend und dankbar ihren Gefühlen hingab. Am 9. Dezember 1874 schrieb sie an Vicky, ihre älteste Tochter:

»Ich bin, wie Du weißt, keine große Befürworterin der Ehe als Selbstzweck. Wenn keine ehrliche Zuneigung besteht, ist sie zu grauenhaft, und ich meine, alle jungen Mädchen sollten so erzogen werden, dass sie die Ehe nicht als einziges Lebensziel betrachten. Davon bin ich von Tag zu Tag mehr überzeugt.«

… die jüngste Mutter aller Zeiten erst fünf Jahre alt war?

An seinem zehnten Geburtstag erfährt Gérardo Medina, dass das Mädchen, das er bislang für seine fünf Jahre ältere Schwester gehalten hatte, in Wahrheit seine Mutter ist …

Kein Filmstoff einer Telenovela, sondern Realität: Lina Medina war genau fünf Jahre, sieben Monate und 21 Tage alt, als sie am 14. Mai 1939 einen gesunden sechs Pfund schweren Jungen zur Welt brachte. Die jüngste Mutter aller Zeiten stammt aus dem Andendorf Ticrapo in Peru. Ihre Eltern hatten beim ständig zunehmenden Bauchumfang ihrer Tochter an einen Tumor gedacht und sie zu dem Arzt Dr. Gérardo Lozada ins Krankenhaus der Stadt Pisco gebracht. Der stellte jedoch eine weit fortgeschrittene Schwangerschaft fest.

Wer der Vater des Kindes war, konnte nie geklärt werden. Linas eigener Vater wurde unter Inzestverdacht festgenommen, später aber wieder freigelassen. Einer der bekanntesten Mediziner Perus, Edmundo Escomel, nahm sich des außergewöhnlichen Falls an und publizierte darüber unter anderem in der Fachzeitschrift La Presse Medicale. Escomel legte dar, dass die am 27. September 1933 geborene Lina Medina schon mit drei Jahren ihre Periode bekommen hatte und mit fünf körperlich »voll entwickelt« war. Als Ursache vermutete der Arzt eine seltene Hormonstörung.

Ein amerikanischer Psychologe bescheinigte dem Mädchen eine »normale Intelligenz« und dass sie mit dem Ereignis auch seelisch gut klarkomme.

Linas Geschichte ging durch die gesamte US-amerikanische Presse, von der *Los Angeles Times* bis zur *New York Times.* Die junge Mutter bekam zahlreiche Einladungen von angesehenen medizinischen Experten, aber sie verließ ihre Heimat nie.

Ihr Sohn Gérardo starb 1979 an einer Knochenmarkserkrankung. Lina, ihr Ehemann Raul Jurado und ihr gemeinsames zweites Kind (geboren 1972) leben noch heute in der peruanischen Hauptstadt Lima.

... man vom Radfahren impotent werden kann?

Einzelfallberichte und diverse Untersuchungen haben in den vergangenen Jahren die wissenschaftliche These genährt, Fahrradfahren könne der Manneskraft abträglich sein. Und es stimmt: 2005 legten Mediziner der Universität Melbourne eine so genannte Metaanalyse (eine Zusammenfassung aller Studien zu einem bestimmten Thema) sämtlicher einschlägiger Veröffentlichungen zwischen 1981 und 2004 vor.

Ergebnis: Männer, die wöchentlich drei Stunden oder länger Rad fahren, tragen ein um den Faktor 1,7 erhöhtes

Risiko für eine mehr oder minder schwere erektile Dysfunktion. Das heißt, die Rate der Erektionsstörungen liegt etwa zweimal höher als bei Nichtfahrradsportlern der gleichen Altersgruppe.

Der Grund: Wenn ein Mann auf einem Fahrradsattel sitzt, lastet ein großer Teil seines Oberkörpergewichts auf der Arterie, die den Penis mit Blut versorgt. Zusätzlich kann der Nerv, der für die Erektion wichtig ist, gegen den Schambeinknochen gedrückt werden, hervorgerufen durch Vorwärtsneigung des Oberkörpers. Als Vorsichtsmaßnahmen empfehlen die Ärzte:

- Sattel ohne vorstehende Nase montieren
- Sattelneigung nach hinten verstellen
- Gelgepolsterten Sattel verwenden

… Coca-Cola als Verhütungsmittel taugt?

Als es noch keine Pille gab, behalfen sich die Frauen mit den unterschiedlichsten Verhütungsmethoden. Die alten Ägypter empfahlen, Honig und Natriumbikarbonat, sauren Fruchtsaft oder verschiedene Öle nach dem Geschlechtsverkehr zu verwenden.

Billige und leicht verfügbare Verhütungsmittel sind in Entwicklungsländern auch heute noch gefragt – und zu den populärsten Methoden gehören postkoitale Scheidenspülungen mit Coca-Cola.

Angesehene medizinische Fachzeitschriften haben sich mit dieser »ziemlich schwachsinnigen Idee« (so ein Kommentar auf der Medizinerseite www.fachschaft-medizin.de) ernsthaft beschäftigt. Und tatsächlich: Zumindest in vitro (»im Reagenzglas«) ließ sich eine Wirksamkeit nachweisen, verlautbarten etwa das *New England Journal of Medicine*

(1985/313/S. 1351) und das US-amerikanische Fachblatt *Contraception* (1987/36/S. 435–440 und 1992/46/S. 537–542).

Alle von den Experten getesteten Colagetränke wirkten innerhalb einer Minute spermizid – egal ob sie Zucker oder Süßstoff enthielten oder koffeinfrei waren. Am schwächsten habe Pepsi gewirkt, am effektivsten sei »Classic Coke« gewesen, das allerdings noch von Bitter Lemon übertroffen wurde.

Wieso ist das Ganze dennoch »ziemlich schwachsinnig«? Die Forscher raten dringend, sich nicht auf eine Colaspülung als »Pille danach« zu verlassen, weil schon innerhalb weniger Minuten nach dem Verkehr Spermien in den Eileiter gelangen.

... Pfefferminzbonbons Oralsex extrem angenehm machen?

Seit der Clinton-Lewinsky-Affäre ist diese Behauptung in aller Munde. Denn in seinem detailfreudigen Bericht zu der Affäre hielt Sonderermittler Kenneth Starr unter anderem fest: »The President finally joined Ms. Lewinsky in the study, where they were alone for only a minute or two. Ms. Lewinsky gave him an antique paperweight in the shape of the White House. She also showed him an e-mail describing the effect of chewing Altoid mints before performing oral sex.

Ms. Lewinsky was chewing Altoids at the time, but the President replied that he did not have enough time for oral sex. They kissed, and the President rushed off for a State Dinner with President Zedillo.«

Im Wesentlichen geht es in dieser schlüpfrigen Passage darum, dass Miss Lewinsky den Präsidenten in seinem Arbeitszimmer über den prickelnden Effekt einer bestimmten

Sorte Pfefferminzbonbons (Altoids) informierte. Mr. Clinton hatte aber keine Zeit für oralen Geschlechtsverkehr und beließ es bei einem flüchtigen Kuss, da er zum Dinner mit dem mexikanischen Staatschef Zedillo musste.

Die volkstümliche Umbenennung des Präsidenten-Arbeitszimmers vom »Oval Office« zum »Oral Office« erfolgte umgehend – und auch der Absatz von Altoid-Bonbons sei in den Vereinigten Staaten um satte 58 Prozent gestiegen, vermelden diverse Quellen.

Mehr noch: Auch in Frauenzeitschriften und -foren wie *Cosmopolitan* oder www.gofemin.de wird seitdem getuschelt, »die Frau soll vor dem Oralsex ein Pfefferminzbonbon lutschen, weil es ihm durchaus etwas bringen« könne.

Nun mag anhaltende, verführerische Atemfrische der Zweisamkeit nicht gerade abträglich sein. Dass aber Altoids, Tic Tacs, Fisherman's Friends und Co. zu ungeahnten sexuellen Höhenflügen verhelfen – dafür gibt es zumindest keine objektiven Anhaltspunkte. Das Ganze ist reine Netzfolklore, die schon lange vor der »unangemessenen Beziehung« Clintons zu seiner Praktikantin kursierte.

Auch aus dem Starr-Bericht (siehe oben) wird deutlich, dass Monica Lewinsky ihre diesbezüglichen Kenntnisse aus dem Internet bezog, genauer gesagt: von einer weit verbreiteten Kettenmail. An einer persönlichen Erfahrung schienen weder sie noch der Präsident interessiert zu sein. Jedenfalls nicht an jenem Abend.

… es keinen Mathematiknobelpreis gibt, weil Alfred Nobels Ehefrau eine Affäre mit einem Mathematiker hatte?

Welche Ehefrau? Der schwedische Erfinder und Industrielle war nie verheiratet.

Also möglicherweise die Geliebte? Um eine solche ranken

sich in der Tat zwei – einander widersprechende – Gerüchte: »Alfred Nobel hat keinen Mathe-Nobelpreis ausgelobt, weil seine Geliebte (der Name fängt mit K an ...), eine russische Mathematikerin, sich mit dem Dekan der mathematischen Fakultät liierte. Nobel erkundigte sich in Fachkreisen, ob es wahrscheinlich sei, dass dieser Nebenbuhler Anwärter für einen Nobelpreis sei, und dies wurde bejaht. Nobel unterließ es daher, diesen Preis zu stiften«, liest man etwa im Forum von www.wer-weiss-was.de.

Dagegen heißt es bei www.w-akten.de: »Ursprünglich hatte Nobel auch einen Nobelpreis für Mathematik geplant. Es war schon alles vorbereitet, und seine damalige Geliebte galt als Kandidatin dafür. Diese hat sich dann aber für einen anderen entschieden, worauf Alfred Nobel nicht nur den Mathematiknobelpreis zurückgerufen hat, sondern auch festschrieb, dass es nie einen geben darf.«

Tja, was denn nun?

Weder das eine noch das andere. Alfred Nobel hatte zwar eine Geliebte, eine Wienerin namens Sophie Hess – die aber war weder Mathematikerin noch hatte sie etwas mit einem Mathematiker (konkret wird als Verdächtiger in diesem Fall zumeist das schwedische Rechengenie Gösta Mittag-Leffler genannt).

Warum Alfred Nobel keinen Mathematikpreis stiftete, erklärte er selbst nie. Wir können nur mutmaßen: Erstens gab es zu seiner Zeit in Schweden bereits eine bedeutende Auszeichnung für Mathematiker, verliehen vom schwedischen König Oscar II.

Zweitens interessierte sich der Erfinder des Dynamits hauptsächlich für Physik, Chemie und Literatur. Und er war ein praktisch denkender, am Nutzen orientierter Mensch. Vermutlich hegte Nobel nur geringe Sympathien für die eher trockene und theoretische Zahlenlehre.

... Sportler vor dem Wettkampf keinen Sex haben sollten?

Stefan Kretzschmar, Handballstar, hat so seine Prinzipien: »Sex vor dem Spiel ist bei mir Pflicht!«, tönte der Exfreund von Exgoldfisch Franziska van Almsick.

Sex erhöhe die Leistungsfähigkeit, will auch der italienische Mediziner Emmanuele Jannini herausgefunden haben. Jedenfalls bei schnellen Sportarten wie Eishockey, Boxen, Fußball, wohl auch bei Handball. Die verstärkte Ausschüttung des Sexualhormons Testosteron mache aggressiv und rege den Kampfgeist an.

Auch ein kanadisches Forscherteam der McGill-Universität in Montreal fand keine negativen Auswirkungen von sexueller Betätigung auf Kraft, Ausdauer, Balance oder Reaktionszeit. Dass sich Sex positiv auf den Erfolg auswirke, konnten die Experten andererseits aber auch nicht nachweisen.

»Hatten Sie Sex am Abend vor dem Rennen?«, wollten Wissenschaftler der Universität Oxford uncharmanterweise von den Teilnehmern des London-Marathons wissen. Ihr Ergebnis: Sexuell aktive Läufer waren im Durchschnitt fünf Minuten schneller als enthaltsame, die mit der »No sex«-Strategie vielleicht auf ein Quäntchen mehr Leistung im entscheidenden Moment gehofft hatten. Offen bleibt bei dieser Studie allerdings die entscheidende Frage, ob es wirklich der Sex war, der den schnelleren Läufern Beine machte.

Aussagekräftiger ist ein zweitägiger Sextest, zu dem Dr. Juan Sztajzel von der Universitätsklinik Genf 16 Sportler, darunter Langstreckenläufer, gebeten hatte. Am ersten Tag hatten diese Bettfreuden genossen, bevor sie Fitnesstests absolvieren mussten. Sztajzels Einschätzung danach: »Hat der Sportler zwei Stunden vor dem Start noch Sex, mindert das die Ausdauer. Hochleistungssportler brauchen vor dem

Wettkampf mehrere Stunden der physischen Regeneration vom Geschlechtsverkehr.«

Als die Athleten am zweiten Tag des Sextests der Liebe entsagten, waren sie »entschlossener« und »aggressiver«. Der Internist und Psychiater dazu: »Fest steht, dass Liebe am Abend vor dem Wettkampf, etwa zehn Stunden vor dem Start, nicht schadet.«

Wie auch immer: Bereits bei den ersten Olympioniken galt der »Verlust von Körpersäften beim Liebesspiel« als leistungsmindernd. Ein positiver Effekt von Sexvermeidung konnte jedoch nie schlüssig belegt werden. Nach einer Umfrage der Deutschen Sporthilfe halten denn auch 61 Prozent der befragten Sportler und 67 Prozent der Sportlerinnen das antike Verdikt für Unfug.

Bei den Olympischen Spielen 2000 in Sydney musste der offizielle Kondomlieferant 20 000 Stück zusätzlich ins olympische Dorf schicken, weil das ursprüngliche Kontingent von 70 000 Präservativen schon nach der Halbzeit der Wettbewerbe aufgebraucht war.

Noch in den 1990er Jahren kam für Fußball-Nationaltorwart Toni Schumacher der Abpfiff, weil er in seiner Autobiografie *Anpfiff* für »professionelle Liebesdienerinnen« im Trainingslager plädiert hatte. Und bei der Weltmeisterschaft 1974 in Deutschland mussten sich die Bayern-Stars Sepp Maier und Uli Hoeneß bei Nacht und Nebel aus der Sportschule Malente schleichen, um einen Abend bei ihren Ehefrauen verbringen zu können. Heute bekennt zum Beispiel die Ultratriathletin Astrid Benöhr offen: »Wer guten Sex hatte, schläft besser und ist am nächsten Morgen ausgeruhter.«

»Turnübungen« im Bett können nach Ansicht einiger Sportmediziner wohl durchaus als eine Art »letzte Trainingseinheit« gesehen werden. Allerdings warnt der Sexualwissenschaftler und Expräsident des DDR-Fechtverbands Rolf Borrmann: »Es versteht sich von selbst, dass Sex mit einem gewissen zeitlichen Abstand zum Wettkampf erfolgen muss und keine Exzesse stattfinden sollten.«

... man das Jungfernhäutchen wieder »reparieren« kann?

Auch in Deutschland bieten einige Facharztpraxen für Gynäkologie und Geburtshilfe die so genannte Hymenalrekonstruktion an – zumeist für junge muslimische Frauen, die in Deutschland aufgewachsen sind und vor einer verordneten Heirat in ihrem Heimatland stehen. Ein heikles Thema, über das die Ärzte zumeist Stillschweigen wahren. Denn eigentlich ist ein solcher Eingriff aus feministischen wie aus moralischen Gründen nicht vertretbar. Dennoch führen Frauenärzte ihn durch – »aus Verständnis für die Situation dieser Frauen«.

Eine Viertelstunde dauert die Hymenalrekonstruktion, bei der der Gynäkologe die Reste des Jungfernhäutchens, also des kleinen zarten Schleimhautfetzens am Scheideneingang, mit einem selbstauflösenden Faden wieder zusammennäht.

Dabei kann das Hymen aufgrund der Vielfalt der anatomischen Variationen korrekterweise gar nicht als Beweis für oder gegen die Jungfräulichkeit einer Frau gewertet werden.

... Männer nur 1000 »Schuss« haben?

Dieser Spielverderberspruch sollte sein Verfallsdatum nun wirklich langsam hinter sich haben. Die männlichen Hoden produzieren lebenslang Samenzellen und Spermaflüssigkeit, egal wie viele Ergüsse ein Mann in seinem Leben hat.

Die sexuelle Funktionsfähigkeit bleibt also bis in das neunte und zehnte Lebensjahrzehnt erhalten – nur die Praxis ändert sich, nämlich weg von der eher fordernden und aggressiven Sexualität des jüngeren Mannes hin zu der Zärtlichkeit, Geborgenheit und Nähe suchenden Sexualität des älteren. »Dabei ist festzustellen«, liest man im Marburger *Uni-Journal,* »dass, wer früher sexuell besonders aktiv war, auch im Alter noch überdurchschnittlich aktiv ist.«

… Lakritz müde Männer scharf macht?

Ganz im Gegenteil: Der gute alte Bärendreck gilt neuesten Erkenntnissen zufolge als »schwarzes Gift« – und nicht mehr als Geheimtipp zum Ankurbeln des Verlangens. Italienische Wissenschaftler haben herausgefunden, dass zu viel Lakritz den Testosteronspiegel sinken lässt. Den Herren der Schöpfung geht damit die Lust flöten. Die Leckerei hemmt nämlich ein Enzym, das für die Bildung des männlichen Sexualhormons zuständig ist.

Verzicht dagegen bringt alles wieder ins Lot: Nach vier lakritzfreien Tagen hatte sich der Testosteronspiegel der Studienteilnehmer wieder normalisiert.

… eine »Morgenlatte« etwas mit sexueller Erregung zu tun hat?

Das »Literaturcafé im Internet« wartet sogar mit einem Gedicht zu diesem Thema auf – verfasst von einer Frau:

»Als ich dieses Phänomen nicht kannte, kein Gedanken daran morgens wandte, hatte ich damit auch kein Problem. Und das fand ich äußerst angenehm.

Doch jetzt liegt ein Mann in meinen Kissen. Und die Morgenunschuld hat seitdem verschissen. Schlag die Augen auf, dann steht sie auf der Matte, meines Kerls gemeine Morgenlatte. Drückt die Decke hoch und sucht sich zu entblößen. Will mir was? Respekt einflößen …?«

Nicht unbedingt. Der Grund für dieses Phänomen ist sehr wahrscheinlich der so genannte Reflexbogen: In der Nacht füllt sich die Blase, die volle Blase drückt auf die Nerven am Beckenboden und sendet ein Signal ans Rückenmark, das im Gehirn falsch verbucht wird: Die inneren Geschlechtsorgane werden angeregt und versteifen den Penis.

Also: Nicht jedes Mal, wenn ein Mann morgens mit einem steifen Glied aufwacht, will er Sex.

… ein Mann sich den Penis brechen kann?

Nicht direkt, da kein Stück Knochen in ihm steckt.

Aber: »Wird der arme kleine Kerl im steifen Zustand zu arg gebeutelt und gebogen, etwa im Rausch der Sinne, kann er in der Tat brechen«, informieren die Experten bei www.medizinauskunft.de. »Genau genommen bricht hier nichts, sondern es reißt dann die Schwellkörperhaut. Das Blut strömt schlagartig aus den Schwellkörpern unter die Haut. Ist es passiert, zeigen ein scharf stechender Schmerz, ein knackendes, schnalzendes Geräusch und eine heftige Schwellung, dass etwas arg schiefgegangen ist. Wer jetzt zögert, eine Klinik aufzusuchen, etwa aus Scham, riskiert auf ewig seine Potenz.«

Voraussetzung für eine Penisfraktur ist eine Erektion. Stürze oder andere Unfälle können bei nicht versteiftem Penis in keinem Fall zu einer Penisfraktur führen. Die häufigste Ursache für eine Penisfraktur ist daher »sehr heftige sexuelle Betätigung, beispielsweise übermäßige Bewegungen während des Geschlechtsverkehrs. Typischerweise liegen Abknickmechanismen durch starken Anprall des erigierten

Penis an Beckenknochen der Frau zugrunde«, heißt es im nüchternen Medizinerdeutsch.

Das sehr schnell nach dem »Bruch« eintretende »Auberginen-Stadium« trägt seinen Namen nicht ohne Grund: Der Penis schwillt auf die zwei- bis dreifache Dicke an und verfärbt sich lila. Ein Penisbruch ist ein Notfall und muss sofort operiert werden.

Einen Gips bekommt er allerdings nicht verpasst. Und die gute Nachricht zum Schluss: Schon wenige Wochen nach der Operation ist der Penis wieder einsatzfähig.

... die Nase eines Mannes Rückschlüsse auf seine Penisgröße zulässt?

»Im Durchschnitt ist ein Penis im erigierten Zustand zwölf bis 17 Zentimeter lang. An erster Stelle stehen die afrikanischen Männer, allen voran die Sudanesen mit 17,2 Zentimetern, gefolgt von Westeuropäern und Nordamerikanern mit 13 bis 16,5 Zentimetern. Den Schluss macht der ostasiatische Penis mit 12,3 Zentimetern.«

So könnte man die Ergebnisse der kuriosen »Definitive Penis Size Survey« zusammenfassen, einer Internetumfrage auf www.sizesurvey.com, für die inzwischen mehr als 3000 Surfer ihr bestes Stück selbst vermessen und zusätzlich auch Werte wie Nasenlänge und Schuhgröße angegeben haben.

Allerdings haben hier nicht Ärzte, sondern die Herren der Schöpfung selbst die Messlatte angelegt, und wir alle wissen, wie gerne bei diesem Thema aufgerundet wird.

Ein Zusammenhang zwischen Nasenlänge und Penis konnte bei der »Definitive Penis Size Survey« bis jetzt nicht nachgewiesen werden. Und auch bei keiner anderen diesbezüglichen Untersuchung weltweit.

Frauenfragen

Stimmt es, dass

... Frauen weniger verdienen als Männer?

So pauschal stimmt das nicht – oder zumindest nicht mehr. Oder bald nicht mehr. 1999 wurde in Hamburg das private Unternehmen PersonalMarkt mit dem Ziel gegründet, Transparenz in das brisante Thema »Gehalt und Vergütung« zu bringen. 2005 legten die Experten einen aufwändig recherchierten bundesweiten »GehaltsReport« vor, für den die Gehälter von insgesamt 22 Berufen analysiert und mehr als 200000 Datensätze ausgewertet wurden. Die Ergebnisse legen den Schluss nahe, dass in vielen Berufen die Unterschiede zwischen Männern und Frauen minimal sind. Und in manchen überflügeln Frauen ihre männlichen Kollegen sogar.

Beispiele aus dem »GehaltsReport«: Eine Personalentwicklerin, Mitte 30, verdient im Durchschnitt mehr als ihr männlicher Kollege – sie geht mit 49900 Euro brutto im Jahr nach Hause, ihr gleichaltriger männlicher Kollege mit 47600 Euro. Grundsätzlich, so die Auswerter, gelte: Je geringer der Frauenanteil in einer Branche, umso größer ist der Abstand bei den Gehältern.

Ein weiteres Beispiel belegt diese These: Eine 30-jährige Mitarbeiterin in der Marktforschung (auch hier ist der Frauenanteil relativ hoch) kommt auf ein Jahresbruttogehalt in Höhe von 38600 Euro, ihr gleichaltriger männlicher Kollege auf 40000 Euro – ein Unterschied von lediglich rund 110 Euro monatlich. Eine 40-jährige Grafik-/Webdesignerin erhält ein jährliches Bruttogehalt von 36000 Euro, ihr gleichaltriger männlicher Kollege knapp 1000 Euro mehr.

Der Bereich Softwareentwicklung ist nach Einschätzung der Gehaltsexperten von PersonalMarkt die »berühmte Ausnahme«: Hier verdienen Frauen, trotz eines Anteils von nur etwa neun Prozent, teilweise deutlich mehr als Männer: Eine Softwareentwicklerin um die 30 kommt demnach auf 47 500 Euro, ihr gleichaltriger männlicher Kollege nur auf 44 400 Euro.

Dieser statistische Ausreißer zeige, dass »bei einem Gehaltsvergleich zwischen Männern und Frauen auf jeden Fall sehr genau nach Branchen und Berufen differenziert werden« müsse. Allerdings zeigen die Daten der Studie auch, dass die Gehaltsschere zwischen Männern und Frauen ab Mitte 30 auseinander geht: »Der Abstand zwischen den Gehältern beginnt bei den meisten der von uns ausgewerteten Berufe etwa ab dem 35. Lebensjahr zu wachsen«, erläutern die Gehaltsexperten. Gründe gebe es dafür gleich mehrere: »Wer in Elternzeit geht, nimmt meist nicht mehr an den üblichen Gehaltsrunden und Gehaltssteigerungen teil. Frauen verpassen dadurch nicht nur Karrierechancen, sie treten auch beim Gehalt auf der Stelle.«

Zudem seien die heute über 35-Jährigen vermutlich mit einem vergleichsweise niedrigen Gehalt eingestellt worden. »Den Abstand zu den Männern konnten diese Frauen meist nicht mehr aufholen – aufgrund beruflicher Pausen und weil eine Gehaltssteigerung sich fast immer am aktuellen Gehalt orientiert. Kein Wunder also, dass der Abstand zu den Kollegen, die meist von vornherein höhere Gehälter bezogen, immer größer wurde«, heißt es im »GehaltsReport« weiter.

Bei älteren Arbeitnehmern seien daher die Gehaltsunterschiede zwischen Männern und Frauen nach wie vor gravierend. So bekomme eine 40-jährige Ingenieurin ein Viertel weniger Gehalt als ihr Kollege in der Nachbarabteilung. Sie erhalte rund 40 000 Euro, er 54 000 Euro. Eklatant sind auch die Differenzen bei Unternehmensberatern: Eine 35-Jährige verdient in dieser Branche durchschnittlich 48 300 Euro, der gleichaltrige Kollege mit durchschnittlich 69 000 Euro über ein Drittel mehr.

Ähnlich sieht es im Controlling aus. Ein 45-jähriger Controller bekommt 61 700 Euro brutto im Jahr, eine gleichaltrige Controllerin aber nur 42 500 Euro – ein Unterschied von satten 31 Prozent. Die Kurven, da sind sich die Auswerter von PersonalMarkt sicher, würden sich aber in Zukunft weiter angleichen. Grundsätzlich habe sich die Vergütung der Arbeit von Frauen in den letzten fünfzehn Jahren im Vergleich zu der Zeit davor positiv entwickelt.

Das bestätigen auch Zahlen des Statistischen Bundesamtes: Ein Vergleich der durchschnittlichen Bruttomonatsgehälter von Männern und Frauen für die Jahre 2001 bis 2004 zeigt eine Verringerung des Gehaltsabstands. Frauen konnten demnach binnen drei Jahren über alle Altersgruppen hinweg den Gehaltsabstand im Mittel um 0,7 Prozent verringern.

In einigen Bereichen gelang sogar eine Angleichung, etwa bei den Steuerfachangestellten, bei denen die Gehaltsunterschiede zwischen Männern und Frauen nach Auswertung der PersonalMarkt-Daten gering sind. Ähnlich verhält es sich bei Mitarbeitern in Call-Centern: »Call-Center in der heutigen Form und Verbreitung gibt es seit höchstens 15 Jahren. Das bedeutet, dass vor 20 Jahren keine Männer mit höheren Gehältern eingestellt werden konnten. Daher verdienen auch die älteren Mitarbeiterinnen im Call-Center praktisch dasselbe wie ihre männlichen Kollegen.«

Und wie verhält es sich nun mit Führungspositionen? Ähnliches gelte auch für diesen Bereich, allerdings seien hier die Abstände zwischen den Gehältern von Männern und Frauen etwas größer. Abhängig sei dies vor allem von der Mitarbeiterzahl: Je größer die Abteilung, umso größer auch die Unterschiede bei den Gehältern: So bekomme eine Frau, die mehr als 30 Mitarbeiter führt, ein Drittel weniger Gehalt als der Chef der Nachbarabteilung mit ebenfalls 30 Mitarbeitern. Die 45-Jährige erhalte 77500 Euro, ihr gleichaltriger Kollege 113700 Euro.

Frauen, die es bis in die Topetagen der deutschen Wirtschaft geschafft haben, verdienen dann wieder genauso viel wie ihre männlichen Kollegen. Allerdings: Frauen in Führungspositionen sind in Deutschland nach wie vor unterrepräsentiert.

Andere Studien liefern weitere Hinweise, warum Mitarbeiterinnen bei gleicher Qualifikation bisweilen geringere Einkommen einstreichen, zum Beispiel das bescheidenere Auftreten bei Gehaltsverhandlungen. So fand eine Pittsburgher Wirtschaftsprofessorin mit einem Experiment heraus, dass Frauen deutlich schlechter beurteilt werden als Männer, wenn sie ihre Gehaltsvorstellungen deutlich aussprechen statt diskret zu verschweigen.

Andere Forscher ermittelten einen anderen Hauptgrund fürs Gehaltsgefälle im Beruf: Frauen orientieren sich bei der Wahl eines neuen Arbeitsplatzes völlig anders als Männer. So suchen junge Akademikerinnen aus dem kaufmännischen Bereich in erster Linie nach persönlichen Entfaltungsmöglichkeiten und Jobsicherheit. Männer dagegen verlocken vor allem hohe Gehälter zum Jobwechsel, heißt es im »GehaltsReport«.

Zudem unterscheiden sich die bevorzugten Branchen: Frauen zieht es eher in die Konsumgüterindustrie, in den Tourismus, die Medien, Werbung und Öffentlichkeitsarbeit. Männer dagegen drängt es in die Autoindustrie, IT-Branche, zu Unternehmensberatungen oder ins Investmentbanking – und dort zahlen die Arbeitgeber besser.

... Frauen von Natur aus treu und Männer von Natur aus untreu sind?

Lahme Ausrede aller Casanovas oder biologische Tatsache?

Viele Wissenschaftler halten die maskuline Erbanlage zum Seitensprung für wahrscheinlich. Ihre Theorie: Männer setzen auf Quantität – sie wollen instinktiv möglichst viele Frauen schwängern, um damit die Verbreitung ihrer Gene zu sichern.

Frauen bevorzugen dagegen Qualität: Sie suchen sich als Vater ihrer Kinder sorgfältig den Mann mit dem besten genetischen Material aus. Bleibt den Frauen also deshalb bis heute die Fixierung auf Monogamie, während Männer ihrem biologischen Ruf nach Vielweiberei folgen?

Andere Experten widersprechen: Wir seien biologisch darauf programmiert, immerhin eine Weile mit einem festen Partner zusammenzuleben, um die Kindererziehung zu übernehmen. Aber dass Monogamie genetisch festgelegt ist – das gilt weder für Frauen noch für Männer.

Gegen das »treue Weibchen« sprechen auch die Studien von Meinungsforschungsinstituten. 42 Prozent aller Frauen sind demnach schon mal fremdgegangen. Und befinden sich somit mit den 46 Prozent der untreuen Männer in bester Gesellschaft.

Woher kommt also das Klischee von der monogamen Mutti?

Vermutlich daher: Frauen mussten sich jahrhundertelang sexuell zurückhalten, weil Ehebrecherinnen gesellschaftlich geächtet und hart bestraft wurden. Für Männer gab es keinen derart strengen Moralkodex. Nicht nur die Angst vor Strafe hielt Frauen an der Seite ihres Angetrauten; auch das Risiko, von einem anderen Mann schwanger zu werden, war einfach zu groß.

Erst mit der Pille kam die Freiheit, Sex ohne Angst vor unliebsamen Folgen zu haben. Fazit der Zeitschrift *Wellfit:* »Mit Erbanlagen hat Untreue offenbar wenig zu tun, sondern eher mit der Lust am Abenteuer. Und die überkommt Männer und Frauen gleichermaßen.«

... Schwangere für zwei essen müssen?

Der Energiebedarf in der Schwangerschaft erhöht sich nur ganz langsam und liegt am Ende bei etwa 400 zusätzlichen Kilokalorien täglich. Das entspricht ungefähr einem Tomaten-Mozzarella-Bagel oder drei mittelgroßen Marzipanpralinen.

... 100 Bürstenstriche am Tag eine Traummähne machen?

100 Bürstenstriche am Tag – so lautete die Empfehlung unserer Urgroßmütter für schönes, glänzendes Haar, denn früher wusch man es höchstens einmal pro Woche. Die Bürstenstriche verteilten das Fett gleichmäßig von der Kopfhaut bis zu den Spitzen, das Haar bekam einen glänzenden Schutzfilm.

Heute hat die Kopfhaut gar keine Chance mehr, richtig fettig zu werden. Wir waschen, föhnen, färben und wellen unser Haar beinahe täglich. Und das schadet ihm, denn die langen Hornfäden leben nicht und können sich deshalb auch nicht selbst reparieren. Auch häufiges Bürsten strapaziert das Haar, die Spitzen können brechen. Wer ständig bürstet, muss seine Haare irgendwann abschneiden.

... kaltes Wasser die Haare besonders glänzen lässt?

Friseure raten tatsächlich zu einem Schuss kaltem Wasser nach dem Haarewaschen, weil sich die Schuppenschicht dadurch anlegt und so besser das Licht reflektiert. Die Schuppenschicht (Cuticula) ist die oberste Haarschicht und besteht aus flachen, übereinander greifenden Zellen, ähnlich wie ein Tannenzapfen. Sie schützt die darunter liegende Faserschicht, den Hauptbestandteil des Haares.

... regelmäßiges Spitzenschneiden die Haare kräftiger macht?

Wie dick die Haare sind, ist allein abhängig von Veranlagung und Zustand der Haarwurzel. Allerdings können dünne Haare durchaus fülliger aussehen, wenn die kaputten Spitzen ab und an geschnitten werden. Die tatsächliche Struktur ändert sich aber nicht. (Zit. nach www.bild.t-online.de)

... schwarzer Tee Augenschwellungen abklingen lässt?

Die Gerbsäure im schwarzen Tee beruhigt und hat eine abschwellende Wirkung. Bei müden Augen nach einer durchzechten Nacht am besten zwei feuchte Teebeutel auf die Augen legen – und schon sehen Sie wieder munter aus. Vorsicht: Auf keinen Fall Kräuterteebeutel nehmen, sie können zu Allergien führen. (Zit. nach www.bild.t-online.de)

... Backpulver die Zähne weiß macht?

Beim Kontakt mit den Zähnen reagiert Backpulver basisch, Ablagerungen und Zahnbeläge werden entfernt und die Beißerchen strahlen wieder.

Aber Vorsicht: Bei jeder Anwendung löst sich ein wenig Zahnschmelz, die Zähne werden empfindlicher und Ablagerungen setzen sich anschließend schneller wieder fest. (Zit. nach www.bild.t-online.de)

... Baden die Haut austrocknet?

Was gibt es Schöneres als ein ausgedehntes Bad mit duftenden Schaumbergen? Wenig – aber Baden trocknet doch die Haut aus, oder?

Stimmt zum Glück nicht ganz, denn wer erstens nicht zu heiß, also nicht wärmer als 38 Grad, und zu lange badet, schadet der Haut nicht: Nach 20 Minuten sollte die Wanne spätestens wieder verlassen werden. Sanfte Waschsubstanzen mit rückfettenden Zusätzen oder Badeöle (zum Beispiel Kokos-, Palm- und Avocadoöl) schützen außerdem vor dem Austrocknen. Nach dem Baden die Haut auf keinen Fall abrubbeln und unbedingt eincremen, raten die Schönheitsexpertinnen der *Amica*.

... Lippenpflegestifte süchtig machen?

Labello und Co. bestehen nur aus Fetten und etwas Wachs mit entzündungshemmenden Stoffen. Körperlich abhängig machen Lippenpflegestifte natürlich nicht – aber die Lippen sind je nach Wetterlage extrem empfindlich.

Das liegt vor allem daran, dass sich dort keine Talgdrüsen befinden, um sie geschmeidig zu halten. Ein Stift gleicht den Fettmangel aus, und diese Lippenpflege ist bei trockenen, spröden Lippen sehr angenehm.

Um dem Gefühl vorzubeugen, dass die Lippen sich ohne Fettstift bald wieder unangenehm rau anfühlen, mag nun manch einer öfter zum Lippenpflegestift greifen, als es notwendig wäre. Anders gesagt: Wer nicht mehr ohne auskommt, hat sich einfach an den leichten Pflegefilm gewöhnt.

... nur saubere Haut vor Pickeln geschützt ist und fettige Haut deshalb häufig gereinigt werden sollte?

Pickel haben nichts mit Sauberkeit zu tun. Zwar kann Dreck die Poren verstopfen, aber zu viel Reinigung und Pflege trocknet die Haut aus und die Poren reagieren mit vermehrter Talgproduktion – die Entstehung von Pickeln wird gefördert. Wenig pflegen, aber richtig, beispielsweise ein Waschgel bei fettiger Haut oder ein Syndet (reinigende Substanzen ohne die reizenden Eigenschaften von Seifen) mit rückfettenden Lipiden bei trockener Haut sorgt für reine Haut.

Die Haut braucht nämlich ihr natürliches Hautfett als Schutz. Häufiges Waschen entzieht der Haut zwar Fett; aber die reagiert darauf sofort mit vermehrter Talgproduktion. Das Ergebnis: Die Haut wird noch fettiger, Pickel kommen hinzu.

Amica-Tipp: Reinigen Sie fettige Haut zweimal täglich mit einer seifenfreien Lotion, und benutzen Sie eine fettfreie Tagescreme.

... Zitronensaft gegen Sommersprossen und Altersflecken hilft?

Zwar hat Zitronensaft eine bleichende Wirkung. Aber gegen Pigmentansammlungen in der oberen Hautschicht, die Sommersprossen und Altersflecken verursachen, kommt er nicht an. (Zit. nach www.bild.t-online.de)

... Zitronensaft Haare aufhellt?

»Wer dunkles oder dickes Haar hat und sich Highlights à la Jennifer Aniston erträumt, lässt die Zitrone lieber im Tee oder Cola-Glas«, dementiert die *Vogue* diesen Mythos. Das Ergebnis bei diesen Haartypen rangiere häufig zwischen nicht bis kaum wahrnehmbarer Veränderung, extremer Trockenheit und, im schlimmsten Fall, unerwünschten Farbveränderungen, die nicht so leicht wieder rückgängig gemacht werden können.

Einzig bei feinem, dunkelblondem bis hellbraunem Haar könne sich die Prozedur lohnen. Ein langweiliges Dunkelblond kann mit Zitronensaft um einige Nuancen aufgehellt werden. Und so geht's: Pressen Sie den Saft einer Zitrone in eine kleine Schale, und setzen Sie mit einer Zahnbürste oder einem Malerpinsel Highlights in Ihr Haar.

Anschließend sollten Sie für circa drei Stunden einen Liegestuhl aufsuchen und Ihren Kopf direkter Sonnenstrahlung aussetzen. Länger als drei Tage sollten Sie dieses Ritual nicht betreiben – Sie wollen ja keinem Strohballen Konkurrenz machen. Verwenden Sie nach dem Tag am Strand unbedingt bei der Haarwäsche einen Conditioner.

... Karotten vor Sonnenbrand schützen?

»Essbarer Sonnenschutz« werden Möhren hin und wieder genannt. Das darin enthaltene Karotinoid Betakarotin (ein sekundärer Pflanzenstoff) soll nämlich die Haut vor gefährlicher UV-Strahlung schützen und das Bräunen unterstützen.

Karotinoide zählen zu den sekundären Pflanzenstoffen und sind weit verbreitete Naturfarbstoffe. Gemüse und Obst erhalten durch die Karotinoide eine charakteristische gelbe, orangerote oder rote Farbe. Von den rund 700 bekannten Karotinoiden sind vor allem Betakarotin und Lycopin für ihre gesundheitsschützenden Wirkungen bekannt: Sie wirken antioxidativ.

Das heißt: Einen Sonnenbrand können Karotten – beziehungsweise das darin enthaltene Betakarotin – nicht verhindern. Allerdings bremst der Stoff so genannte freie Radikale, die die Haut beim Sonnenbrand angreifen und altern lassen. Karotten ersetzen also keinen Sonnenschutz. Und auch Betakarotin in Pillenform (auch »Provitamin A« genannt) ist nicht in der Lage, Schädigungen der Haut durch UV-Strahlen zu verhindern.

So jedenfalls lautet das Ergebnis einer Studie, die australische Forscher im Fachmagazin *Archives of Dermatology* veröffentlichten. Als effektiv erwies sich in der Untersuchung nur die tägliche Anwendung von Sonnencremes.

Das Team vom Medizinischen Forschungsinstitut Queensland, Australien, hatte 1621 Erwachsene über einen Zeitraum von vier Jahren beobachtet. Einige der Probanden mussten sich täglich mit Sonnencreme einschmieren, andere nur gelegentlich. Die systematische Anwendung zeigte Wirkung: Die Probanden, die sich regelmäßig eincremten, entwickelten im Durchschnitt seltener eine solare Keratose.

Solare Keratosen sind Verhornungen der Haut, die als starke Risikoanzeiger für Hautkrebs gelten. Betakarotin-Pillen dagegen senkten die Zahl der solaren Keratosen nicht. Bei den so behandelten Probanden zählten die Forscher ebenso viele Verhornungen wie bei den Studienteilnehmern einer Kontrollgruppe, die nur Scheinmedikamente geschluckt hatte.

... Solarien die Haut urlaubsfit machen?

Stimmt nicht.

Das von modernen Solarien abgegebene Lichtspektrum erhöht den Eigenschutz der Haut kaum, weil es sich hauptsächlich um so genannte UVA-Strahlen handelt. Die jedoch befördern lediglich bereits vorhandene Pigmente kurzfristig in die oberen Hautschichten, sorgen aber nicht wie die UVB-Strahlen für eine Verdickung der Haut (Lichtschwiele) und die Neubildung von Pigmenten.

Erst das würde sowohl zu einer dauerhaften Bräune als auch zu einem gewissen Lichtschutz führen. Allerdings entspräche dieser höchstens dem Faktor 3.

... Zahnpasta gegen Pickel hilft?

Falsch. Zahnpasta hat zwar tatsächlich eine austrocknende Wirkung, der Pickel verschwindet aber dennoch nicht. Schuld ist das Fluor, das in jeder Zahncreme enthalten ist. Es fördert eher Entzündungen und reizt die Haut. Lieber Finger weg!

Einige Leute schwören allerdings darauf, und da Zahnpasta tatsächlich eine leicht desinfizierende Wirkung hat, ist an diesem Mythos auch wirklich etwas dran. Viel effektiver ist es freilich, einen Teebaumölstift oder einen speziellen Pickelstift zu verwenden. (Zit. nach www.bild.t-online.de)

... Kaffee Zellulitis beseitigt?

Da ist was dran.

Allerdings nicht beim Trinken – hier sorgt er eher dafür, dass die Zellulitis noch verstärkt wird. In vielen Anti-Zellulitis-Cremes ist Koffein aber Hauptbestandteil, denn es schwemmt Schadstoffe aus dem Körper und baut so Fettpölsterchen ab.

Topmodel Cindy Crawford zum Beispiel schwört auf selbst gemachte Peelings aus Kaffeepulver im Kampf gegen die ungeliebten Dellen. (Zit. nach www.bild.t-online.de)

... man von Schokolade Pickel bekommt?

Viele Mädchen glauben zwar, dass sie auf Schokoladenkonsum mit Pickeln reagieren, wissenschaftlich belegt ist das aber nicht. Bewiesen ist nur, dass Stress Pickel auslöst – und viele Leute bekommen Lust auf Süßes, wenn sie Stress haben.

... Models alle Klamotten geschenkt bekommen?

Die Vorstellung, dass Kate Moss, Eva Padberg und Co. nach Shootings oder Fashion-Shows die Kleider, die ihnen gefallen, einfach behalten, ist verlockend – aber falsch.

Nur wenn sie für eine spezielle Designerkampagne vor der Kamera stehen, gibt's mal etwas umsonst oder günstiger. Nach Schauen verschenken Designer allerdings ein paar Accessoires oder eine Tasche an ihr Lieblingsmodell.

Weitere Modelmythen knackte die Zeitschrift *Glamour:*

Models knabbern nur Salatblätter

Jein. Sehr junge Mädchen am Anfang ihrer Karriere machen eher Diäten, um eventuellen Babyspeck loszuwerden. Mit der Zeit lernen sie ihren Körper besser kennen und wissen, wie sie schlank bleiben. Viele Models haben sowieso »gute Gene«, denn wer ständig hungern muss, wird selten ein Superstar. Um Süßigkeiten machen indes alle einen großen Bogen.

Models trinken Champagner mit Strohhalmen

Das war einmal so und hatte einen praktischen Grund: So verschmierte das Make-up nicht. Heute wird hinter der Bühne fast ausschließlich Wasser, Cola light, grüner oder Kräutertee getrunken. Wenn Models sich verwöhnen wollen, gönnen sie sich eher einen Karamellkaffee bei Starbucks als Champagner.

Models feiern nächtelang Partys
Natürlich werden sie oft eingeladen, aber oft sind sie so jung, dass sie abends gar nicht lange unterwegs sein dürfen. Oder sie langweilen sich bei einer Dinnerparty, weil die anderen Gäste – Fotografen, Booker, Moderedakteure – viel älter sind und komplett andere Interessen haben. Viel öfter als auf einer Party sitzen Models allein vorm TV im Hotelzimmer, basteln Schmuck (nach Häkeln und Stricken der neue Trend), spielen Playstation und telefonieren mit Freundinnen.

Models nehmen ständig Drogen
Wir können nicht für jedes Model auf diesem Planeten die Hand ins Feuer legen, aber generell gilt: Der Job verlangt neben gutem Aussehen vor allem Disziplin. Wer Drogen nimmt, verliert beides. Fahle Haut, Ringe unter den Augen, glanzlose Haare, der Geist ständig benebelt … Nein, das funktioniert nicht.

… Schwarz schlank macht?

Black Beauty – das ist wirklich wahr: Durch eine optische Täuschung erscheint ein schwarz gekleideter Mensch dem Auge schmaler, als er tatsächlich ist. Denn wir können Umrisse und Formen nur dann gut abschätzen, wenn sie in verschiedenen Schattierungen und Farben vor uns auftauchen. Schwarze Kleidung verschluckt die Schatten, sodass die Form glatter und dadurch schmaler wirkt.

Und deshalb ist das »kleine Schwarze«, das Mode-Ikone Coco Chanel 1926 entwarf, nicht mehr aus den Kleiderschränken wegzudenken.

Tiere

Stimmt es, dass

… viele Großstadtkinder denken, Kühe seien lila?

Der kleine Junge weint und weint. »Ich will die lila Kuh sehen«, jammert er. Nur mühsam gelingt es seinen Eltern, ihn zu beruhigen. »Schau, da ist eine Kuh!«, ruft seine Mutter und deutet mit dem Finger auf einige braune, friedlich in der Sonne grasende Tiere. Der Junge versteht die Welt nicht. Wieso sind die nicht lila?

»Das erlebe ich immer wieder«, zitierte das Online-Magazin *Freizeit Times* im Sommer 2003 den Stadtkämmerer von Immenstadt, Siggi Zengerle. In dem Reisebericht über das Allgäu sagte Zengerle weiter: »Viele unserer kleinen Gäste, die das erste Mal hierher kommen, haben noch nie eine Kuh gesehen. Sie kennen nur die aus der Werbung. Und die ist halt lila.«

Viele – na gut. Aber wie viele? Glaubt tatsächlich ein beträchtlicher Teil unserer Großstadtkinder, dass Kühe lila sind?

1997 veröffentlichte die Schutzgemeinschaft Deutscher Wald (SDW) eine Untersuchung zum Thema »Naturentfremdung in der jungen Generation«, kurz und öffentlichkeitswirksam »Studie Lila Kuh« genannt. Doch anders als in den Medien kolportiert, erwiesen sich bei dieser Befragung von 2541 Schülerinnen und Schülern der fünften bis zwölften Klassen Kühe im jugendlichen Weltbild keineswegs als werbelila verfärbt.

Wohl aber schrieben sieben Prozent der Teilnehmer Enten die Farbe Gelb zu, eine im Fernsehen bevorzugt für die

Schwimmvögel verwendete Kolorierung. Eigentlich hätte die Studie also eher »Gelbe Ente« heißen müssen. Und tatsächlich erklärte die SDW sechs Jahre später: »Die Ente wird gelber.« Denn 2003 legte die Organisation ihren »Jugendreport Natur 2003« vor – und nun waren es schon elf Prozent der Befragten, die auch erwachsenen Enten noch die Babyfarbe gelb zuschrieben. Die Schutzgemeinschaft Deutscher Wald kreierte in diesem Zusammenhang den Begriff Bambi-Syndrom, was heißen soll: Kinder und Jugendliche neigten insgesamt dazu, die Natur zu verniedlichen und wie eine Art Disneywelt zu betrachten.

1995 wurden 40 000 bayerische Schulkinder aufgefordert, bei einem Wettbewerb eine Kuh auszumalen, woraufhin in der Tat jedes dritte Kind die Farbe Lila wählte. Das bedeutet indes nicht zwangsläufig, dass die kleinen Künstler es nicht besser wussten. Vermutlich waren sie von der Farbe Lila einfach ebenso angetan wie die Frankfurter Werbeagentur Young & Rubicam, die 1973 für den ersten TV-Spot der Firma Milka nicht nur die Verpackung, sondern auch den Werbeträger – eben die Kuh – lila einfärbte, um auf die Schokolade aufmerksam zu machen (in den verschiedenen Printkampagnen des Unternehmens war die Kuh schon seit Mitte der 1950er Jahre violett, neben Gegenständen wie lila Tannenbäumen oder lila Ballons).

Wieso lila? Man habe einfach nach dem Motto gehandelt: »Mache das Fremde vertraut, verfremde das Vertraute.«

Die erste lila Milka-Fernsehkuh hieß übrigens Adelheid und stammte aus dem schweizerischen Simmenthal. Sie wurde unter tierärztlicher Aufsicht mit wasserlöslicher Farbe besprüht, und auch nur auf der Seite, die porträtiert werden sollte. Die ganze Prozedur dauerte Stunden, denn es musste eine Schablone verwendet werden, und die Farbe fiel jedes Mal wieder ab, wenn Adelheid nur mit dem Schwanz wedelte.

Danach teilten sich mehr als 20 verschiedene Kühe den Job. Sie alle trugen maßgeblich dazu bei, dass Milka nach eigenen Angaben jedes Jahr 400 Millionen Tafeln Schokolade und 30 Millionen Osterhasen und Weihnachtsmänner verkauft.

... eine vom Himmel fallende Kuh ein japanisches Fischerboot versenkt hat?

In letzter Minute wird die Crew eines gesunkenen Fischerbootes von der Küstenwache aus dem Japanischen Meer (Ostmeer) gerettet – und wandert erst einmal hinter Gitter. Denn auf die Frage, wie es zu dem Unglück kommen konnte, antworten die Männer: Ein Kuh sei vom Himmel gefallen, habe den Rumpf durchschlagen und das Schiff versenkt.

Es vergehen einige Wochen, bis die misstrauischen Behörden die Untersuchungshaft aufheben. Denn Vertreter der russischen Luftwaffe geben zerknirscht zu, dass eine ihrer Frachtmaschinen die Kuh in 10000 Metern Höhe »verloren« habe.

Wie das? Das Tier habe am Rand eines Rollfeldes in Sibirien friedlich gegrast und sei von der Besatzung eines im Abflug begriffenen Flugzeugs kurzerhand gekidnappt worden. An Bord begann das Tier dann gefährlich zu randalieren und musste daher noch während des Heimflugs »entsorgt« werden, um einen Crash zu verhindern.

Diese seltsame Geschichte fand 1996 ihren Weg von der deutschen Botschaft in Moskau ins Berliner Auswärtige Amt und floss schließlich in Agenturberichte und Zeitungsmeldungen ein. Seitdem wandern zahlreiche »Falling Cow«-

Storys durchs Internet, die allesamt eines gemeinsam haben: Sie sind frei erfunden.

Warum etwa sollte eine russische Frachtmaschine, die von Sibirien aus irgendwohin »nach Hause« fliegen will, das Japanische Meer (Ostmeer) überqueren? Die Kuh, die vom Himmel fällt, weil in der entlegenen Kälte stationierte russische Soldaten Hunger haben, ist in Russland ein gerne erzählter Joke – dem sogar in dem Streifen *Osobennosti Natsionalnoi Okhot* (in etwa: Eigenheiten der einheimischen Jagd) ein filmisches Denkmal gesetzt wurde.

... man übers Internet einen lebendigen Pinguin bestellen kann?

Gewiss, nämlich bei www.penguinwarehouse.com.

Kleiner Haken: Klickt man die »Order«-Rubrik an, erscheint die Information, dass eine Online-Bestellung derzeit leider nicht möglich sei. Pinguin-Wünsche könnten nur schriftlich an »Penguin Warehouse, Inc.« gerichtet werden. Allerdings möge der geneigte Kunde dem Brief keinesfalls Geld beilegen – das Unternehmen werde sich bald nach dem Posteingang mit dem Interessenten wegen der weiteren Formalitäten in Verbindung setzen.

Offenkundig ist hier was faul.

Des Rätsels Lösung: Die Seite für den Pinguin-Liebhaber ist lediglich die Fingerübung eines amerikanischen Webdesigners namens James Knickelbein für sein Portfolio. Und weil's so kurios ist, hat er sie bis heute im Netz stehen lassen.

... man bei Hochzeiten keinen Reis werfen soll, weil die Körner gefährlich für die Vögel sind?

Ann Landers ist die bekannteste Ratgeberkolumnistin der Vereinigten Staaten, und ihr Wort hat Gewicht. 1996 bat sie ihre Leser, bei Hochzeitsfeiern die Gäste dazu aufzufordern, Rosenblätter statt Reis zu werfen. Denn wenn anschließend Vögel sich über die harten Körner hermachen, würden diese daran sterben. Denn Reis quillt auf und bringe die kleinen Mägen unserer gefiederten Freunde gleichsam zum Explodieren.

Die USA Rice Federation (ein Zusammenschluss US-amerikanischer Reiserzeuger) widersprach ohne Verzug und verbannte diese Behauptung ins Reich der Legenden – wo sie auch hingehört. Dennoch griffen TV-Serien wie *Die Simpsons* und *Cybill* (Pro Sieben) oder *Passions* (noch nicht in Deutschland ausgestrahlt) den »Vorsicht Reis«-Mythos in diversen Hochzeitsepisoden auf und machten ihn populär.

Tatsache ist, dass in manchen Kirchen das Reiswerfen unerwünscht ist. Nicht wegen der Vögel, sondern weil man auf hartem Boden darauf ausrutschen kann. Und auch die *Berliner Zeitung* titelte unlängst: »Reiswerfen verboten!« Es ging aber bloß um eine Aufführung der *Rocky Horror Picture Show* auf der Waldbühne.

... jemand sein Kaninchen essen will, wenn bis zum 31. Dezember nicht eine Million Euro auf sein Konto überwiesen wird?

Süß schaut es aus, das weiße Karnickel. Bernd heißt es. Und es wird an Silvester zu »Kaninchenbraten mit Pfifferlingen« verarbeitet, wenn das Bankkonto seines Besitzers bis zu diesem Stichtag nicht mindestens ein Guthaben von einer Million Euro aufweist.

»Ihr könnt Bernd retten!«, appelliert der Verfasser der Webseite www.krohm.net/paul.htm an die weltweite Internetgemeinde. Dort gibt es zudem ein Foto aus einem Kochbuch, wie das Kuscheltier zum Jahreswechsel aussehen könnte, wenn ihm nicht geholfen wird. Bildunterschrift: »Hmmm, lecker!«

Wird die Summe erreicht, verspricht er, Bernd nicht zu essen, sondern ihn in einer Hasenzuchtfarm als Rammler einzusetzen, »damit er den Rest seines Lebens verbringen kann, wie es gerne jeder von uns tun würde«.

Was tun? Spenden? Den Tierschutzverein informieren?

Nein, sondern kurz darüber schmunzeln und wegklicken. Denn das Ganze ist bloß ein Witz – und noch dazu geklaut. Die erste »Geld her oder ich fresse mein Kaninchen«-Seite tauchte nämlich schon 2003 im Web auf. Damals hieß das niedliche Schlappohrgeschöpf Paulchen, und der tierische Scherz schaffte es bis in den *Spiegel,* da sein Erfinder die Volksseele zum Kochen brachte. Denn, so kommentierte das Nachrichtenmagazin, »es gibt immer einen Punkt, an dem der Spaß aufhört: beim putzigen Tierchen«.

Nach Beschimpfungen und Morddrohungen kapitulierte der »frustrierte Scherzkeks« *(Spiegel)* schließlich. Die krude Idee aber wandert noch immer durchs Datennetz, nur dass das Kaninchen mal Bernd, mal Toby und mal Fluffy heißt.

Es ist wohl nur eine Frage der Zeit, bis jemand die Geschichte ausbaut: Meerschweinchen, Goldfische, Streifenhörnchen …

… in unseren Großstädten genauso viele Ratten wie Menschen leben?

Kein Horrorautor kommt ohne sie aus.

In Stephen Kings Kurzgeschichte *Spätschicht* begegnen

einem Arbeiter im dreckigen Kellergewölbe einer alten Spinnerei plötzlich »stumm wie der Tod Ratten von allen Seiten dicht gedrängt«.

»Sie liefen über seine Füße und kletterten an seinen Beinen hoch. Die anderen bissen ihn in Bauch und Brust. Eine sprang auf seine Schulter und steckte die Schnauze in sein Ohr ... Er sank in die Knie. Überall die pelzigen Leiber.«

Kings Kollege James Herbert schildert in *Die Ratten* einen nahezu apokalyptischen Großangriff der Nager auf die Millionenmetropole London:

»Als der Stationsvorsteher den Hustenanfall überwunden hatte, zog er sein Jackett an und verließ den Fahrkartenschalter. Ohne Eile schlenderte er zum oberen Absatz der Treppe, die zu Bahnsteig 1 hinabführte.

›Was ist da unten los?‹, schrie er und spähte angestrengt hinab, um bei der schwachen Beleuchtung etwas zu erkennen. Er hörte einen Schrei, der wie ›Mama‹ klang, und sah den Umriss einer Gestalt, die um sich schlug. Vorsichtig ging er ein paar Stufen hinab und verharrte. ›Hey, wer ist das?‹

Der schwarze Umriss schien sich in viele kleine Schatten aufzulösen. Er hörte unten einen U-Bahn-Zug kreischend bremsen und dann aus irgendeinem unbekannten Grund beschleunigen und weiterfahren, ohne zu halten. Dann nahm er quiekende Laute wahr, wie von Hunderten Mäusen.

Er erkannte, dass die Tiere die Treppe hinauf auf ihn zukamen.

Nicht Mäuse – Ratten. Schrecklich große Ratten. Schwarz und hässlich.«

Ratten sprechen unsere Urängste an, unsere Faszination für das verborgene Unbekannte, das unter der zivilisierten Oberfläche lauert. Sie leben im stinkenden Dunkel, und nur selten bekommt man sie zu Gesicht. Aber wir wissen, dass sie da sind. Und dass es so viele von ihnen gibt, macht Ratten noch unheimlicher.

»In bebauten Gebieten gibt es mindestens so viele Ratten wie Menschen«, behaupten etwa die Stadtväter von Hamburg. In Hannover soll es genau 3,5 Ratten pro Einwohner geben. Und verschiedenen Medienberichten zufolge kommen auf jeden Bewohner unserer Großstädte sogar zwei bis vier Ratten.

Allerdings: Woher will man das so genau wissen?

Der »Bundesverband Menschen für Tierrechte« geht davon aus, dass Zahlen über die Verbreitung von Ratten »nicht annähernd« zu ermitteln seien. Wenn Statistiken angegeben werden, handele es sich dabei so gut wie immer um »freie Erfindungen oder unseriöse Hochrechnungen«.

Denn Rattenbekämpfung sei zuweilen auch für Politiker ein beliebtes Thema, um ihre Tüchtigkeit herauszustellen. So habe beispielsweise der ehemalige New Yorker Bürgermeister Rudolph Giuliani, als er gegen seine Konkurrentin Hillary Clinton Punkte sammeln musste, ein großes Antirattenprogramm angekündigt. Dieses sei jedoch im Sande verlaufen.

Gerade in Megacitys wie New York hält sich das Gerücht von mindestens einer Ratte pro Einwohner am hartnäckigsten. Doch dieser Schätzung liegt ein historischer Irrtum zugrunde. Vor fast 100 Jahren, 1909, veröffentlichte der Biologe W. R. Boelter in England eine Studie mit dem Titel *Das Rattenproblem*. Darin schätzte er die Zahl der Ratten in England auf etwa 40 Millionen. Rein zufällig hatte England zu Beginn des 20. Jahrhunderts auch 40 Millionen Einwohner.

Doch Boelters Erhebung hatte mit der Bevölkerungszahl gar nichts zu tun. Sondern er ging davon aus, dass auf jedem Morgen Ackerland (1 Morgen = 2616 Quadratmeter) eine Ratte lebe. Und 1909 waren in England genau 40 Millionen

Morgen Land kultiviert. Die Städte und Dörfer spielten in der Studie gar keine Rolle.

»Wir wissen nicht, wie viele Ratten es heute in New York gibt«, erklärt denn auch Robert Corrigan von der Stadtverwaltung. Es seien vor allem die Zeitungen, die immer wieder konkrete Zahlen hören wollten. Corrigan und andere Experten sind überzeugt, dass es in der Weltstadt am Hudson deutlich weniger Ratten als Einwohner gibt – also weit unter acht Millionen.

Eine annähernd realistische Zahl für New York ermittelte 1949 der Rattenexperte Dave Davis. Davis stellte unter anderem an neuralgischen Punkten Fallen auf, vermaß die Laufwege der Nager und zählte ihre Köttel. Am Ende seiner Untersuchungen kam er auf eine Ratte pro 36 Einwohner, damals also insgesamt rund 250 000.

Doch das ist lange her. Das Umweltbundesamt in Dessau befürchtet, dass die Ratten »eventuell zunehmen, weil kommunale Sparzwänge immer weniger prophylaktische Bekämpfung ermöglichen«. Es sei deshalb davon auszugehen, dass Ratten eine unterschätzte Gefahr in Deutschland darstellen – gesundheitlich gesehen.

… Ratten ein sinkendes Schiff verlassen?

Nicht ganz. Ratten verlassen das Schiff im sicheren Hafen. Dann aber tatsächlich kollektiv und zu Hunderten. Und immer nur solche Schiffe, die echte Seelenverkäufer sind, also überaltert, brüchig und fast leck.

Es ist kein Fall bekannt, dass Ratten sich von einem voll seetüchtigen Schiff verdrückt hätten, das später auf ein Riff gelaufen oder nach einem Unfall gesunken wäre. Mit übersinnlichen Vorahnungen hat das Verhalten der Nager also nichts zu tun. Womit aber dann?

Ratten hausen, ihrem Charakter als Erdhöhlenbewohner entsprechend, in den tief gelegenen Hohlräumen von Schiffen. Hier rinnt das Schwitzwasser hinunter, Ölreste sammeln sich, Abfall und Unrat – jedenfalls auf einem schlampig geführten Schiff. Und hier unten, in der so genannten Bilge, bauen die Ratten auch ihre Nester.

Sobald nun durch feine Risse im Schiffsboden Salzwasser eindringt, bemerken die Nager das viel eher als die Mannschaft. Die Nester werden überspült, die Salzlauge ätzt die Füße und das Fell, und die Tiere, die vom Salzwasser trinken, werden wahnsinnig vor Durst.

Versuche, die Nester in höher gelegenen Räumen zu bauen, führen sofort zu Zusammenstößen mit den Menschen, die mit Knüppeln auf die Ratten einschlagen. So muss sich das Tiervolk auf zunehmend engerem Raum zusammendrängen. Jetzt kann es sogar zu regelrechten Kriegen einer Rattenkolonie gegen das Nachbarvolk kommen.

Wenn in dieser Situation einige Kundschafterratten Signal geben, dass die Möglichkeit zum Verlassen dieser Hölle besteht (eben im Hafen), dann gibt es kein Halten mehr. (Zit. nach Vitus B. Dröscher, *Sie turteln wie die Tauben)*

… Delfine und Bonobos die einzigen Tiere sind, die Spaß am Sex haben?

Sex? Reine Zeit- und Energieverschwendung.

Jedenfalls im Tierreich. Die ausufernde Suche nach einem paarungswilligen Partner, das anstrengende Imponiergehabe, der Kampf gegen die zahlreichen Rivalen, der mitunter sogar tödlich endet …

Ob Bulle, Bock oder Hahn: Sie alle sind extrem gefordert, wenn es um die Weitergabe der eigenen Gene geht. Denn tierischer Sex ist kein Vergnügen, sondern mit vielerlei Mühen verbunden. Aus gutem Grund hat die Natur deshalb die Paarungszeit eingerichtet. Die meisten Tierarten beschränken ihre sexuelle Aktivität auf eine bestimmte Jahreszeit oder auf ein paar Tage im Verlauf ihres Ovulationszyklus. Wissenschaftler nehmen an, dass sie außerhalb dieser Zeit keine sexuellen Bedürfnisse haben.

Die einzige Ausnahme scheinen Delfine zu sein sowie die Bonobos, Menschenaffen aus den Regenwäldern des Kongo, die Schimpansen zum Verwechseln ähnlich sehen und deshalb auch »Zwergschimpasen« genannt werden.

Von Delfinen weiß man mittlerweile, dass ihre Haut hochsensibel ist und sie trotz dicker Speckschicht die kleinste Berührung spüren. Sie lieben den Hautkontakt, berühren sich oft untereinander mit den Brustflossen, reiben ihre Körper eng aneinander und haben auch dann Sex, wenn das Weibchen nicht befruchtet werden kann. In menschlichen Kategorien gesprochen könnte man also sagen: Delfine lieben sich nicht nur, um sich fortzupflanzen.

Auch bei den Bonobos ist Sex ein wichtiger Bestandteil des sozialen Beziehungsgefüges. Diese Menschenaffen leben in einer relativ gewaltfreien und weiblich bestimmten Gesellschaft und »betreiben Sex in einer einzigartigen Vielfalt von Positionen und in jeder Partnerkombination«, hat der amerikanische Primatenforscher Frans de Waal festgestellt: »Bei Bonobos löst Sex nicht nur die Konflikte in der Gruppe, sondern es ist für sie auch ein gern gewählter Zeitvertreib.«

Kommentar der *Neuen Zürcher Zeitung* zu Waals Erkenntnissen: »Hätten Evolutionsforscher das Sozialleben der Bonobos früher gekannt, dann hätten sie womöglich männliche Vormachtstellung, Jagd und Krieg weniger als Ursprünge menschlichen Sozialverhaltens hervorgehoben.«

... ein Hundejahr sieben Menschenjahren entspricht?

»So alt ist Ihr Hund«: Unter diesem Stichwort finden sich nicht nur im Internet zahlreiche »Umrechnungstabellen« von Menschenjahren zu Hundejahren. Mit der alten Faustregel »Hundejahre mal sieben = Menschenalter« räumen die allermeisten dieser unterhaltsamen Rechenexempel gründlich auf. Und das zu Recht.

Neuere Studien – zum Beispiel am »Institut zur Interdisziplinären Erforschung der Mensch-Tier-Beziehung« in Wien oder an der Tierärztlichen Hochschule Alfort/Paris – haben ergeben, dass ein Hundejahr wohl eher 14 bis 15 (bei großen Rassen), 18 (bei mittleren Rassen) beziehungsweise 20 (bei kleinen Rassen) Menschenjahren entspricht.

Wie diese Zahlen zustande kommen, erklärte der Tierarzt Reinhard Kaun in der ORF-Hörfunksendung *Tierische Tipps:*

»Der Hund mit einem Jahr ist schon in der Geschlechtsreife, was man doch einem 7-jährigen Menschen nicht in dieser Form unterstellen kann. Das heißt, dass ein Hundejahr im ersten Jahr ungefähr in der Entwicklung mit einem 15-jährigen Menschen vergleichbar ist.

Ein zweijähriger Hund entspricht dann etwa einem 24- oder 25-jährigen Menschen. Dann kommt ein etwas kleinerer Sprung: Ein dreijähriger Hund ist nämlich etwa mit einem 28-jährigen Menschen zu vergleichen. Ab dann, rund um die Blüte des Lebens, ab dem vierten Lebensjahr, entspricht ein Hundejahr tatsächlich etwa sieben Menschenjahren. Am Lebensende geht die Rechnung aber wieder nicht auf. So ist zum Beispiel ein Hund, der 13 oder 14 Jahre alt ist, in seiner körperlichen und geistigen Entwicklung mit einem 72- bis 80-Jährigen vergleichbar. Bei solchen Zahlenspielen müssen wir aber natürlich auch immer die Rasse des jeweiligen Hundes bedenken.«

Bei Katzen gilt ebenfalls das zwölfte Lebensjahr schon quasi als Anhaltspunkt für das Rentenalter: Sechs Katzenwochen entsprechen zwei Menschenjahren, ein Katzenjahr = 18 Menschenjahre.

... Schlangen ihre Opfer hypnotisieren?

Eidechsen, Ratten, Mäuse und Vögel fallen in eine Art Starre, wenn sie unvermittelt einer Schlange gegenüberstehen. Doch kurioserweise erstarren diese Tiere mitunter auch vor einem Gartenschlauch.

Es handelt sich dabei um einen Rettungsversuch: Da Schlangen sehr schlecht sehen (und fast taub sind) und nur auf Bewegungen und Bodenerschütterungen reagieren, spüren die Opfer in diesem Verhalten instinktiv die einzige Möglichkeit, dem drohenden Biss zu entgehen.

Auch wenn Schlangen scheinbar nach der Flötenmusik von Fakiren »tanzen«, hören sie nichts, sondern folgen den Bewegungen des Schlangenbeschwörers.

... Hasen mit offenen Augen schlafen?

Wahrscheinlich hat dieser Mythos mit dazu geführt, dass der gemeine Feldhase zum Osterhasen mutierte: Da der Hase (angeblich) mit offenen Augen schläft, sahen die frühen Christen in ihm auch ein Gleichnis für Christus, der, von den Toten auferstanden, nie mehr »entschläft«, sondern über die Seinen wacht.

Verhaltensforscher haben indes längst bewiesen: Wenn der Hase wirklich schläft, hält er die Augen genauso geschlossen wie jedes andere schlafende Tier oder wie der Mensch. Allerdings bekommt kaum jemand einen schlafenden Feldhasen tatsächlich einmal zu Gesicht. Denn das

Tier hört ausgezeichnet und nimmt zudem auch Bodenerschütterungen wahr, etwa wenn sich ein Mensch ihm nähert.

Darüber hinaus hat der Feldhase eine spezielle Überlebenstaktik kultiviert, die den Volksglauben »Hasen schlafen mit offenen Augen« wohl hervorgebracht hat. Der Zoologe und Tierschriftsteller Vitus B. Dröscher schildert in seinem Buch »Sie turteln wie die Tauben« folgende erhellende Begebenheit:

»Am Tag der Treibjagd herrschte kühles, regnerisches Wetter. Missmutig stapfte die Kette der Schützen und Treiber über den Acker. Plötzlich blieb Jagdpächter Georg S. wie angewurzelt stehen. Keine drei Meter vor ihm lag ein Hase in seiner Schlafkuhle, der so genannten Sasse. Der Mümmelmann hatte die Augen weit geöffnet, rührte sich aber nicht von der Stelle. Bemerkte er die tödliche Gefahr gar nicht, weil er mit offenen Augen schlief?

Erster Zweifel: Wozu eigentlich ein Schlaf mit offenen Augen, wenn Meister Lampe trotzdem nichts sieht?

Vorsichtig machte der Jäger noch einen Schritt auf den Hasen zu. Da katapultierte sich das Tier einen Meter hoch in die Luft, als wäre unter ihm eine Mine explodiert, und raste mit einem Tempo von siebzig Kilometern je Stunde Haken schlagend davon …

Schon die Tatsache des explosionsartigen Starts hätte die Sprücheklopfer misstrauisch machen müssen, denn wer gerade aus tiefem Schlaf erwacht, ist nie und nimmer zu sofortiger sportlicher Höchstleistung fähig.«

Obwohl der Feldhase seine Feinde also schon von weitem wahrnimmt, starrt er sie mit großen Augen an – und ist dabei hellwach. Warum Meister Lampe nicht schon viel früher Reißaus nimmt und stattdessen die Gefahr auf sich zukommen lässt, ist erklärungsbedürftig: Der Hase ist es gewohnt, dass seine Bodenfeinde wie Fuchs, Marder und Wiesel mit der Nase dicht über den Boden schnüffelnd seine Fährte verfolgen.

Deshalb läuft der Mümmelmann nie direkt in eine seiner Schlafmulden, sondern zieht in zwei bis zweieinhalb Metern Abstand daran vorbei, hoppelt noch zehn oder zwanzig Meter weiter und legt so eine »blinde« Duftspur. Dann kehrt er auf exakt demselben Weg zurück, springt mit einem meterweiten Satz in die Sasse und verdrückt sich dort.

Seine Feinde führt er so in die Irre, denn die schnüren dicht an ihm vorbei, ohne ihn zu bemerken.

... Kamele Wasser in ihren Höckern speichern?

Nein. Kamelhöcker sind keine Wassersäcke, sondern Fettspeicher, die als zusätzliche Energiereserve dienen. Außerdem bilden die Höcker eine Art Hitzeschild, denn Fett ist ein schlechter Wärmeleiter und isoliert die Wüstentrampler gegen die Sonneneinstrahlung auf dem Rücken.

... mehr Menschen an einem Eselstritt sterben als bei Flugzeugabstürzen?

Wie klingt dieser Satz: »Das Flugzeug ist das sicherste Verkehrsmittel.«

Beruhigend? Na ja. So richtig vermag diese statistische Tatsache die latente oder akute Flugangst vieler Menschen wohl nicht zu vertreiben.

Wie aber klingt das: »Jedes Jahr sterben mehr Menschen auf der Welt an einem Eselstritt als bei Flugzeugabstürzen.« Viel besser! Denn mit konkreten und bildhaften Vergleichen können wir einiges mehr anfangen als mit nüchternen Zahlen.

Und tatsächlich tauchte die obige Behauptung erstmalig in einem Zeitungsartikel über die Flugsicherheit auf, und zwar 1987 in der Londoner *Times*. Anlässlich eines Beinahezusammenstoßes zwischen einer Zivil- und einer Militärmaschine schob das Blatt einem namenlosen Experten den Satz unter: »One expert has estimated that more people in the world are kicked to death by donkeys than die in plane crashes.«

Wer dieser »expert« eigentlich war und wie er zu diesem Vergleich gekommen war, blieb völlig im Dunkeln. Aber da die *Times* eine ebenso altehrwürdige wie renommierte Zeitung ist, stürzte sich die gesamte Weltpresse auf dieses bis heute unbelegte Zitat.

Es mag durchaus sein, dass sehr viele Menschen auf der Welt von Eseln gebissen, getreten oder abgeworfen werden. Dass die eigensinnigen Grauröcke aber Jahr für Jahr zwischen 600 und 800 Menschen töten (so viele Passagiere kommen nämlich im Durchschnitt jährlich bei schweren Flugzeugunglücken ums Leben), erscheint ziemlich unglaubwürdig. Vergegenwärtigen wir uns in diesem Zusammenhang ein spanisches Sprichwort: »Folge einer Ziege, und du wirst in einen Abgrund stürzen. Folge einem Esel, und er führt dich ins Dorf.«

Nachvollziehbare Erhebungen zu der Frage »Flugzeugabstürze/Eselstritte« gibt es nicht – ebenso wenig wie zum Verhältnis zwischen Flugzeugabstürzen und Unfällen auf Rolltreppen. Mit diesem Vergleich wartete unlängst die Zeitung *Weekend Australian* auf.

Belege? Fehlanzeige.

... Pferde nicht kotzen können?

Pferde können tatsächlich nicht kotzen. Das liegt daran, dass sie keinen Würgereflex besitzen und die Schluckbewegung nicht umkehren können. Das heißt, die zerkaute Nahrung kann den Magen nicht wieder verlassen bzw. nur durch den Darm.

Es sei denn, das Tier leidet an der unheilbaren Graskrankheit, bei der die Nervenzellen im Verdauungssystem absterben, was zur Lähmung von Darm, Magen und Speiseröhre führt. Auch dann allerdings erbricht sich das Pferd nicht durch den Schlund, sondern die Verdauungssäfte laufen durch die Nüstern heraus.

In den meisten Fällen, die man bei Pferden landläufig mit »Erbrechen« in Verbindung bringt, handelt es sich jedoch nur um ein Würgen, das Futter aus der Speiseröhre (das also noch nicht in den Magen gelangt ist) wieder nach draußen befördern soll.

... Truthähne bei Regen stundenlang fasziniert gen Himmel starren, bis sie ertrinken?

Nutzloses Wissen à la »Truthähne ertrinken bei Regen, weil sie nach oben blicken« gehört beispielsweise zum Bühnenprogramm des »*Genial daneben*«-Comedians Bernhard Hoëcker. Auch auf zahllosen Scherzseiten im Internet kursiert diese Behauptung. Davon wird sie allerdings nicht richtiger.

Vogelarten, die eine leichte Beute für Raubtiere darstellen (zum Beispiel Tauben, Hühnervögel und eben Truthähne), haben ihre Augen seitlich am Kopf. Das ermöglicht ihnen einen fast vollständigen Rundblick von 360 Grad, sodass die Flattertiere auch einen Feind, der sich von hinten anschleicht, wahrnehmen können.

Dafür fehlt Truthähnen die Fähigkeit zum binokularen Sehen – also zum synchronen Sehen mit beiden Augen, bei dem im Gehirn ein übereinstimmendes räumliches Bild entsteht. Und deshalb legt ein Truthahn nie den Kopf in den Nacken, um nach oben zu schauen – sondern er kippt den Kopf immer nur seitlich und sieht so mit jeweils einem Auge alles, was er sehen will.

Dieses Verhalten schließt absolut aus, dass Truthähne stundenlang mit offenem Schnabel dem vom Himmel fallenden Regen zuschauen und dabei ertrinken.

... Hunde, die bellen, nicht beißen?

Natürlich tun sie das – jedenfalls dann, wenn das Bellen nicht mit Schwanzwedeln einhergeht und bloß zum Spielen auffordern will beziehungsweise Freude oder Langeweile ausdrückt. Bellen Hunde mit gesträubtem Nackenhaar und gefletschten Zähnen, dann bedeutet das eindeutig eine Drohung. Und wenn man diese Drohung ignoriert, dann wird nach dem Bellen mitunter auch gebissen.

... Tiere einen sechsten Sinn haben?

Als sich das Meerwasser aus dem Yala-Nationalpark zurückzog, kehrte Totenstille ein. Das größte Naturreservat Sri Lankas war vollkommen verwüstet. Als die Helfer endlich eintrafen, fanden sie die Leichen von 200 Menschen – aber keine Tierkadaver. Und das, obwohl das Reservat die Heimat von Krokodilen, Wildschweinen, Wasserbüffeln, Affen, Leoparden und 200 Elefanten ist.

Alle schienen die Riesenwelle, die bis zu drei Kilometer tief in den Park gerast war, in weiser Voraussicht gemieden zu haben. »Es gibt keine toten Elefanten, nicht einmal einen toten Hasen oder ein totes Kaninchen«, sagte H. D. Ratnayake, Vizedirektor der Naturschutzbehörde Sri Lankas ...

So berichtete ein großes deutsches Nachrichtenmagazin

im Januar 2005 über den Tsunami in Asien – und entfachte damit erneut eine alte Debatte über »hysterisch bellende Hunde, aus dem Wasser hüpfende Fische und durchdrehendes Weidevieh« vor Naturkatastrophen wie schweren Erdbeben.

Nicht nur das: Hunde ahnen bei längerer Abwesenheit ihres Herrn schon Stunden oder sogar Tage im Voraus, wann er wieder heimkommt, und zeigen dies durch aufgeregtes Verhalten. Ausgesetzte oder verschenkte Katzen finden über Hunderte von Kilometern wieder zu ihren Besitzern zurück. Aber wie?

Telepathie? Ein geheimnisvoller sechster Sinn, wie ihn etwa der Biochemiker und Philosoph Rupert Sheldrake in seinen Büchern zu belegen versucht?

Dass das Phänomen tatsächlich existiert – also Tiere verrückt spielen, bevor zum Beispiel die Erde bebt –, wird auch von Verhaltensforschern nicht in Abrede gestellt. Allerdings gilt in der Wissenschaft der Grundsatz: Bevor etwas Übernatürliches in Erwägung gezogen wird, sollten erst einmal alle natürlichen Erklärungsmöglichkeiten restlos ausgeschöpft sein. Und das sind sie in diesem Fall noch nicht.

»Anders als der kopfbezogene Mensch leben Tiere ausschließlich in ihrer Sinneswelt«, meint etwa die Fachtierärztin für Verhaltenskunde und Tierschutzkunde Dorit Feddersen-Petersen von der Uni Kiel: »Die ist so beherrschend und fein abgestimmt, dass wir uns als vergleichsweise tumbe Sinneswesen davon überhaupt kein Bild machen können.« Auf den Tsunami vom 26. Dezember 2004 bezogen könnte dies heißen: Die Tiere nahmen bereits die Schallwellen und Vibrationen wahr, die bei dem Seebeben entstanden und als die Monsterwelle anschließend über den Meeresboden raste. Denn Schall breitet sich in Gestein wesentlich schneller aus als die Welle im Meer.

Der Berliner Professor für physikalische Chemie Helmut Tributsch geht davon aus, dass Tiere auf positiv geladene Schwebeteilchen in der Luft reagieren, die durch hohe Spannungen im Gestein entstehen und typisch für Erdbeben sind. Diese Aerosole führen im Gehirn zur Ausschüttung des Botenstoffs Serotonin, der Aufregung und Angst auslöst.

Wie aber finden Haustiere über riesige Entfernungen hinweg ihre geliebten Menschen wieder? Rupert Sheldrake glaubt an etwas, das »bildlich gesprochen wie eine Art unsichtbares Gummiband ist, das die Tiere mit ihrem Zuhause verbindet und sie dorthin zurückzieht«. Seine Kritiker gehen indes eher von einer Art dreidimensionalem »Hörbild« im Gedächtnis aus: Tiere würden sich beim Heimfinden an optischen und akustischen Wegmarken orientieren wie etwa Zugrattern, Sirenengeheul oder Straßenlärm.

»Ahnungen« von Tieren bestünden demnach lediglich aus Umweltsignalen, die uns Menschen gar nicht erst erreichen oder die wir uns nicht bewusst machen können. So ist auch bekannt, dass Haustiere sich in ihrem Verhalten nach geringsten Abweichungen von der täglichen Routine und kleinsten Signalen ihrer vertrauten Bezugsperson richten.

Vereinzelte Versuche, Tiere in Erdbebenregionen als lebendes Frühwarnsystem zu nutzen, sind bislang nie wirklich erfolgreich gewesen. Und echte wissenschaftliche Studien dazu müssten über lange Zeiträume hinweg finanziert werden, da schwere Erdbeben relativ selten sind.

»Wenn Ihr Hund also das nächste Mal bellt«, schlussfolgerte die Zeitschrift *Natur & Kosmos* denn auch lakonisch zu diesem Thema, »kann das entweder Ihr Ehemann sein, der Postbote, ein heimkehrender Sohn – oder ein Erdbeben.«

... Haie keinen Krebs bekommen?

Ein flotter Werbespruch der Anbieter von Haiknorpel-Produkten – mehr verbirgt sich nicht hinter der Behauptung, das Immunsystem der Elasmobranchier (Haie und Rochen) sei »vollkommen«, jedenfalls aber erheblich besser als das unsrige. Von Hirn-, Nieren- und Hodentumoren über Hautpapillome bis hin zu Leberzellen- und Gallengangkarzinomen haben Meeresbiologen alle möglichen Krebsarten bei Haien gefunden.

Tatsache ist allerdings: Einige Wissenschaftler vermuten, dass bestimmte Proteine im Tierknorpel die Blutversorgung von Tumorzellen hemmen könnten. Langzeitstudien dazu stehen noch aus. Aber selbst wenn: Als Kapsel oder Pulver eingenommen, ist Knorpel völlig wirkungslos, da er den Verdauungsvorgang nicht übersteht.

Und so stellt sich eigentlich eine ganz andere Frage: Wer ist gefährlicher – der menschenfressende Hai oder der haifressende Mensch? Denn es sind solche Legenden, die die urtümlichen Fische weltweit auf die roten Listen der bedrohten Tierarten gebracht haben.

... Eisbären nur am Nordpol und Pinguine nur am Südpol leben?

Abgesehen von zoologischen Gärten – ja.

Im Tierpark Hagenbeck in Hamburg zum Beispiel leben Eisbären und Pinguine in Sichtweite. Um Eisbären in der Natur zu treffen, müssten die Pinguine um die halbe Welt wandern.

Allerdings werden sie sich hüten, das zu tun. Erstens würden sie die lange Reise nicht überleben, da die warmen Meeresströmungen in den gemäßigten Breiten ein unüberwindliches Hindernis darstellen. Alle Pinguinarten (auch der

Galapagospinguin, der fast am Äquator lebt) bevorzugen Bereiche mit kalten, nährstoffreichen Meeresströmungen. Und zweitens legen Pinguine keinen allzu großen Wert darauf, Eisbären kennen zu lernen, denn die größten Landraubtiere der Erde fressen so ziemlich alles, was ihnen vor die Linse kommt, und würden zumindest an Land und vor allem während der Brutphase den gemächlich watschelnden und hilflosen Pinguinen schnell den Garaus gemacht haben.

Die Natur hat sich also etwas dabei gedacht, als sie die Eisbären nahe dem Nordpol (Arktis) und die Pinguine rund um den Südpol (Antarktis) beheimatete. Was aber wäre, wenn Forscher Pinguine zwangsweise auf die Nordhalbkugel umsiedeln würden? Darüber können wir nur spekulieren. Prinzipiell könnte ein Pinguin wahrscheinlich schon in der Arktis Nahrung finden und einige Zeit leben – aber vermutlich nicht »überleben«.

Die Pinguinarten, die auf nacktem Eis brüten (zum Beispiel der Kaiserpinguin), sind so stark auf die besonderen Bedingungen der Antarktis spezialisiert, dass sie sich wahrscheinlich nicht erfolgreich fortpflanzen könnten. Und auch die weniger spezialisierten Arten, wie zum Beispiel Eselsoder Felsenpinguin, brauchen eis- und schneefreie Flächen zum Brüten.

Kurz gesagt: Der komplizierte Ablauf von Brut, Aufzucht und Futtersuche hat sich über Tausende von Jahren in verschiedenen Gegenden der Welt unterschiedlich entwickelt – und funktioniert eben nur an diesem Ort.

... Gottesanbeterinnen nach der Paarung ihre Männchen auffressen?

Der erste Sex wird ihm beinahe zum Verhängnis: In der Folge *Die Gottesanbeterin* der Mystery-Serie *Buffy – Im Bann der Dämonen* verliebt sich der junge Xander in seine neue Biologielehrerin Mrs. French, die sich am Ende in ein männermordendes Rieseninsekt verwandelt.

Eine schaurige Horrorfantasie.

Doch ob die Gottesanbeterin tatsächlich trefflich den dunklen Mythos von Sexualität und Tod illustriert, ist umstritten. Der Biologe und Autor Stephen Jay Gould trug alle Fachartikel zum Thema »Verzehr von Artgenossen« zusammen und stellte fest, dass nur wenige gefangene Gottesanbeterinnen jemals dabei beobachtet wurden, wie sie nach der Begattung ihre Männchen auffraßen. Vermutlich werden männliche »Mantis religiosa« nur gelegentlich Opfer ihrer Gefährtinnen.

Selbst bei der berühmtesten Gattenfresserin, der Schwarzen Witwe, weiß die Forschung nichts Verlässliches über den ihr nachgesagten Partnermord. Bekannt ist dafür, dass das Männchen sich zeitlebens im Spinnennetz des Weibchens aufhält – anscheinend zumeist gefahrlos.

Gut belegt ist, dass das Weibchen der niedlichen Leuchtkäferart Photinus nach der Paarung zum Gattenmahl schreitet. Wohl aus dem rein biologischen Grund, mit dem unglücklichen Expartner die knappen Eiweißvorräte aufzustocken. Vor allem im Insektenreich hat ein männliches Wesen nach erfolgreicher Befruchtung keine Daseinsberechtigung mehr. Die Keimbahn der Tiere hat sich fortgepflanzt, der Körper ist damit überflüssig.

Die Bienenkönigin etwa lässt sich während des Hochzeitsfluges von mehreren Drohnen ihre Samentasche prall füllen; das Geschlechtsteil der Drohne reißt dabei ab, woran die männliche Biene stirbt. Der Königin kommt das Glied ihres verblichenen Liebhabers zugute, weil es das Herausfließen des Samens verhindert. Auch für männliche Ameisen endet das Dasein mit dem Begattungsflug.

... der Laubfrosch ein zuverlässiger Wetterprophet ist?

»Wetterfrösche« werden manchmal auch unsere TV-Meteorologen wie Jörg Kachelmann genannt. Das kommt daher, weil dem Volksglauben nach das Wetter schön wird, wenn der (selten gewordene) grüne Laubfrosch in seinem Glas auf die Leiter steigt oder aber in freier Natur auf Büsche und Bäume klettert.

Das stimmt auch häufig – aber dieses Verhalten hat mit dem Wetter nur indirekt etwas zu tun. Bei schönem Wetter steigt die warme Luft nämlich auf, und mit ihr kommen auch die Insekten nach oben. Der Frosch versucht, seinen Beutetieren zu folgen, und begibt sich ebenfalls in luftige Höhen.

Bei einem Wetterumschwung versuchen die Insekten sich vor Feuchtigkeit und starkem Wind zu schützen und fliegen tief oder verkriechen sich unter dem Laubwerk am Boden. Der Laubfrosch, dessen Verhalten von seinem Magen getrieben wird, findet nun reichlich Nahrung, ohne herumzuturnen.

Wird ein Laubfrosch in Gefangenschaft gehalten und mit Fliegen gefüttert, ändert er allmählich sein Fressverhalten und klettert immer seltener auf die Leiter. Denn nur in der Freiheit hat er einen zwingenden Grund dafür.

... Schweine gar nicht schwitzen können?

Jemand, von dem es heißt, er schwitze wie ein Schwein, müsste eigentlich knochentrocken sein. Denn Schweine schwitzen überhaupt nicht – sie haben nur an ihrer Rüsselnase einige wenige Schweißdrüsen und können ihre Körpertemperatur nicht durch Schwitzen regulieren. Deswegen suhlen sie sich im Sommer auch besonders gern im Schlamm, weil's abkühlt.

... »Kühe kippen« in Amerika ein verbreiteter Spaß ist?

Eine schlafende Kuh aus den Latschen kippen zu lassen – darin sind die beiden MTV-Kult-Chaoten Beavis und Butt-Head Spezialisten.

In der Folge »Kühe kippen« machten sie vor, wie das geht: Man schleiche sich bei Nacht auf eine Weide, nähere sich lautlos einer im Stehen vor sich hin dösenden Kuh, stoße sie einmal kurz und kräftig mit dem ausgestreckten Zeigefinger an – und schon kippt das völlig überraschte Tier zur Seite um.

»Cow tipping« nennt sich das in Amerika. Und gehört dort zu den beliebtesten seltsamen Geschichten überhaupt. Angeblich soll eine Gruppe betrunkener Studenten das »Kühekippen« erfunden haben. Wann und wo, das weiß keiner, und mit eigenen Augen gesehen hat diesen seltsamen Vorgang auch noch nie jemand.

Seit TV-Serien wie *Beavis & Butt-Head* und Filme wie *Heathers* (1989, mit Winona Ryder, Christian Slater) oder *Tommy Boy* (1995, mit Dan Aykroyd, Bo Derek) die Wanderlegende vom »Cow tipping« populär gemacht haben, bringen sich sogar renommierte Universitäten und Lehrstühle in die Debatte ein, ob so etwas überhaupt möglich ist.

Zuletzt meldete sich im November 2005 die University of British Columbia mit einer physikalischen Expertise zu Wort: »Cow tipping« in der beschriebenen Form könne unmöglich funktionieren, da man die volle Kraft von fünf Männern benötige, um eine ausgewachsene Kuh umzuwerfen. Erschwerend komme hinzu, dass Kühe als Herdentiere überaus wachsam seien und kaum einmal (allenfalls minutenweise) ganz wegdämmerten. Außerdem würden sie üblicherweise nicht im Stehen schlafen.

Für die US-Tageszeitung *The Register* hat sich nach dieser universitären Studie die Sache jedenfalls erledigt: Um wirklich Kühe zu kippen, sei wohl schon eine »koordinierte und gut geplante Aktion physikalisch hoch gebildeter und athletischer Ninjas« nötig.

... Krokodile nur bei Gewitter Sex haben?

»Gewitter. Ich liebe sie. Das Wilde, Ungestüme, Romantische, Gefährliche an ihnen. Das Grollen in der Luft. Das kurze Aufflammen der Blitze. Gänsehaut. Die kühle erfrischende Brise danach. Der Regen, der manchmal ausbleibt.

Wetterleuchten wird Seelenleuchten. Sie dabei im Arm zu halten. Nackt, eng aneinander geschmiegt, berauscht von der Macht der Elemente. Elektrisiert. Kann es etwas Schöneres geben – an einem solch drückenden Tag?«

Wow! Diese lyrischen Ergüsse aus einem Internetdichterforum lassen es schon erahnen: Sex bei Gewitter – das hat was.

Und nicht nur für unseren anonymen Poeten.

Auch in Osnabrück hat man Blitz und Donner als ein Stimulans entdeckt. Allerdings nicht in einem einschlägigen Etablissement – sondern im Zoo. Zweimal am Tag verdunkelt sich das Tetra-Terrarium und es setzt ein kurzes (künstliches) Gewitter mit einem kräftigen Regenschauer ein. Was sich während dieser Intermezzos zwischen dem Brillenkaiman-Pärchen im Tetra-Terrarium abspielt, könnte man ganz allgemein mit dem Wort »Aktivität« umschreiben.

Die Echsen, die ansonsten träge im Wasser liegen, werden sichtlich munter. Und um endlich auf den Punkt zu kommen: Ja, ein Gewitter macht die Schuppentiere durchaus an. Vermutlich deswegen, weil sie sich dann wie zu Hause fühlen – also wie in den tropischen Regenwäldern.

Im Osnabrücker Zoo jedenfalls gab es seit der Installation der aufwändigen Effektanlage im November 2001 schon zweimal ein Kaimangelege mit mehreren Eiern. Andere Tiergärten melden ähnliche Erfahrungen. Daraus einen wissenschaftlich belegten Zusammenhang zu konstruieren, wäre allerdings unangebracht. Denn natürlich sorgen Kaimane, Krokodile und andere Reptilien auch ohne Unwetter für Nachwuchs.

Wir Menschen sind eben außer Stande, die Dinge wie Krokodile zu sehen. Uns ist nur möglich, das zu dokumentieren, was wir sehen, und dabei unsere Logik einfließen zu lassen. Zum Beispiel die einer gewissen »Larissa«, die im Webforum »Assoziations-Blaster« schreibt: »Gewitter ist für mich: reines Erleben, Spüren und Fühlen der Naturkraft. Außerdem Augen- und Ohrenorgasmus zugleich. Bei Gewittern werde ich wild, unhaltbar, aufgeladen und dazu angehalten, etwas sehr, sehr Aufregendes zu tun …«

Das könnte hinkommen.

Business

Stimmt es, dass

… es eine schwarze Kreditkarte von American Express gibt mit der man alles kaufen kann?

Sie wollen einmal genau das Pferd reiten, das Kevin Costners treuer Gefährte in *Der mit dem Wolf tanzt* war?

Sie verlangt es nach einer Statistenrolle in Ihrer favorisierten TV-Soap?

Sie benötigen dringend eine Hand voll Sand vom Ufer des Toten Meeres?

Sie möchten mit Ihrer/Ihrem Liebsten eine unvergessliche Traumhochzeit feiern, haben aber überhaupt keine Zeit, sich um die Einzelheiten zu kümmern?

Kein Problem. Alles, was Sie dafür brauchen, ist eine »Schwarze Kreditkarte« von American Express. Die so genannte Centurion-Karte rangiert noch über der legendären Platincard und verleiht ihren handverlesenen Inhabern geradezu sagenhafte Privilegien – siehe die oben genannten Beispiele, wie sie mit einiger Regelmäßigkeit in Wirtschaftszeitungen wie dem *Wall Street Journal* kolportiert werden.

Natürlich kann man die Centurion-Karte nicht selbst beantragen. Die Topkarte ohne Limit wird von dem Finanzdienstleister nur langjährigen Premiumkunden offeriert, die jährlich mehr als 150 000 Dollar per Plastikgeld ausgeben.

Und genau das macht es schwierig bis unmöglich, die reale Existenz der schwarzen Karte zweifelsfrei zu belegen.

American Express bekennt freimütig, dass es die zahllosen Gerüchte um eine geheimnisumwitterte Superkarte gewesen seien, die das Unternehmen 1999 dazu bewogen hätten, die Centurion-Karte einzuführen. Aber wurde sie auch tatsächlich eingeführt? Oder ging es bloß darum, die Gerüchteküche erst richtig zum Kochen zu bringen?

Das deutsche Businessmagazin *brand eins* jedenfalls hält die schwarze Karte nach wie vor für ein Phantomprodukt: »Keiner weiß, ob es sie wirklich gibt und wer eine hat. Doch der Mythos ist für die Marke American Express unbezahlbar. Jeder Grünkarten-Besitzer ist potenzielles Mitglied im Club der Götter.«

... Marlboro, Coca-Cola und Budweiser die wertvollsten Markennamen der Welt sind?

Namen sind Schall und Rauch? Falsch.

Namen können Milliarden wert sein. Dann nämlich, wenn aus Namen »Marken« geworden sind.

Die britische Agentur Interbrand befragt regelmäßig mehr als 1000 internationale Teilnehmer, welche Marke sie im Alltag am meisten »beeinflusst« habe. Auf dieser (wenn auch nicht sehr repräsentativen) Grundlage ermittelt Interbrand dann die 100 wertvollsten Markennamen der Welt.

Im Internet kursiert ein Ranking, bei dem Marlboro, Coca-Cola und Budweiser an der Spitze liegen. Das war vor einigen Jahren auch noch richtig – heute aber nicht mehr. Aktuell führt laut Interbrand Coca-Cola mit einem Markenwert von 70 Milliarden US-Dollar vor Microsoft (65 Milliarden Dollar) und IBM (51 Milliarden Dollar).

Der Markenwert eines Unternehmens ist nicht zu verwechseln mit dem Börsenwert, der sich zum Beispiel bei Coca-Cola auf etwa 126 Milliarden US-Dollar beläuft. Der Markenwert ist, einfach ausgedrückt, der »gute Name« eines Produkts oder einer Dienstleistung. Denn für uns Otto Normalverbraucher gilt im Supermarkt: »Ich kenne, also kauf' ich.« Auf dem Börsenparkett spielt indes nicht nur die Bekanntheit eine Rolle, sondern auch das Image und die Umsätze, die mit der Marke erzielt werden können.

... Sarajevo und Pyongyang (Nordkorea) die beiden einzigen Hauptstädte der Welt sind, in denen es keinen McDonald's gibt?

Das behauptete kein Geringerer als der frühere Europaminister Großbritanniens, Denis MacShane, in der Londoner *Times*. MacShane wollte damit die innere Zerrissenheit Exjugoslawiens und Nordkoreas Politik der Abschottung bildhaft unterstreichen.

Doch hier irrte der ehemalige britische Europaminister. McDonald's ist weit davon entfernt, in jeder Hauptstadt der Welt präsent zu sein.

Ausgehend von der Zahl der Staaten, mit denen Deutschland diplomatische Beziehungen unterhält, gibt es 191 Hauptstädte – je nach Zählweise auch mehr. McDonald's hat nach eigenen Angaben in knapp über 100 Ländern Restaurants eröffnet. Kritiker beklagen das als »McDonaldisierung« unserer Erde. Andererseits: In seinem Buch *The Lexus and the Olive Tree* hat der amerikanische Kolumnist Thomas L. Friedman in den 1990er Jahren das so genannte »Friedman-Theorem« aufgestellt, nach dem noch nie zwei Nationen gegeneinander Krieg geführt haben, in deren beiden Hauptstädten es ein McDonald's-Restaurant gibt.

Und erstaunlicherweise gilt das mit einigen wenigen Einschränkungen immer noch. In Argentinien war während des Falklandkrieges noch keine McDonald's-Filiale eröffnet (in London natürlich schon). In Afghanistan und auch in Serbiens Hauptstadt und im Kosovo fand und findet man keine Niederlassung dieser Hamburgerbraterei.

Drei kriegführende Nationen der 1980er Jahre (Irak, Iran und Syrien) ließen ebenfalls keine US-amerikanischen Hamburgerbrater ins Land, verhielten sich aber durchaus feindselig gegen das McDonald's-Land Israel, zählt die Züricher *Weltwoche* auf. In Pakistan und Indien sei die Präsenz von McDonald's immer noch marginal. Und Länder, in denen die Fastfoodkette mehrere Filialen neu eröffnete, hätten sich über Nacht von kriegerischen Abenteuern distanziert, denen sie noch vor kurzem zuneigten: Ägypten etwa, Libanon und Jordanien.

Und das, obwohl McDonald's auf der Interbrand-Liste der wertvollsten Markennamen nur Platz 8 einnimmt.

... Sony nach der amerikanischen Firma »Standard Oil of New York« benannt wurde?

Ein Akronym (also ein Kunstwort, das aus den Anfangsbuchstaben mehrerer Wörter zusammengesetzt ist) ist »Sony« tatsächlich. Doch mit John D. Rockefellers ehemals größtem Erdölraffinerie-Unternehmen der Welt, der »Standard Oil Company of New York«, hat es nichts zu tun.

Sony wurde von den japanischen Elektroingenieuren Akio Morita und Masaru Ibuka gegründet, die ihr Unternehmen ganz sachlich »Tokyo Tsushin Kogyo Kabushiki Kaisha« nannten, was man in etwa mit »Fernmeldetechnikfirma Tokio« wiedergeben könnte. 1953 begab sich Morita auf seine erste Auslandsreise, um in den USA die Marktchancen seiner Produkte zu erkunden. Dabei realisierte er, dass fernab der Heimat weder mit dem Firmennamen »Tokyo Tsushin Kogyo« noch mit einer annähernd wörtlichen Übertragung ins Englische (»Tokyo Telecommunications Engineering Company«) etwas herzumachen war.

Inspiriert von einem Tonband, das die beiden ehrgeizigen

Jungunternehmer seit 1950 unter der Markenbezeichnung »Sonitape« herstellten, dachte sich Morita schließlich den Namen »Sony« aus – abgeleitet vom lateinischen Wort »sonus« (Klang) und dem US-Ausdruck für clevere und gutgelaunte Burschen, »Sunnyboys«.

1958 wurde aus »Tokyo Tsushin Kogyo Kabushiki Kaisha« ganz offiziell »Sony«. Unter diesem Namen ist das japanische Weltunternehmen auch in Deutschland sehr erfolgreich. Obwohl es hierzulande wie »So nie« klingt.

… »Nylon« eine Wortverschmelzung aus »New York« und »London« ist?

New York (»NY«) und London waren angeblich die ersten Städte, in denen die Kunstfaser hergestellt wurde. Doch das ist falsch. Zwar wurde Nylon 1939 in New York immerhin erstmals der Öffentlichkeit vorgestellt, die englische Metropole London aber weist keinerlei Verbindung zur Geschichte dieser Faser aus der Chemieküche der amerikanischen Kunststoffindustrie auf. Dass das Laborprodukt Polyamid auf den Markennamen »Nylon« getauft wurde, hat mit den beiden Städten also nichts zu tun.

1935 entdeckte der Chemiker Wallace Hume Carothers nach sieben Jahren Forschung den Stoff Polyhexamethylenadipinamid. Daraus strickte er eine durchsichtige, seidig schimmernde Faser, die »reißfest, schlagfest, temperaturresistent und unverwüstlich ist«, wie es in der Patentanmeldung im Jahr 1937 heißt. Carothers' Auftraggeber, die amerikanische Firma Du Pont de Nemours & Co., war begeistert. Nur die biedere Namensgebung des Erfinders stieß auf wenig Gegenliebe: »Faser 66«.

400 Vorschläge wurden schließlich gemacht, diskutiert und verworfen – der beste davon war »No run«, was im

übertragenen Sinn bedeuten kann: »Keine Laufmaschen«. Und irgendwann im Verlauf der Diskussion wurde aus »No Run« das Kunstwort »Nylon«.

... nur die beiden obersten Coca-Cola-Bosse das Rezept für die schwarze Brause kennen – und auch sie jeweils nur zur Hälfte?

Die Rezeptur für Coca-Cola: Noch heute gehört sie »zu den bestgehüteten Geheimnissen«, wispert es aus dem weltweiten Datennetz: »Die Formel liegt in einem dunklen Tresor. Nicht mehr als zwei Menschen sollen Zugang zu diesem haben und die genaue Rezeptur kennen.«

Wow! Wenn das so ist – dann muss es sich bei dem Erfrischungsgetränk aber um etwas ganz Besonderes handeln ...

Wie war das gleich noch mal mit der Fama um die schwarze American-Express-Karte? Parallelen zum Medienhype um die Coca-Cola-Mixtur sind nicht ganz von der Hand zu weisen. Und das wiederum legt den Verdacht nahe, dass wir es auch hier mit einer Legende zu tun haben.

Das Coca-Cola-Rezept »soll so geheim sein, dass es angeblich unter dem Namen ›Formel 7 × 100‹ in einem Banktresor der Trust Company in Atlanta aufbewahrt wird«, amüsiert sich denn auch der Wissenschaftliche Informationsdienst des Europäischen Instituts für Lebensmittel- und Ernährungswissenschaften (EU.L.E.) über die populäre Marketingsaga: »Demnach versteckt das Unternehmen die Rezeptur vor sich selbst, denn man sollte annehmen, dass zur Herstellung des Getränkes die Rezeptur recht genau bekannt sein muss. In der Fachwelt ist die Zusammensetzung von Cola-Getränken deshalb genauso wenig geheimnisumwittert wie die eines jeden beliebigen anderen Softdrinks.«

In der Tat veröffentlichte der amerikanische Wirtschaftsjournalist Mark Pendergrast 1993 das Buch *Für Gott, Vaterland und Coca-Cola,* in dem er die Geschichte des Coca-Cola-Konzerns nachzeichnet. Darin findet sich auch das Rezept für die Süßbrause, die laut Mark Pendergrast unter anderem aus Zucker, Karamell, Koffein, Phosphorsäure, Blättern vom Kolastrauch, denen das Kokain entzogen wurde, Kolanüssen, Limonellensaft, Glyzerin, Vanille-Extrakt, Orangenöl, Zitronenöl, Muskatnussöl, chinesischem Zimtöl, Korianderöl, Neroliöl und Limonellenöl zusammengebraut wird.

Sind diese Angaben authentisch?

Die Coca-Cola Company dementierte die Zutatenliste, die Mischungs- und Mengenangaben des (unautorisierten) Firmenbiografen umgehend. Und das womöglich nicht einmal ganz zu Unrecht, denn die genaue Zusammensetzung des Erfrischungsgetränks ist seit 1886 immer wieder um gewisse Geschmacksnuancen verändert worden. Beispielsweise wurden Stoffe wie Kokain, Saccharin oder Zitronensäure herausgenommen und Glycerin und Phosphorsäure hinzugefügt.

Tatsache ist, dass Coca-Cola-Erfinder John Stith Pemberton chronisch pleite war und seine Rezeptur gleich mehrfach verkaufte, ehe 1888 der Unternehmer Asa Griggs Candler für 2300 Dollar alle Rechte an dem Getränk erwarb und es künftig hinter verschlossenen Türen nach einem exklusiven (und geheim gehaltenen) Rezept herstellte.

Und heute?

Bei Licht besehen ist es ganz unnötig, die Mixtur zu verbergen – es sei denn aus Public-Relations-Gründen. Denn jeder potenzielle Nachahmer steht vor zwei unüberwindlichen Schwierigkeiten: Zum einen hat nur die kleine Firma Stepan Company in New Jersey die Erlaubnis der amerikanischen Drogenpolizei DEA (Drug Enforcement Administration) die Kokablätter für Coca-Cola aus Südafrika zu importieren und ihnen das Kokain zu entziehen. Und Stepan Company arbeitet ausschließlich für die Coca-Cola Company.

Zum anderen nützt die Rezeptur allein wenig.

Es mag sein, dass die genaue Zusammensetzung der Koffeinlimo umstritten und der besondere Cola-Geschmack von den Mitbewerbern auch noch nicht erreicht worden ist, wie Brausefans beteuern. Aber letztendlich ist es der Name, die »Marke«, die Coca-Cola so bekannt und erfolgreich macht.

Und die ist erheblich besser geschützt als die Mixtur des Kultgetränks.

... der Papst Gehalt bekommt?

Schnell mal ein Eis essen gehen – das ist für den Papst nicht drin, und zwar nicht nur aus protokollarischen Gründen. Im Gegensatz zu seinen Kardinälen (die steuerfrei etwa 2500 Euro im Monat verdienen) bezieht der Papst kein offizielles Salär. Ein Gehaltskonto »Heiliger Vater« existiert also nicht. Gegenstände des persönlichen Bedarfs wie Essen oder Kleidung stellt der Vatikan.

Allerdings verbietet das Kirchenrecht dem Papst (wie jedem Weltpriester) nicht grundsätzlich, Privatvermögen zu besitzen. Anders als Ordensleute kann der Papst über seine persönliche Habe sogar frei verfügen. Johannes Paul II. erklärte in seinem Testament, er hinterlasse keine irdischen Besitztümer. Es ist davon auszugehen, dass er den Inhalt seiner Privatschatulle – bestehend aus Buch- und Tonträgerhonoraren etc. – schon zu Lebzeiten gespendet hat.

... Ludwig van Beethoven die Spieldauer der heutigen CDs bestimmt hat?

Man mag es eventuell so ausdrücken.

In fast jedem Multimedialexikon steht über die Einführung der Compact Disc Anfang der 1980er Jahre zu lesen, die zunächst von der Firma Philips angestrebte Spieldauer von 60 Minuten (bei 11,5 Zentimetern Durchmesser) sei auf Bitten des damaligen Sony-Vizechefs Norio Ohga auf 74 Minuten verlängert und der Durchmesser dementsprechend auf 12 Zentimeter vergrößert worden. Denn als begeisterter Klassikfan sei es Ohga ein Anliegen gewesen, dass die neunte Sinfonie von Beethoven in voller Länge auf nur einen Tonträger passe.

Mag sein.

Andererseits kursiert diese Story in mehreren Versionen, was normalerweise ein starkes Indiz für eine Wandersage ist: Mal soll die Initiative für die 74-Minuten-Silberscheibe von Norio Ohga ausgegangen sein, dann wieder von Akio Morita, der Ehefrau des damaligen Sony-Präsidenten, angeblich auch eine Klassikliebhaberin, oder gar vom deutschen Stardirigenten Herbert von Karajan.

Verbürgt ist lediglich die Äußerung Ohgas, dass er das Philips-Format für »nicht ideal« halte und demgegenüber eine Spieldauer von 74 Minuten gewährleisten würde, dass »eine ganze Oper oder aber zumindest Beethovens Neunte« draufpasst.

Tatsache ist auch, dass fast alle modernen Aufnahmen der neunten Sinfonie Ludwig van Beethovens gar keine 74 Minuten dauern, sondern circa acht Minuten weniger. Aus diesem Grund hätten sich die Techniker an die damals längste zur Verfügung stehende Version gehalten (nämlich die des großen deutschen Dirigenten Wilhelm Furtwängler aus dem Jahr 1951 mit exakt 74 Minuten), heißt es im Online-Lexikon Wikipedia.

All dies eingedenk, sollte man die ganze Geschichte zumindest mit einiger Vorsicht genießen.

... die Benzinpreise sinken würden, wenn Autofahrer die Markentankstellen der verschiedenen Ölkonzerne abwechselnd boykottieren würden?

Das legen zumindest diverse Ketten-E-Mails nahe, die schon seit einigen Jahren umgehen und vor allem in Zeiten drastischer Benzinpreissteigerungen die Mailboxen verstopfen. Das liest sich dann originalgetreu zum Beispiel so:

»Kontrolle der Benzinpreise!

Wie es aussieht, werden die Benzinpreise bis zum Herbst ein absolutes Rekordhoch erreichen – lt. Experten etwa EUR 1,80 für einen Liter Normalbenzin oder mehr. Ihr wollt, dass die Benzinpreise sinken? Das bedarf einer intelligenten und vor allem gemeinsamen Aktion. Phillip Hollsworth hatte die folgende Idee, welche VIEL MEHR SINN MACHT als Vorschläge, wie dass man an einem bestimmten Tag nicht tanken soll, wie schon mehrfach vorgeschlagen wurde. Die Ölfirmen lachen darüber, weil sie genau wissen, dass wir uns nicht endlos selber wehtun können, indem wir kein Benzin kaufen. Irgendwann müssen wir wieder tanken.

Diese Idee ist mehr eine Unbequemlichkeit für uns, als dass sie den Mineralölfirmen schadet. Aber diese neue Idee kann wirklich helfen, den Benzinpreis zu senken – deshalb BITTE LESEN UND MITMACHEN!!! Wir müssen den Mineralölfirmen zeigen, dass wir – die Kunden – die Macht haben und nicht umgekehrt. Mit den ständig steigenden Benzinpreisen müssen wir, die Kunden, anfangen zu handeln. Die einzige Möglichkeit, die Benzinpreise nach unten zu zwingen, ist, indem wir einzelnen Gesellschaften finanziell wehtun, indem wir DEREN Benzin nicht kaufen! Dies kann großen Einfluss auf die gesamten Benzinpreise haben und evtl. einen Preiskrieg erzwingen.

Hier ist die Idee: Für den Rest des Jahres KEIN BENZIN

MEHR BEI DEN BEIDEN GRÖSSTEN ANBIETERN KAUFEN (SHELL, ARAL)!!!!! WENN SIE KEIN BENZIN MEHR VERKAUFEN, SEHEN SIE SICH GEZWUNGEN, DIE PREISE ZU SENKEN, UM DIE KUNDEN WIEDER ANZULOCKEN.

Wenn die beiden Großen die Preise senken, werden die anderen Firmen folgen müssen. Wenn sie dann die Preise wieder erhöhen, geht das Spiel von vorne los. Um mit diesem System erfolgreich zu sein, müssen möglichst viele Leute davon wissen. Also schickt diese E-Mail an alle, die ihr kennt. Ich schicke sie an ca. 30 Leute – wenn ihr sie dann auch wieder an 20 oder mehr versendet und die auch wieder, wird sich die Zahl der Empfänger sehr schnell potenzieren und werden in kürzester Zeit mehrere Millionen Menschen erreicht.

Wenn wir zusammenhalten, können wir was erreichen – und nur dann! Wir, die Kunden, haben die Macht und nicht umgekehrt! BITTE HALTET ALLE DURCH, BIS SIE IHRE PREISE SENKEN UND UNTEN HALTEN. DIESES SYSTEM HAT SCHON IN ANDEREN LÄNDERN FUNKTIONIERT (zum Beispiel Kanada, wo dadurch der Preis um fast 20 Cent pro Liter nach unten gezwungen wurde!«

Tatsächlich?

Frank Ziemann, »Hoax-Buster« der Technischen Universität (TU) Berlin, sammelt und überprüft seit Jahren Hoaxes, Kettenmails und Internetaufrufe auf Seriosität (www.hoax-info.de). Er konnte lediglich ermitteln, dass die Idee auf eine ähnliche Aktion in den USA zurückgeht, »die 1999 ohne nennenswerten Erfolg stattfand und auch im Jahr 2000 versucht werden sollte, ebenso im Jahr 2005«.

Ziemann weiter: »Fest steht nur, dass die Initiatoren jedes Mal im Dunkeln bleiben. Fest steht ferner, dass bisherige Versuche, einen Tankboykott zu starten, von wenig Erfolg gekrönt waren. Trotz eines gewissen Medieninteresses und trotz berechtigter Kritik an der Preispolitik der Mineralölkonzerne.«

Und dabei wird es wohl auch bleiben. Denn selbst wenn alle Autofahrer in Deutschland zu einem gemeinsamen und koordinierten Handeln zu bewegen wären – das Ganze würde nichts bringen.

Wieso nicht, erklärt der Wirtschaftsprofessor Pat Welch von der Saint-Louis-Universität im US-Bundesstaat Missouri: Erstens sei es ein Irrglaube, dass die Mineralölkonzerne Benzin nur an ihren eigenen Markentankstellen losschlagen – sondern sie könnten jederzeit auf andere Märkte damit ausweichen.

Und zweitens: Die verschiedenen Firmen im Ölgeschäft handeln auch mit- und untereinander. Wenn nun durch einen Tankboykott das Gleichgewicht an der Schnittstelle von Angebot und Nachfrage sich zuungunsten der »bösen« (also der teuren) Anbieter verschieben würde, weil alle Autofahrer nur noch bei den »guten« (also den billigen) tanken, dann wären die »Bösen« mitnichten dadurch bestraft.

In der Realität wären nämlich die »Guten« sehr schnell gezwungen, auf die ungewohnt und anhaltend hohe Nachfrage mit Großeinkäufen bei den »Bösen« zu reagieren, weil ihre eigenen Bestände gar nicht ausreichen.

Somit würden auch die »Bösen« fast genauso viel Benzin verkaufen wie vorher. Und für die Endverbraucher würde der Kraftstoff noch teurer werden, weil dann an jeder Tankstelle gleich zwei Anbieter abkassieren: die »Guten« und die »Bösen«.

Ein Boykott bestimmter Tankstellen würde letztendlich nur den Pächtern schaden. Also den Falschen, denn die müssen eine Preisbindung einhalten, die von den Ölkonzernen vorgegeben wird.

Medizin und Gesundheit

Stimmt es, dass

... es ein Raucher-Gen gibt?

Übergewicht, Trunksucht, der Hang zur Gewalttätigkeit ... An allem sind neuerdings die Gene schuld.

Auch am unwiderstehlichen Verlangen nach dem nächsten Glimmstängel? Doch mit einer genetischen Disposition für das Rauchen hat das »Raucher-Gen« gar nichts zu tun. Wenn manche Ärzte als Selbstzahlerleistung nach dem Raucher-Gen bei ihren Patienten fahnden wollen, meinen sie damit das so genannte Apo-E-Gen, das bei der Regulierung der Blutfettwerte im Organismus eine wichtige Rolle spielt. Etwa ein Viertel der Bevölkerung besitzt eine bestimmte Variante des Apo-E-Gens (»E 4«), die männliche Raucher anscheinend deutlich anfälliger für Erkrankungen der Herzkranzgefäße macht.

Es geht bei diesem Gentest also um eine Abklärung des Herzinfarktrisikos bei Rauchern.

... man sich gegen Kälte abhärten kann?

In der Haut und in den darunter liegenden Gewebeschichten befinden sich mehr Blutgefäße, als zur Versorgung des Gewebes notwendig sind. Diese Blutgefäße haben noch eine zweite wichtige Aufgabe: Durch Erweiterung und Verengung wird die Hautdurchblutung und damit die Wärmeabgabe beeinflusst.

Bei Kälte ziehen sich die Blutgefäße zusammen, die Haut wird schwächer durchblutet und gibt weniger Wärme ab.

Bei Hitze erweitern sich die Blutgefäße und transportieren eine große Blutmenge, wobei viel Wärme nach außen abgegeben wird.

Das Reaktionsvermögen in der Haut auf Temperaturschwankungen kann man tatsächlich trainieren (zum Beispiel durch Wechselduschen oder Sport im Freien bei jedem Wind und Wetter) – und sogar beobachten: Bei schwacher Durchblutung ist die Hautfarbe sehr blass, bei gesteigerter Durchblutung gerötet.

Nicht ganz geklärt ist jedoch, inwieweit Kälte verantwortlich für das Entstehen einer Erkältung ist – ob man sich also auch gegen Erkältungskrankheiten »abhärten« kann. Kälte ist weder notwendige Bedingung noch Ursache für eine Erkältung. Möglicherweise aber führt übermäßig lange oder intensive Kälteeinwirkung zu einer Schwächung des Immunsystems und so zu einer schlechteren Abwehr von Krankheitserregern.

... jede Tasse Kaffee dem Körper Wasser entzieht?

Nach neuesten Erkenntnissen: nein.

Kaffee wird in die Flüssigkeitsbilanz unseres Organismus einbezogen wie jedes andere Getränk auch, zum Beispiel ein Glas Saft oder eine Tasse Tee.

Richtig ist natürlich, dass Kaffee »treibt«. Das bedeutet aber lediglich, dass das im Körper vorhandene Wasser schneller ausgeschieden wird, jedoch nicht in größerer Menge als etwa nach einem Glas Wasser.

Der harntreibende Effekt von Kaffee ist also nur vorübergehend, sodass sich der Flüssigkeitshaushalt innerhalb eines Tages wieder im Gleichgewicht befindet.

Als Durstlöscher empfiehlt die Deutsche Gesellschaft für Ernährung (DGE) das anregende Heißgetränk trotzdem nicht – wegen seiner anregenden Wirkung auf Herz und Kreislauf. Gegen den täglichen moderaten Genuss von bis zu vier Tassen Kaffee mit 350 Milligramm Koffein sei allerdings nichts einzuwenden.

Die bekannte und viel zitierte Empfehlung, zu jeder Tasse Kaffee ein Glas Wasser zu trinken, beruht nach den aktuellen Erkenntnissen der DGE-Experten auf einer fehlinterpretierten älteren Studie, in der die Gesamtwassermenge als alleiniges Maß für die Beurteilung der Flüssigkeitsversorgung herangezogen worden sei. Konkret: Bei zwölf Freiwilligen, die seit fünf Tagen keinen Kaffee mehr getrunken hatten, führte der Konsum von sechs Tassen Kaffee am Versuchstag zur durchschnittlichen Abnahme des Körpergewichts von 0,7 Kilogramm und einem gleichzeitigen Anstieg des Urinvolumens und der Natriumausscheidung. Daraus zog man den Schluss, Kaffee sei ein Flüssigkeitsräuber.

Doch das ist ein Irrtum, weil bei dieser Untersuchung die vorübergehende Abnahme des Körpergewichts (und damit der Gesamtkörperwassermenge) mit einer Verschlechterung der Flüssigkeitsversorgung gleichgesetzt wurde. Diese Abnahme stellt jedoch mitnichten zwangsläufig eine Verschlechterung der Flüssigkeitsversorgung dar, denn ein echter Wasser- bzw. Flüssigkeitsmangel ist durch einige weitere Faktoren – wie die erhöhte Urinkonzentration und Elektrolytausscheidung – gekennzeichnet.

Fazit: Wird Kaffee regelmäßig in konstanter Menge konsumiert, erfolgt keine erhöhte Wasser- und Natriumausscheidung, weil zahlreiche Kompensationsmechanismen im Körper greifen.

... Aids durch Mückenstiche übertragen werden kann?

Nein. Weltweit ist kein Fall dokumentiert, dass ein Mückenstich das HIV-Virus von einem Menschen auf einen anderen übertragen hat.

Das ist auch kaum möglich, denn:

- Meistens saugt das Insekt schon bei einem Stich so viel Blut, dass kein weiteres Opfer mehr abgesaugt wird.
- Im Darm der Mücke wandeln sich die im Blut enthaltenen AIDS-Viren so um, dass eine weitere Infizierung höchst unwahrscheinlich ist.
- Der Saugapparat der Mücke sorgt zudem dafür, dass kein Blut zurückläuft.
- Auch etwaige Blutrückstände außen am Saugrüssel des Insekts sind ungefährlich, denn AIDS-Viren überleben die Blutgerinnung nicht.

Allerdings wird eine Reihe von anderen gefährlichen Krankheiten von stechenden Insekten übertragen, die oft einen tödlichen Verlauf nehmen. Dazu zählen etwa die Schlafkrankheit (Afrika), das Denguefieber (asiatische Länder), Gelbfieber und Malaria.

... man seinen Leichnam an die Anatomie verkaufen kann?

Ganz unprosaisch gesagt: Wer seinen Leichnam hergibt, tut dies nicht unbedingt nur, um der Medizin zu dienen. Mancher will einfach nur das Geld für die Beerdigung sparen – oder sogar schon zu Lebzeiten von seiner Körperspende profitieren.

Doch genau das Gegenteil ist der Fall: Seit dem 1. Januar 2004 kostet es 1100 Euro, um überhaupt auf dem Seziertisch zu landen.

Wieso dieses? Bislang ging das von den Krankenkassen gewährte Sterbegeld von 1100 Euro an die jeweilige Universitätsklinik, die davon die Krematoriumskosten für den Körperspender, die Urne und die Pflege des Gräberfelds bezahlte. »Das ging bisher immer ziemlich genau auf null auf«, erklärt etwa Helga Meyer vom Anatomischen Institut der Uniklinik Homburg/Saar.

Aber seit die Krankenkassen das Sterbegeld einsparen, könnten die Kosten an der Klinik hängen bleiben. Also akzeptiert man nicht nur in Homburg nur noch Körperspender, die die 1100 Euro bezahlen können.

»Ist die Finanzierung zum Zeitpunkt des Todes nicht gesichert, muss die Universität die Körperspende ablehnen«, heißt es in einem Infoblatt des Anatomischen Instituts.

Verdienen konnte man an seinem eigenen Leichnam auch vorher schon nicht. In der schriftlichen Körperspende-Vereinbarung ist eindeutig geregelt: »Ein Verkauf des Körpers (oder von Organen) zu Lebzeiten oder der Erhalt einer finanziellen Entschädigung ist aus ethisch-moralischen, juristischen wie auch aus organisatorischen Gründen nicht möglich.«

… man sich »schwerer« machen kann, als man wirklich ist?

Ein Mensch besitzt normalerweise genügend Muskelkraft, um einen anderen Menschen tragen zu können. Doch oft hört man, dass bewusstlose Menschen schwerer seien – oder dass manche Menschen, die nicht getragen werden wollen, sich schwerer machen können.

»Physikalisch ist das unmöglich, aber trotzdem ist etwas Wahres dran«, erklärt der *P.M.*-Wissenschaftsredakteur Ernst Deissinger: »Wird jemand getragen, der es seinem

Träger leicht machen will, so wird er seine Muskeln anspannen und eine Haltung einnehmen, die das Tragen erleichtert.« Der Träger muss dann nur das Gewicht heben. Entsprechend werden seine Muskeln beansprucht.

Ist nun aber ein Körper völlig entspannt, wie es bei Bewusstlosen vorkommen kann, oder lässt jemand Arme und Beine hängen wie der sprichwörtliche »nasse Sack«, dann droht uns dieser Mensch aus den Armen zu rutschen. Um ihn festhalten zu können, müssen wir sehr viel kräftiger zupacken. Wir benötigen mehr Muskelkraft und haben deshalb das Gefühl, wir würden einen viel schwereren Körper tragen.

... Frauen beim Arzt benachteiligt werden?

Plagt uns irgendein Zipperlein, gehen wir zum Arzt. Darauf vertrauend, dass er sich in seinem Metier, sprich unserem Körper, auskennt. Dass er weiß, welche Symptome für welche Krankheiten stehen. Dass er die Wirkung der Medikamente kennt, die er verschreibt.

Die eine Hälfte der Menschheit kann in dieser Beziehung recht beruhigt sein: die Männer. Bei der zweiten Hälfte, den Frauen, gilt dies jedoch nur bedingt. Grund: In der Medizin sind sie in vielerlei Hinsicht unbekannte, unerforschte Wesen.

Was von der Wissenschaft bislang weitgehend ignoriert wurde: Es gibt große medizinische Unterschiede zwischen den Geschlechtern, unter anderem bedingt durchs Hormonsystem, den Stoffwechsel, die Muskelmasse. Deshalb äußern sich manche Krankheiten bei Frauen anders. Und deshalb haben Medikamente bei ihnen zum Teil nicht dieselbe Wirkung wie bei Männern. Diese Tatsache ist zwar alles andere als unbekannt – trotzdem werden Frauen mitunter nicht angemessen medizinisch versorgt, obwohl fast drei Viertel der Arztbesuche auf das weibliche Geschlecht entfallen.

Zurzeit beispielsweise sterben mehr Frauen an Herzinfarkten als Männer. Zwar haben insgesamt mehr Männer Herzinfarkte, aber während nur jeder Zwölfte daran stirbt, ist es bei den Frauen jede Fünfte. Und das liegt unter anderem daran, dass Frauen als Patientinnen offenbar nicht so ernst genommen und viel seltener gemäß den Leitlinien für Koronare Herzkrankheiten (KHK) behandelt werden.

Das Kernproblem: Die Symptome äußern sich bei Frauen anders. Sie klagen eher über diffuse Beschwerden wie Druckgefühl im Hals, Bauch- oder Rückenschmerzen. Männer dagegen bekommen meist starke Schmerzen im Brustkorb. Da dieser Unterschied bei Ärzten und Patientinnen bisher zu wenig bekannt ist, wird oft erst spät die richtige Diagnose gestellt und die entsprechende Therapie eingeleitet. Und nicht selten eben auch zu spät.

Sogar die Präsidentin des Deutschen Ärztinnenbunds, Astrid Bühren, begriff das nach eigener Aussage erst, als ein Facharzt für Kardiologie zu ihr sagte: »Ja, kein Wunder, dass bei einem Herzinfarkt die Symptomatik nicht richtig erkannt wird. Die Frauen lügen ja.« Lügen – das bedeutet in dem Fall, »dass es im Lehrbuch anders steht«, erklärt Astrid Bühren.

Frauen schildern ihre Beschwerden oft ganzheitlich, das heißt, sie beziehen ihr emotionales Empfinden mit ein. Bei manchen Erkrankungen führt dies dazu, dass Ärzte eher seelische Ursachen vermuten und in die falsche Richtung therapieren.

In Medikamentenstudien kommen Frauen so gut wie gar nicht vor. Das bedeutet: Es wurde bislang kaum erforscht, wie Arzneimittel im weiblichen Körper wirken. Die Dosierungsangaben für Medikamente orientieren sich am männlichen Durchschnittsgewicht. Dabei gibt es viele Krankheiten, die Frauen häufiger und schwerer treffen, wie etwa rheumatoide Arthritis, Schilddrüsenfunktionsstörungen und Osteoporose.

Der weibliche Körper hat zum Beispiel einen höheren Fettanteil als Männer. Daher finden fettlösliche Medikamente bei ihnen viel Raum, sich zu verteilen. Umgekehrt schlagen manche Schmerzmittel oder Bluthochdruckpräparate bei Frauen weniger gut an.

Muss man nun als Frau Angst haben, zum Arzt zu gehen? Das nicht, sagt Ärztinnenbund-Präsidentin Astrid Bühren. Aber: Das Wichtigste ist, mehr Selbstbewusstsein zu entwickeln. Den Mut zu haben, zu seinem Arzt oder seiner Ärztin zu sagen: »Ich habe das Medikament ausprobiert, aber es hat nicht die erwünschte Wirkung. Wäre es nicht sinnvoll, die Dosis etwas zu erhöhen oder zu verringern?«

Und sich zu trauen, nach geschlechtsspezifischen Erfahrungen mit dem Präparat zu fragen.

... Schlafwandler sich nach dem Vollmond richten?

Früher nannte man Schlafwandler auch »mondsüchtig«.

Doch mit dem »bleichen Gesellen« (Goethe) hat diese spektakuläre Form der Schlafstörung nichts zu tun. Richtig ist, dass Schlafwandler sich auf starke Lichtquellen zubewegen. Daraus erklärt sich die alte Vorstellung, dass ein »Mondsüchtiger« den Dachfirst entlang Frau Luna entgegenklettere – denn der Mond war früher weithin die einzige Lichtquelle in der Nacht. Der heutige Schlafwandler wird dagegen meist von anderen Beleuchtungen wie Lampen oder Straßenlaternen angezogen, weil sie intensiver, näher und leichter erreichbar sind.

Die Ursachen des so genannten Somnambulismus sind

noch weitgehend rätselhaft. Anscheinend hat das Phänomen etwas mit Stress und seelischer Belastung, möglicherweise auch mit bestimmten Kinderkrankheiten oder einer Persönlichkeitsstörung zu tun. Schlafwandler werden vor allem im ersten Drittel der Nacht aktiv und bewegen sich einige Minuten bis eine halbe Stunde lang mit leerem Blick und starrem Gesichtsausdruck. Am nächsten Morgen erinnern sie sich nicht mehr daran.

Ebenfalls ein Mythos: die viel zitierte »schlafwandlerische Sicherheit«. Die meisten Somnambulen bewegen sich nicht besonders feinfühlig (immerhin befinden sie sich in der Tiefschlafphase). Sie gehen einfach geradeaus los und stoßen dabei, ohne es zu merken, an Hindernissen an. Kleinere Unfälle sind deswegen nicht selten. Richtig gefährlich kann es werden, wenn Schlafwandler Türen und Fenster miteinander verwechseln.

… man für eine lange Nacht vorschlafen kann?

Nein. Schlaf ist eine Reaktion des Körpers auf Müdigkeit. Das heißt: Man muss erst müde werden, um schlafen zu können. Der umgekehrte Weg ist nicht möglich. Erholungsphasen können nicht auf Vorrat konserviert werden.

Wer morgens absichtsvoll länger liegen bleibt als üblich, regeneriert nur vorangegangene Belastungen. Für eine darauf folgende »lange Nacht« bringt das wenig.

… man das Denken einfach abstellen kann?

Würde man dem Gehirn befehlen, mit dem Denken aufzuhören, wäre es nach wie vor beschäftigt – und zwar eben mit diesem Gedanken. Nur psychotische Patienten erleben manchmal, dass ihre Gedanken dahinschwinden und von einer totalen Leere ersetzt werden. Normalerweise aber ist unser Bewusstsein ständig aktiv. Die Gedanken sind ebenso frei wie ruhelos.

Eine französische Forschungsgruppe fand 2001 sogar heraus, dass Testpersonen, die »an nichts« denken sollten, eine höhere (und messbare) Gehirnaktivität entfalteten als eine Rätsel lösende Kontrollgruppe. Die 63 Frauen und Männer erzählten anschließend, ihnen seien unablässig spontane biografische Erinnerungen, bekannte Gesichter, Ereignisse, Dialoge, Melodien etc. durch den Kopf gegangen.

Was natürlich funktioniert, sind Meditationstechniken, um eine innere Ruhe zu erzeugen.

… uns nachts alles viel schlimmer vorkommt?

Geisterstunde für die Seele: Plötzlich kriechen sie hoch, die dunklen Ängste, die Schreckhaftigkeit, die unlösbar scheinenden Probleme. Das kennt jeder. Denn jeder ist schon mal nachts aufgewacht und konnte nicht gleich wieder einschlafen.

Aber warum sind wir in der Nacht so viel sensibler und furchtsamer als tagsüber?

»Nachts sind wir einer Reizdeprivation ausgesetzt, also dem Fehlen von Außenreizen«, erklärt der Regensburger Schlafmediziner Jürgen Zulley. Deshalb reagieren unsere Sinne auf kleinste Veränderungen besonders intensiv und interpretieren harmlose Eindrücke oft angstbesetzt.

Was uns am meisten beunruhigt: Die Augen, unser wichtigstes Sinnesorgan, bieten im Dunkeln kaum Orientierung – wir sehen im Wortsinn nur noch schwarz. Dieses Phänomen halten Wissenschaftler für ein evolutionäres Erbe: Kaum ein anderes Lebewesen als der Mensch wagt es, so lange und so tief zu schlafen. In freier Wildbahn würde das eine echte Bedrohung für unser Leben darstellen, denn wir könnten herannahende Feinde nicht rechtzeitig bemerken. Anscheinend tragen wir noch immer eine genetische Alarmanlage in uns, die sich in diffusen nächtlichen Angstgefühlen bemerkbar macht.

Den absoluten Tiefpunkt erreichen wir zwischen drei und vier Uhr in der Früh – wohl dem, der dann selig schlummert. Denn während der »Wolfsstunde« (so der Volksmund) erscheint das ganze Leben meist trist und hoffnungslos. Zu diesem Zeitpunkt fährt der Organismus sein Energielevel fast auf null herunter. Und dieses extreme Absinken der Leistungskurve verstärkt massiv das Gefühl der Hilflosigkeit.

Außerdem ist morgens um drei die Konzentration des Schlafhormons Melatonin am höchsten, der Endorphinspiegel (»Glückshormon«) dagegen am niedrigsten. Eigentlich also ganz normal, dass wir uns in diesem hormonellen Zustand nicht besonders optimistisch und fit fühlen.

… bei einer Epidemie mehr Geimpfte erkranken als Ungeimpfte?

Das trifft paradoxerweise hin und wieder zu – aber dennoch kein Argument gegen das Impfen.

Nehmen wir an, in einem Dorf leben 1000 Einwohner, von denen 20 Menschen nicht geimpft sind. Es werden Masern eingeschleppt, die 20 Ungeimpften erkranken. Da der Masernimpfstoff eine Erfolgsquote von etwa 95 Prozent hat, sind 50 der Geimpften nicht immun und erkranken ebenfalls. Somit hätten wir also in dem Dorf 50 Erkrankte unter den Geimpften gegenüber 20 Erkrankten ohne eine Impfung. Das macht in der Rechnung fast dreimal so viel aus.

Aber: Wäre kein Einziger von den 1000 Einwohnern geimpft worden, hätten wir es unter Umständen mit 1000 Erkrankten zu tun.

... der, der heilt, Recht hat?

»Wer heilt, hat Recht.«

Das ist ein Satz, der besonders in der Alternativmedizin sehr beliebt ist. In der Regel wird er verwendet, um das Unbehagen zu überbrücken, das angesichts ungeklärter Wirkzusammenhänge bei einer Heilung durch alternativ-medizinische Methoden gelegentlich aufkommt. Was zählt, ist das Ergebnis. Ende gut, alles gut. Da aber dieser Satz gern auch grundsätzlich zum Beweis der Wirksamkeit verschiedenster alternativer Therapieverfahren eingesetzt wird, sind ein paar kritische Rückfragen durchaus angebracht.

Im Prinzip möchte man zustimmen: Wer heilt, hat ein positives Ergebnis hervorgebracht. Aber wer oder was hat im konkreten Fall tatsächlich die Heilung bewirkt? Das lässt sich oft nicht mit der gleichen Sicherheit sagen. Auch ist es ein Trugschluss, dass eine zeitliche Abfolge zweier Ereignisse immer auch eine Ursache-Wirkungs-Beziehung haben muss.

Beispiel: »Wenn ich heute nicht ordentlich aufesse und es morgen regnet, weiß ich, dass kein wirklicher Zusammenhang zwischen beiden besteht. Wenn ich an Bach-Blüten-Essenzen rieche und am nächsten Tag die Magenschmerzen weg sind, soll aber plötzlich zweifelsfrei das eine für das andere ursächlich sein. Vielleicht geht es mir auch besser, weil ich erfahren habe, dass die Prüfung verschoben wird oder dass die Bank den benötigten Kredit gewährt«, erklärt die Zeitschrift *confessio* anschaulich.

Das Komplizierte in der Medizin ist, dass es eben nicht so

leicht zu sagen ist, ob nun ein bestimmtes Medikament oder Therapieverfahren oder aber andere veränderte Rahmenbedingungen eine Zustandsänderung bewirkt haben. Darum wird in langwierigen und teuren Studien versucht, an möglichst vielen Patienten unter möglichst gleichen Rahmenbedingungen zu testen, ob bei einem bestimmten Medikament in der Regel eine bestimmte Wirkung auftritt oder nicht.

Denn auch »falsche« Therapien können mitunter verblüffend gut wirken. Dafür gibt es verschiedene Gründe, von denen hier nur vier genannt seien:

- Viele Krankheiten heilen sich von allein aus. Vorausgesetzt, die Beschwerden sind nicht chronisch oder tödlich, stellen die Selbstheilungskräfte des Körpers gewöhnlich die Gesundheit des Kranken wieder her.
- Viele Krankheiten verlaufen zyklisch. Arthritis, multiple Sklerose, Allergien oder Magen-Darm-Beschwerden sind gute Beispiele für Krankheiten, die dadurch gekennzeichnet sind, dass sie »gute« und »schlechte« Phasen aufweisen. Natürlicherweise begeben sich Kranke eher während einer Verschlechterung ihres Zustandes in Behandlung. Auf diese Weise ergibt sich für eine scheinbar wirksame Therapie die Möglichkeit, dass sie in Wirklichkeit nur mit einer Besserung zusammenfällt, die ohnehin stattgefunden hätte.
- Manche Genesungen könnten auf das seltene Phänomen der »Spontanheilung« zurückgehen. Selbst bei Krebserkrankungen verschwindet der Tumor gelegentlich ohne weitere Behandlung. Die genauen Mechanismen einer Spontanheilung sind noch nicht bekannt.
- Der Hauptgrund dafür, warum Scheinmedikamenten und -therapien Besserungen zugeschrieben werden, ist der allgegenwärtige Placeboeffekt. Die Geschichte der Medizin

ist voll von Beispielen für Heilmethoden, die im Nachhinein als verrückt erscheinen, einst aber von Patienten und Ärzten gleichermaßen begeistert aufgenommen wurden. Durch eine Mischung aus Suggestion, Glauben, Erwartung, Neuinterpretieren und Umleiten der Aufmerksamkeit erfahren Patienten, denen eine biologisch wirkungslose Behandlung verabreicht wird, oft eine deutliche Erleichterung. Einige Reaktionen auf Placebos bewirken messbare Veränderungen im körperlichen Zustand. Andere bewirken subjektive Veränderungen, sodass der Patient sich besser fühlt, obwohl sich keine wirkliche Veränderung bei der eigentlichen Krankheit ergeben hat.

Um die Frage zu beantworten, ob Recht hat, wer heilt, müsste also erst einmal geklärt werden, ob der Patient tatsächlich von einer (wirklich vorhandenen) Krankheit geheilt wurde und ob das etwas mit der Therapie zu tun hatte.

Wo solche Studien nicht vorliegen oder aus therapiespezifischen Gründen nicht möglich sind, heißt dies nicht, dass diese bestimmte Therapie prinzipiell unwirksam sein muss. Aber es bedeutet, dass man mit einer viel höheren Irrtumsrate rechnen muss.

… der Placeboeffekt bei Kindern und Tieren wirkungslos ist?

Nein, das stimmt – entgegen einer weit verbreiteten Ansicht – nicht.

Auch Kleinkinder und sogar Tiere, die in engem Kontakt mit dem Menschen leben, können an der Körpersprache von vertrauten Bezugspersonen ablesen, ob man es »gut« mit ihnen meint und ihnen helfen möchte. Bereits die Tatsache, dass Kinder (und Tiere) sich in einer Vertrauen einflößenden Umgebung stärker entspannen als in einer fremden, ungewohnten, fördert die Heilung – auch wenn sie die Behandlung nicht rational verstehen.

… es eine negative Kehrseite des Placeboeffekts gibt?

Eigentlich klar: Wenn Medikamente oder Behandlungen besser helfen, wenn wir vertrauensvoll daran glauben – dann kann umgekehrt eine negative Haltung die Wirkung auch herabsetzen.

Der weithin unbekannte Gegenspieler des nützlichen Placeboeffekts (lateinisch: ich werde gefallen) heißt Nocebo (lateinisch: ich werde schaden). Ein Noceboeffekt liegt zum Beispiel vor, wenn Medikamente, die sich in wissenschaftlichen Tests als wirksam erwiesen haben, wegen der negativen Erwartungshaltung der Patienten weniger gut oder gar nicht anschlagen. Wer also bei der nächsten Erkältungswelle damit rechnet, krank zu werden, erhöht sein Risiko erheblich, auch tatsächlich darniederzuliegen.

Und wer bei Medikamenten vornehmlich an ihre Nebenwirkungen glaubt oder Angst vor der »schädlichen Chemie« hat, kann leicht ihr Opfer werden.

… mit Sauerstoff angereichertes Wasser gesünder ist?

Ein Drittel der Bevölkerung leidet an Sauerstoffarmut. Ermüdungserscheinungen und Arteriosklerose sind die katastrophale Folge – zumindest wenn man Anbietern von mit Sauerstoff angereichertem Wasser Glauben schenkt.

Doch nicht mit Sport und gesunder Lebensführung allein soll gegen dieses Übel angegangen werden, nein, man kann auch noch mit besagtem Wässerchen nachhelfen. Dadurch soll mehr Sauerstoff in den Blutkreislauf gelangen und seine reinigende und belebende Wirkung entfalten, sogar Vergiftungserscheinungen sollen gemindert werden.

Eine im *Journal of the American Medical Association* veröffentlichte Studie amerikanischer Ärzte, bei der elf Testpersonen ihre Muskelleistung auf einem Ergometer überprüfen ließen, erbrachte jedoch ein ganz anderes Ergebnis: Ob die Probanden mit Sauerstoff angereichertes Wasser oder Leitungswasser getrunken hatten, machte keinen Unterschied.

Eigentlich nicht überraschend, denn mit einem einzigen Atemzug nimmt der Mensch 100 Milliliter Sauerstoff auf – und damit mehr, als in einer ganzen Flasche »oxygeniertem« Wasser steckt (80 Milliliter). Und schon diese normale Atmung reicht aus, um die roten Blutkörperchen in der Lunge nahezu vollständig mit Sauerstoff zu sättigen.

Auch auf der Website des Münchner Wasserwirtschaftsamtes ist kurz und knapp zu lesen: »Mit Sauerstoff angereichertes Wasser hat keine nachgewiesene leistungsfördernde Wirkung auf den Stoffwechsel und stärkt auch nicht das Immunsystem.«

… nach einer Herztransplantation der Empfänger Persönlichkeitsmerkmale und Eigenschaften des Spenders annimmt?

1998 erregte die Amerikanerin Claire Sylvia mit ihrem Buch *Herzensfremd* weltweit Aufsehen. *Wie ein Spenderherz mein Selbst veränderte,* lautete der Untertitel, und Sylvia beschreibt darin nicht nur, wie ihr Herz und Lunge eines verunglückten Motorradfahrers transplantiert wurden – sondern sie wirft darüber hinaus die Frage auf, ob womöglich auch die Persönlichkeit des toten Spenders auf sie übertragen worden ist.

Dann bald nach der Operation entdeckte die damals

48-Jährige Wesenszüge und Vorlieben an sich, die sie vorher nicht gekannt hatte. Obwohl die ehemalige Tänzerin bis dahin Fastfood verabscheut hatte, entwickelte sie auf einmal Appetit auf McDonald's und Co. und erstmals auch auf Bier.

Getrieben von einer nie gekannten Rastlosigkeit, erlebte Claire Sylvia sich nach der Transplantation als eine Frau, die plötzlich einen Gang hatte wie ein jugendlicher Sportler und ein ungewohnt starkes sexuelles Verlangen. Immer häufiger träumte sie von dem Spender, und als es ihr schließlich gelang, die Angehörigen des tödlich Verunglückten ausfindig zu machen, stellte sich heraus: Alle diese Eigenschaften und Vorlieben hatte der 18-jährige Motorradfahrer Tim tatsächlich gehabt.

Unheimlich. Und ein Thema, das nach wie vor für Verunsicherung sorgt.

Bei einer diesbezüglichen Diskussion im Webforum www.seniorentreff.de schaltete sich schließlich ein Neurobiologe ein und erklärte lapidar: »Bei einem Toten können noch nach Tagen die Barthaare wachsen. Trotzdem würde niemand deshalb vermuten, dass die Person noch lebt. Wird eine Niere oder eine Leber verpflanzt – selbst bei einem Herzen ändert sich nicht die Identität und Persönlichkeit des Empfängers. Er ist noch immer Person X …

Unser Herz, unsere Leber, unsere Netzhaut etc. sind Werkzeuge, die unser Gehirn am Leben erhält. Sie sind austauschbar. Sie selbst enthalten nichts von uns. Sie enthalten auch kein eigenes Bewusstsein, nicht mehr als ein Apfel oder Gemüse.«

Doch diese Ansicht – selbst wenn sie von einem Experten kommt – ist zu kurz gegriffen.

Man muss nicht einmal, wie Claire Sylvia, an ein »Zellgedächtnis« glauben und daran, dass Informationen nicht nur im Hirn, sondern möglicherweise auch im Herzen gespeichert sind. Aber was nach einer erfolgreichen Organtransplantation geschehen kann, beschreiben drei Mediziner der Universitätsklinik für Chirurgie in Graz:

»In der Anfangsphase dominiert beim Empfänger die Tatsache, den Eingriff überlebt zu haben, und die Frage nach dem Funktionieren des implantierten Organs. Zum Beispiel entsteht bei herztransplantierten Patienten das Bedürfnis, das neue Herz zu spüren. Sie greifen sich an die Brust, um es zu fühlen, zu fühlen, wie es schlägt und ihnen neue Lebenskraft vermittelt.

Die vormals bestehende Kurzatmigkeit, die eingeschränkte Leistungsfähigkeit und die starke Müdigkeit verschwinden zusehends. Der rasche Genesungsverlauf versetzt den Patienten in eine anfängliche Euphorie, die auch als ›flying high‹ oder ›honeymoon period‹ bezeichnet wird.

Sie wird schon nach wenigen Tagen von der Frage nach dem Organspender und der Angst, das Organ abzustoßen, überschattet. Oftmals äußern die Patienten den Wunsch, mehr über den Spender zu erfahren, obwohl sie vorher darauf aufmerksam gemacht wurden, dass die Anonymität des Spenders gewahrt bleiben muss. Einerseits besteht der Drang, sich beim Spender oder aber auch bei dessen Angehörigen zu bedanken. Andererseits möchten die Patienten etwas über den Spender selbst erfahren. Wie alt ist er gewesen, wie ist er ums Leben gekommen und vor allem: Wie war er als Mensch?

Sehr oft entsteht vor allem bei Herztransplantierten der Eindruck, dass mit dem transplantierten Organ auch Eigenschaften des Spenders übertragen wurden. Die erlaubten Angaben zum Organspender beziehen sich jedoch lediglich auf das Alter. Schon das Wissen, dass es sich um eine Person anderen Geschlechts handelte, kann schwere Identitätskrisen beim Empfänger auslösen.

So konnte beobachtet werden, dass männliche Empfänger mit einem weiblichen Herzen das Gefühl äußerten, etwas ›Schwächliches, Zerbrechliches‹ mitbekommen zu haben.«

Zusammengefasst: Wenn Transplantierte Persönlichkeitsveränderungen an sich beobachten, sind diese durch die Nebenwirkungen der immunsuppressiven Medikamente – also der Medikamente, die verhindern, dass körpereigene Zellen das fremde Gewebe angreifen –, psychosozialen Stress und die bereits vorher vorhandene Psychopathologie des Patienten zu erklären.

Allerdings gibt es einige wenige Ärzte, die Claire Sylvias Theorie von einem »zellulären Gedächtnis« durchaus etwas abgewinnen können, insbesondere der Neuropsychologe Dr. Paul Pearsall, Professor in der Abteilung für Krankenpflege der Universität von Hawaii. Er hat im selben Jahr wie Claire Sylvia den Beststeller *The Heart's Code* veröffentlicht, in dem er beobachtete Parallelen im Verhalten von Organspendern und -empfängern auf ein »zellulär-systemisches Gedächtnis« zurückführt.

Paul Pearsall geht davon aus, dass alle lebendigen Zellen über ein »Gedächtnis« und »Entscheidungsmechanismen« verfügen. Allerdings ist seine Studie von Fachkollegen und auch von Transplantationspatienten kritisiert worden, weil wissenschaftliche Standards bei den Befragungen nicht eingehalten wurden und es sich offenbar um Ausnahmeerscheinungen handelte.

Insofern fehlt bislang der naturwissenschaftliche Beweis, dass ein neues Herz tatsächlich ein neues oder gar zusätzliches Selbst bedeutet.

Dass eine Herztransplantation aber den Empfänger verändert, haben auch Sigrid Lauff und Prem Lata Gupta für das TV-Magazin *Planet Wissen* recherchiert: Die Transplantation eines lebensrettenden Organs versetzt Betroffene in eine Ausnahmesituation. Dies erklärte beispielsweise Professor Hans-Werner Künsebeck, Leitender Psychologe der Abteilung Psychosomatik und Psychotherapie der Medizinischen Hochschule Hannover, vor der Kamera.

Seit 1987 betreut Künsebeck Transplantationspatienten vor und nach der alles entscheidenden Operation: »Die Patienten erleben eine riesige Veränderung. Wer vorher bettlägerig und schwach war, kann plötzlich wieder gehen. Wer vorher kaum Luft bekam, kann wieder frei atmen.« Außerdem lebten die Patienten bewusster als früher, sie freuten sich an kleinen Dingen wie den ersten Blüten im Frühjahr.

Auch Patienten, die nicht solch außergewöhnliche Erlebnisse hatten wie Claire Sylvia, sind nicht vor Überraschungen gefeit, berichtet Künsebeck weiter: »Die immunsuppressiven Medikamente bewirken mitunter eine Veränderung des Geschmackssinns. Frühere Leibgerichte schmecken dann vielleicht nicht mehr so gut, andere Speisen werden auf einmal als köstlich empfunden.«

Wer dies dem Organspender zuschreibe, der entwickelt nach Künsebecks Erfahrungen Strategien, »mit dem neu gewonnenen Leben umzugehen. Aber das hat nichts Mystisches, es ist erklärbar«.

... Gehirnzellen sich nicht mehr erneuern?

Bis vor etwa einem Jahrzehnt war das noch unumstößliche Lehrmeinung: Einmal zerstörte Gehirnzellen wachsen nicht mehr nach.

Dann entdeckten Mediziner bei Obduktionen an Verstorbenen im Alter zwischen 50 und 72 Jahren regenerierte, also »frische«, Zellen im Hirn.

Heute ist erwiesen, dass auch im Gehirn eines Erwachsenen aus neuronalen Stammzellen kontinuierlich neue Nervenzellen entstehen. Manche Heilungsprozesse im Gehirn gehen offenbar auf diese so genannte Neurogenese zurück – und nicht, wie bisher vermutet, auf die Fähigkeit, neue Nervenverknüpfungen herzustellen.

Allerdings reicht die Neurogenese nicht aus, um massive Schäden wie nach Schlaganfällen oder Schädeltraumen wieder auszugleichen.

Dennoch eröffnen die aktuellen Forschungsergebnisse Wege bei der Behandlung von Alzheimer, Parkinson, Demenz etc. Amerikanische Wissenschaftler berichteten im Sommer 2005, dass aus Stammzellen im Labor unbegrenzt Nervenzellen des Gehirns produziert wurden.

Möglicherweise könnte man in Zukunft Patienten neurologische Stammzellen entnehmen, diese im Labor vervielfältigen und wieder implantieren. Das ist zwar noch lange nicht spruchreif; aber die Revolution hat sich bereits dadurch vollzogen, dass ein solcher Ansatz als möglich erkannt worden ist.

Interessant für jedermann ist noch eine andere Tatsache: Ein erheblicher Anteil der neu gebildeten Nervenzellen im Gehirn wird aus noch unbekannten Gründen wieder abgebaut. Wie viele Gehirnzellen überleben, lässt sich aber offenbar beeinflussen – und zwar durch geistige und körperliche Aktivität.

Vor allem aerobe Sportarten wie Laufen, Schwimmen und Radfahren sollen laut einer Studie der Universität von Kalifornien in Irvine die Produktion neuer Gehirnzellen fördern. Dreimal 30 Minuten in der Woche reichten dem Körper aus, um genügend Sauerstoff für die Neurogenese zur Verfügung zu stellen, heißt es. Auch mit anspruchsvollen Hobbys (zum Beispiel Malen, Fremdsprachen etc.) sowie mit jedweder Änderung eingefahrener Abläufe und

Gewohnheiten soll sich das Gehirn prima anregen lassen.

Langeweile und Stress sind dagegen Gift.

... man mit »Anti-Aging« 100 Jahre und älter werden kann?

Fitnesspäpste, Ernährungsgurus, Entspannungstrainer und zumeist selbsternannte Gesundheitsexperten verkaufen Anti-Aging als Jungbrunnen für Jugend und Schönheit sowie als Lebenselixier, das nahezu den uralten Menschheitstraum von der Unsterblichkeit erfüllen soll.

Das ist geschäftstüchtiger Unsinn.

Die biologische Uhr anhalten – das kann niemand. Seriöses Anti-Aging versteht sich eher als »Good Aging«. Das heißt: Es geht weniger darum, wie alt wir werden, sondern *wie* wir alt werden. Also möglichst beschwerdefrei unsere Lebensjahre zu meistern und kräftig auf die Altersbremse zu treten. Und das möglichst frühzeitig. »Wer alt werden will, sollte schon jung damit anfangen« – das ist ein durchaus akzeptabler Werbespruch.

Die Anti-Aging-Medizin ist inhaltlich noch nicht definiert. Auch juristisch stellt sie keine »führungsfähige« Bezeichnung dar, die vom Arzt durch eine entsprechende Fortbildung erworben werden könnte. Zwar bietet zum Beispiel die Deutsche Gesellschaft für Anti-Aging-Medizin (GSAAM/German Society of Anti Aging Medicine) qualifizierte Seminare zu diesem noch jungen Fachgebiet an; im Grunde aber kann jeder Anbieter Anti-Aging nach eigenem Gusto betreiben.

Und so pappt das Etikett Anti-Aging an Faltencremes ebenso wie an Tees, Ginkopräparaten oder Ayurvedakuren. Wenn Patienten im Wartezimmer ihres Haus- oder Facharztes mit Infoblättern über einen ärztlichen »Anti-Aging-

Check« oder Ähnliches konfrontiert werden, geht es zumeist um einen umfassenden Labortest, bei dem unter anderem die Menge der Hormone, Vitamine, Spurenelemente, Fette und Antioxidanzien im Blut bestimmt wird.

Seriöse Anti-Aging-Medizin versteht sich nämlich als interdisziplinäre Fachrichtung, die auf drei Säulen steht:

1. Lebensstilveränderung (gezielte sportliche Aktivitäten, ausgewogene Ernährung, Stressmanagement und Entspannungstraining, Vermeiden von Schadstoffbelastungen etc.)
2. Vitalstoffzufuhr in optimaler Menge (Nährstoffe, Antioxidanzien)
3. Hormontherapie, also eine kontrollierte Substituierung der natürlichen Hormone, deren Spiegel sich bei individueller Austestung als zu niedrig erwiesen hat

Ein Anti-Aging-Programm beginnt also in aller Regel mit einem möglichst vollständigen medizinischen Check, weil der Arzt zunächst einmal wissen will, wie es aktuell um den Gesundheitszustand des Patienten bestellt ist. Aus dieser Diagnose ergeben sich dann unterschiedliche Therapieoptionen, die von Ernährungsberatung oder ärztlich begleitetem Walking bis hin zur (nicht unumstrittenen) Hormonersatztherapie reichen können.

Kurz gesagt: Seriöses Anti-Aging bedeutet, jetzt die Weichen für einen positiven Alterungsprozess in den kommenden Jahren und Jahrzehnten zu stellen. Anti-Aging besteht aus Diagnose und Programm, also einer Therapie oder zumindest festen Zielvereinbarungen, was beispielsweise Fitness, Raucherentwöhnung oder Ernährungsumstellung angeht.

Wer dazu absehbar weder willens noch in der Lage ist,

kann sich das Geld für eine umfangreiche Anti-Aging-Untersuchung (circa 800 Euro und mehr) sparen.

… die Vitaminempfehlungen der Deutschen Gesellschaft für Ernährung viel zu niedrig angesetzt sind?

Dieser Vorwurf wird recht häufig im Zusammenhang mit dem Verkauf von Vitaminpräparaten erhoben, garniert mit Slogans wie »Deutschland leidet unter Vitaminmangel – alle sind betroffen« oder »Risikofaktor Vitaminmangel«.

Richtig ist, dass die Deutsche Gesellschaft für Ernährung (DGE) die Mindestwerte ziemlich gering hält, da diese in erster Linie auf die Verhütung eines Vitaminmangels abzielen. Sie sind jedoch nicht einfach so aus der Luft gegriffen und können als passable Orientierungshilfen angesehen werden. Schließlich verbietet es sich, Versuchspersonen zu Forschungszwecken über Jahre hinweg zu wenig Vitamine zu geben.

Die bestehenden Empfehlungen für die tägliche Vitalstoffzufuhr sind Annährungen beziehungsweise Schätzwerte, die im Jahr 2000 in der Studie *D-A-CH-Referenzwerte für die Nährstoffzufuhr* (Umschau/Braus, Frankfurt a. M.) veröffentlicht wurden.

»Eine Empfehlung – im Sinne der Referenzwerte – deckt den Bedarf von 98 Prozent aller Personen einer definierten Gruppe der gesunden Bevölkerung«, erklärt dazu Professor Helmut Heseker, Ernährungswissenschaftler an der Universität Paderborn und Präsidiumsmitglied der DGE. »Um den individuellen und physiologischen Schwankungen gerecht zu werden und um eine ausreichende Vitaminspeicherung sicherzustellen, sind Zuschläge von 20 bis 30 Prozent einbezogen.«

Das bedeutet: Werden beispielsweise weniger als die empfohlenen 100 Milligramm Vitamin C pro Tag mit der täglichen Nahrung aufgenommen, so bedeutet dies nicht unbedingt einen Vitaminmangel. Es handelt sich zunächst nur um eine rechnerische Vitaminunterversorgung, die durch Blut- und Urinuntersuchungen bestätigt werden müsste, denn bei einer Vitaminunterversorgung sind keine Vitaminmangelsymptome vorhanden.

Heseker dazu: »Da der Körper über Vitaminspeicher und auch ein gewisses Adaptationsvermögen verfügt, ist das akribische tägliche Einhalten der Referenzwerte nicht notwendig. Ein Vitaminmangel setzt voraus, dass es in Folge einer chronisch unzureichenden Vitaminversorgung bereits zu klinisch relevanten Störungen kommt, die mit charakteristischen Mangelsymptomen einhergeht. In Deutschland kommt beispielsweise die klassische Vitamin-C-Mangelkrankheit Skorbut mit Störungen der Knochenbildung und des Wachstums beim Kind oder in späteren Lebensabschnitten Blutungen in Schleimhäuten, Haut sowie inneren Organen heutzutage praktisch nicht mehr vor.«

Mangelverhütung – gut und schön. Aber viele Zeitgenossen erhoffen sich von einer hohen oder auch bewussten Überdosierung bestimmter Vitalstoffe eine Potenzierung des positiven Effekts – also »mehr« Energie, »schnellere« Fettverbrennung, »gesteigertes« Konzentrationsvermögen …

Doch das Motto »viel hilft viel« ist hier wenig zielführend. Im Gegenteil: Je höher die Dosis, desto weniger sicher ist der gewünschte Effekt.

Beispiel Vitamin C: Die beiden Mediziner Robert Douglas (Australien) und Harri Hemilä (Finnland) werteten insgesamt 55 verschiedene Studien aus den vergangenen 65 Jahren aus und kamen zu dem Ergebnis, dass die Einnahme von Vitamin C nicht gegen eine Erkältung hilft – weder vorbeugend noch akut. Im günstigen Fall könne Vitamin C wohl nur die Dauer der Erkältung etwas verringern, erklärten die Mediziner: um acht Prozent bei Erwachsenen und um 14 Prozent bei Kindern.

Einen tatsächlich positiven Effekt konnten Douglas und Hemilä nur bei Extremsportlern nachweisen. Sie seien durch zusätzlich eingenommenes Vitamin C um 50 Prozent seltener von Schnupfen geplagt worden als die jeweiligen Vergleichsgruppen.

Andere populäre Vitaminmythen, von denen im Folgenden berichtet wird, hat die amerikanische Verbraucherschutzorganisation »Quackwatch« genauer unter die Lupe genommen.

… wir unsere Ernährung mit Vitamintabletten und Nahrungsergänzungsmitteln »absichern« müssen?

»Diese Argumentation ist ähnlich sinnleer wie der Satz: Ihr voll funktionstüchtiger Ofen könnte jederzeit explodieren, und deshalb sollten Sie ihn unbedingt durch ein neues Produkt ersetzen.« (Zitat aus *Quackwatch,* »der kleine Führer durch Scharlatanerie und Quacksalberei zur aufgeklärten Entscheidung«)

Denn: Deutschland ist kein Vitaminmangelland. Noch nie war das Angebot an qualitativ guten Lebensmitteln so reichhaltig und ganzjährig verfügbar wie heutzutage. Sich ausreichend, abwechslungsreich und vollwertig zu ernähren, ist heute einfacher denn je. Zu den Vitaminen, bei denen eine unzureichende Versorgungssituation vorliegen kann, gehören allerdings die Folsäure (zum Vitamin-B-Komplex gehörendes Vitamin) insbesondere bei Frauen vor und zu Beginn einer Schwangerschaft sowie Vitamin D bei älteren Menschen.

Auch bei Vitamin E wäre eine höhere Zufuhr wünschenswert – erklärt sogar die Deutsche Gesellschaft für Ernährung. Und: »Durch eine ungünstige Lebensmittelauswahl oder gesundheitsbelastende Lebensbedingungen kommt es gelegentlich zu einer unzureichenden Versorgung mit einem oder mehreren Nährstoffen, die durch eine Umstellung der Ernährungsweise behoben werden kann.«

Allerdings sollte man hier realistisch sein: Nicht jeder ist in der Lage, sich »ausgewogen« zu ernähren, oder er hat schlicht keine Zeit oder auch keine Lust dazu.

Wenn jemand vorübergehend ein preiswertes Vitaminpräparat einnimmt, ist das unproblematisch. Es sollte nur keine Dauerlösung werden. Eine gute Ernährung ist auch durch die beste Nahrungsergänzung nicht zu ersetzen, und die Konzentration auf ein Produkt oder eine Produktgruppe (bestimmte Vitamine und/oder Mineralstoffe) führt häufig dazu, dass andere wichtige Nährstoffe vernachlässigt werden.

Natürlich erfordert eine »ausgewogene« Ernährung Disziplin und Übung, aber sie ist eben im besten Sinne ganzheitlich.

... viele Krankheiten eine Folge falscher Ernährung sind?

Natürlich spielt die Ernährung bei einer Reihe von so genannten Zivilisationskrankheiten eine Rolle (zum Beispiel Diabetes, Fettleibigkeit, Gicht, Arterienverkalkung), aber nicht alle Krankheiten sind auf einen Vitalstoffmangel zurückzuführen.

Weit verbreitete Symptome wie Unwohlsein, Müdigkeit, Antriebslosigkeit, Schmerzen (einschließlich Kopfschmerzen), Schlaflosigkeit und ähnliche Beschwerden stellen für gewöhnlich eine Reaktion des Körpers auf psychischen Stress dar. Wenn solche Symptome lange anhalten, sollte ein

Arzt aufgesucht und ein möglicher Vitamin- oder Mineralienmangel geprüft werden.

... moderne Methoden der Verarbeitung und Haltbarmachung von Nahrungsmitteln die Qualität unserer Nahrung herabsetzen?

Es ist durchaus richtig, dass die Nahrungsmittelverarbeitung den Nährstoffgehalt der Produkte verändert. Diese Veränderungen sind allerdings nicht so drastisch, wie einige Wundermittelverkäufer es darstellen.

Während manche Verarbeitungsmethoden bestimmte Nährstoffe zerstören, fügen andere sie hinzu. So werden B-Vitamine durch Mahlen zerstört, das fertige Produkt aber oft wieder mit eben diesen Vitaminen angereichert.

Wenn Anbieter von Vitaminpillen Ihnen sagen, dass Vitamine beim Kochen zerstört werden, verschweigen sie, dass nur einige wenige Vitamine hitzeempfindlich sind und der Vitaminverlust durch geeignete Lagerung und Zubereitung von Lebensmitteln wirksam reduziert werden kann. Sie sagen Ihnen auch nicht, dass man diese Vitamine ganz einfach mit frischem Obst, Gemüse oder Fruchtsaft täglich zu sich nehmen kann. Und Mineralstoffe schließlich werden durch Hitze überhaupt nicht zerstört.

Eine ausgewogene Ernährung enthält alle Nährstoffe, die Ihr Körper braucht. Statt unkritisch auf Supplemente in Pillen- oder Pulverform zu schielen, sollte man sein Augenmerk eher auf die Lebensmittel selbst und ihre Zubereitung legen.

... der Vitalstoffbedarf bei Stress oder im Krankheitsfall höher ist?

Einige Hersteller von Vitamin- und Nahrungsergänzungspräparaten werben damit, dass »Stress Ihrem Körper Vitamine entzieht«.

Eine Firma erklärt zum Beispiel: »Bei Rauchen, Diät oder Krankheit besteht die Gefahr, dass der Körper zu viele Vitamine verliert.«

Ein anderes Unternehmen warnt, dass »Stress die körpereigenen Vorräte an wasserlöslichen Vitaminen erschöpft und diese deshalb täglich zugeführt werden müssen«.

Von anderen Produkten wird behauptet, dass sie »den erhöhten Bedarf von Sportlern« decken. Richtig ist, dass der Vitamin- und Mineralstoffbedarf bei starker körperlicher Belastung, bei chronisch Kranken und in anderen Situationen erhöht ist. Aber: Otto Normalverbraucher gehört bei weitem nicht so häufig zu dieser Risikogruppe, wie es ihm unseriöse Vitaminverkäufer weismachen wollen.

Der erhöhte Bedarf, den die Werbung oft unterstellt, ist in aller Regel nicht so hoch, dass er nicht auch durch vernünftige Ernährung gedeckt werden könnte. Jemand, der deutlich mehr Vitamine zu sich nehmen muss oder will, sollte den Zweck dieser Einnahme mit einem Arzt besprechen und nicht mit einem Verkäufer, der in Sachen Ernährung und Medizin nicht selten keinerlei Ausbildung vorzuweisen hat.

Die Werbung für solche Produkte zielt jedoch bewusst auf den Durchschnittsbürger ab, der gar keine zusätzlichen Vitamine braucht, um eine gewöhnliche Erkältung, eine Runde Golf oder einen Sprint um den Häuserblock zu überstehen.

Leistungssportler decken ihren erhöhten Vitaminbedarf in der Regel durch eine ihrem Kalorienbedarf entsprechende

Ernährung. Viele unseriöse Händler weisen außerdem darauf hin, dass Raucher besonders viel Vitamin C benötigten. Obwohl der Gehalt dieses Vitamins im Blut vieler Raucher tatsächlich niedriger ist, als es wünschenswert wäre, liegt er dennoch meist deutlich über der Grenze einer Mangelerscheinung.

Anstatt sich durch die Einnahme von überhöhten Vitamin-C-Dosen ein trügerisches künstliches Ruhekissen zu schaffen, sollten Raucher, die um ihre Gesundheit besorgt sind, das Rauchen aufgeben.

... Alkohol in Maßen gesund ist?

Liebhabern eines guten Glases Rotweins wird diese Nachricht nicht schmecken: Rod Jackson und seine Mitarbeiter von der Universität Auckland in Neuseeland sagen, dass Alkohol – anders als immer wieder vermutet – keinen schützenden Einfluss auf Herz und Gefäße hat.

Im renommierten Fachmagazin *Lancet* verlautbarten die Mediziner im Herbst 2005: »In keiner Dosis ist der Nutzen des Alkohols größer als der Schaden.«

Der Mythos von den herzschmeichelnden Eigenschaften des Alkohols hatte sich seit 1979 verbreitet. Damals erschien – ebenfalls im *Lancet* – ein Artikel, der die lebensverlängernden Eigenschaften eines guten Tropfens zu belegen schien. »Es gibt einen Zusammenhang zwischen Alkoholkonsum und weniger Herzinfarkten«, schrieben die Autoren seinerzeit. »Die schützende Substanz wird bald isoliert werden.«

Es folgten Hunderte Artikel von Wissenschaftlern, die auffällig oft in der Region um Bordeaux, im Chianti oder unweit des Napa-Valley forschten und die segensreichen Wirkungen verschiedener Alkoholika beschrieben. Nicht nur Rotwein, sondern auch Weißwein, Bier und sogar Schnaps hielten angeblich die Gefäße geschmeidig. Beiträge in Fachmagazinen wurden mit »Cheers!« betitelt, und die Mediziner waren froh, endlich auch einmal positive Nachrichten für den Alltag verkünden zu können.

Als Standardempfehlung galt, dass Männer von zwei Halben Bier, zwei Vierteln Rotwein oder einem Drink am Tag profitieren konnten. Für Frauen lag die Dosis etwas niedriger. Die neuseeländischen Gesundheitswissenschaftler um Rod Jackson wiesen nun auf den Pferdefuß der Untersuchungen hin: In den meisten Studien gingen die beteiligten Forscher offenbar fraglos von einer positiven Wirkung des Alkohols aus – und vernachlässigten wissenschaftliche Standards. So seien beim Vergleich des Gesundheitszustands von gemäßigten Trinkern und Abstinenzlern oft fälschlicherweise auch »trockene« Alkoholiker zu den Abstinenzlern gezählt worden.

Dass viele von ihnen das Trinken aus gesundheitlichen Gründen aufgegeben hatten und mittlerweile über etliche Krankheiten klagten, hätten die Forscher nicht erwähnt. Scheinbar paradoxerweise sprechen auch die neuseeländischen Mediziner dem Alkohol nicht ab, dass er sich sehr wohl günstig auf die Gefäße auswirken könne. Allerdings nur in extremen Mengen – Autopsien von Alkoholikern würden oft erstaunlich intakte Adern zeigen.

Allerdings seien die Schäden an anderen Stellen des Organismus infolge solcher Alkoholdosen überwältigend. Nach Jacksons Auffassung wollten Ärzte wie Laien jahrzehntelang an die günstigen Auswirkungen von mäßigem Alkoholkonsum glauben. Doch offenbar könne auch der Blick nüchterner Mediziner getrübt sein: »Für Alkohol gibt es keinen harmlosen Bereich«, sagt Jackson. (Zit. nach www.sueddeutsche.de)

Shocking? Nicht unbedingt.

Dass das Herz-Kreislauf-Risiko durch Alkohol nur bei über 50-Jährigen etwas sinkt, betonen medizinische Fachverbände schon lange. Bei Jüngeren überwiegen die Risiken von Alkoholgenuss wie Bluthochdruck oder Unfallgefahr.

Außerdem ist der Einfluss des Alkohols im Vergleich zu anderen Risikofaktoren wie Rauchen oder erhöhte Blutfettwerte nur gering.

Deshalb galt die Aussage vom gesundheitsfördernden Rotwein eigentlich immer schon nur für den Teil der Bevölkerung, der den Rotwein zum Essen trinkt, sich ausreichend bewegt und nicht raucht. Oder umgekehrt: Wenn jemand aufhört zu rauchen oder durch eine Ernährungsumstellung seine Blutfettwerte senkt, schützt er sich effektiver vor Herz-Kreislauf-Erkrankungen, als wenn er lediglich zusätzlich Alkohol trinkt. Der Konsum von Alkohol kann also einen gesunden Lebensstil nicht ersetzen.

Aber hat das wirklich jemand ernsthaft geglaubt?

Wissenschaft

Stimmt es, dass

… man Gesichter rekonstruieren kann?

In einer kalten Winternacht werden im Moskauer Gorky Park drei Leichen gefunden – zwei Männer und eine Frau, die bis zur Unkenntlichkeit entstellt sind. Chefinspektor Renko von der Miliz wird mit der Aufklärung der mysteriösen Morde beauftragt. Da die Leichen weder Gesichter noch Fingerabdrücke aufweisen, scheint eine Identifizierung unmöglich. Doch ein Freund Renkos kann mit Hilfe der Schädelstrukturen das Aussehen der drei Toten rekonstruieren …

Der Spielfilm *Gorky Park* (USA 1983) rückte die so genannte Gesichtsrekonstruktion als Identifizierungshilfe an einem verwesten oder sogar schon skelettierten Leichnam ins Blickfeld der breiten Öffentlichkeit. Aber kann das wirklich funktionieren – einem bereits verwesten Leichnam ein Gesicht zu geben?

Als polizeiliches oder archäologisches Hilfsmittel ist eine Gesichtsnachbildung tatsachlich moglich. Dabei werden über festgelegte Punkte des knöchernen Schädels künstliche Gewebe entweder von Hand oder mittels Software aufgebracht. Die jeweils richtigen Dicke der einzelnen Schichten wurde in den letzten Jahrzehnten immer genauer an lebenden Personen mittels Ultraschall oder an Leichen mittels Messnadeln zusammengestellt.

Das Lebensalter der toten Person, deren Geschlecht und manchmal auch die ethnische Herkunft lassen sich oft aus der Form des Schädels bestimmen und fließen nicht nur in die zu verwendenden Maße der Schichten, sondern auch in die rein künstlerische Darstellung des neu aufgebauten Schädels ein. Dabei kommt es je nach Erfahrung, künstlerischer Begabung und der Menge von Vergleichsmaterial aus vergangenen Fällen zu erheblichen Qualitätsunterschieden – die immer wieder dazu führen, dass die Methode als unzuverlässig angefeindet wird.

»Das ist aber nicht richtig«, erklärt der Kölner Kriminalbiologe Dr. Mark Benecke. »Erfahrene forensische Anthropologen können Schädel herstellen, die zumindest für den Ausschluss in Frage kommender Personen sehr hilfreich sind. Von einem guten Fotografen abgelichtet, können die Modellköpfe beispielsweise dazu dienen, ein Suchplakat oder das berühmte Foto, das in der Kneipe gezeigt wird (›Haben Sie diesen Mann gesehen?‹), mit gutem Erfolg herzustellen.«

Die in *Gorky Park* und anderen Filmen oder Romanen verewigte Ermittlung ist von der Tätigkeit des damals sehr bekannten sowjetischen Gesichtsrekonstrukteurs Professor Michail M. Gerassimow beeinflusst. Er arbeitete hin und wieder mit der Polizei zusammen, reklamierte aber eine unrealistisch hohe Aufklärungsquote von hundert Prozent für sich. Sein ursprünglicher Antrieb war die Rekonstruktion archäologischer Gesichter.

Problematisch sind bis heute noch die Darstellung der Haare (Farbe, Form, Frisur), etwa wenn die Leichen vollkommen verbrannt sind, sowie die Form von Nase und Lippen. Eine völlige Zerstörung der Weichteile ist aber ein seltener Extremfall; zumeist lassen sich viele Merkmale des Körpers doch noch erkennen.

Da die Merkmale zusammenhängen und sich voneinander ableiten lassen, sind hier in den kommenden Jahren durch weitere Datensammlungen viele technische Verbesserungen zu erwarten. »Man kann nur hoffen«, sagt Mark Benecke, »dass die forensische Anthropologie auch in Europa einen festen Platz in polizeilichen Ermittlungen erhält. Durch Gesichtsrekonstruktionen nach archäologischen und schöngeistig motivierten Schädelfunden (Mozart, Bach, Ötzi, Dschingis Khan usw.) ist in den letzten Jahrzehnten ein immer breiteres Interesse an diesem interessanten Fach entstanden.«

... man ausgestorbene Tiere klonen kann?

Es ist nicht nur vorstellbar, sondern auch möglich, die Erbsubstanz aus dem Gewebe eines ausgestorbenen Tieres in eine entkernte Eizelle nah verwandter Arten zu bringen. Das so entstandene Tier ist möglicherweise ein Klon des Tieres aus der Vergangenheit.

Diese Idee wurde im Film *Jurassic Park* im Grunde wissenschaftlich korrekt aufgriffen – es wurden aber zwei schwerwiegende Probleme übersehen. Erstens ist jahrtausendealte DNS (Desoxyribonukleinsäure) chemisch verändert und mechanisch zerbrochen. Sollte es jemals gelingen, genügend Erbsubstanz einer alten Art zu finden und in der richtigen Reihenfolge zusammenzupuzzeln, so müsste danach die originale Sequenz der DNS-Bausteine wiederhergestellt werden. Das gelingt teilweise und derzeit noch unvollständig am Computer oder in einem Reagenzgefäß.

Mit beiden Rekonstruktionsmethoden entsteht eine echte (die originale oder die nach altem Plan neu synthetisierte) DNS-Sequenz. Diese kann in eine entkernte Eizelle übertragen werden.

Bei Dinosauriern ist aber fraglich, ob es noch lebende Wesen gibt, die den Dinos genügend ähneln, um ihre Eizellen einzusetzen. Vermutlich können die Eizellen heutiger

Echsenarten die uralte Bauplaninformation weder genügend genau ablesen noch zellulär umsetzen. Das ist im Moment die vielleicht größte biotechnische Hürde.

Hinzu kommt, dass Mitochondrien, die eine eigene Erbsubstanz haben, nicht mit der Zellkern-DNS kopiert werden (Mitochondrien sind faden- oder kugelförmige Gebilde in menschlichen, tierischen und pflanzlichen Zellen, die unter anderem der Atmung, der Energieversorgung und dem Stoffwechsel dienen). Auch das könnte eine Schwierigkeit sein, weil die Originalmitochondrien als Kraftwerke der Zelle eine große Rolle beim täglichen Funktionieren des geklonten Lebewesenkörpers spielen könnten.

Anders sieht es bei erst relativ kürzlich ausgestorbenen Tierarten aus, wie etwa dem Beutelwolf (Tasmanischer Tiger). Im Mai 2000 wurde im Keller eines australischen Museums ein in Alkohol eingelegtes Beutelwolfbaby entdeckt. Aus den Muskeln und dem Knochenmark des Tieres wurde wertvolles Genmaterial gewonnen. Laut den australischen Wissenschaftlern sind die Genketten fast vollständig erhalten – und auch ein noch lebender Verwandter der Art als Leihmutter ließe sich wohl finden. Nüchtern betrachtet stellt sich allerdings die Frage nach dem Sinn und Zweck solchen Tuns: Ausgestorbene Tiere sind ja deswegen ausgestorben, weil ihr Lebensraum zerstört wurde. Wo und wie also sollen die geklonten Tiere nun auf einmal in Frieden leben?

Beim Klonen von toten oder noch lebenden Menschen besteht – abgesehen von technischen Details und ethischen Fragen – vor allem die Schwierigkeit, dass der Einfluss der Umwelt auf die Persönlichkeit noch weitgehend unbekannt ist. Tests an eineiigen, aber getrennt aufgewachsenen Zwillingen haben gezeigt, dass zum Beispiel ihr Humor sich unabhängig voneinander entwickelt hat und vornehmlich von denjenigen Menschen geprägt wurde, mit denen sie von Kindheit an zusammen waren. Es handelt sich also um eine kulturelle, nicht um eine genetische Programmierung. Hier müssten zusätzlich sämtliche Informationen des Gehirns ausgelesen und auf den Klon übertragen werden.

Fraglich ist bloß, welches Gehirn-Backup – sofern ein solches jemals gelingen sollte – in welchem Lebensabschnitt zum Einsatz kommen sollte: das der 30-, der 40- oder der 80-jährigen Persönlichkeit?

... man in Freiburg Parapsychologie studieren kann?

»Locus occultus« nannte einst der Publizist Albert Sellner in einem *Kursbuch*-Aufsatz das schöne Freiburg im Breisgau: »okkulter Ort«.

Womit hat Deutschlands sonnenreichste Stadt diesen Düstertitel verdient? Sellner beschreibt in seinem Text, dass in Freiburg Okkultes und Esoterisches nicht nur praktiziert, sondern auch erforscht werde. Das ist zwar korrekt – aber an der Universität studieren kann und konnte man Parapsychologie (die Wissenschaft von den okkulten Erscheinungen) auch in Freiburg nie.

Im Jahr 1950 wurde von Hans Bender, dem berühmten »Spukprofessor« und Nestor der deutschen Parapsychologie, das private Institut für Grenzgebiete der Psychologie und Psychohygiene (IGPP) in Freiburg gegründet. 1954 übernahm Bender an der Universität Freiburg einen Lehrstuhl für Grenzgebiete der Psychologie, der 1967 in ein Ordinariat für Psychologie und Grenzgebiete der Psychologie umgewandelt wurde.

Nach Benders Emeritierung 1975 wurde sein Schüler Professor Johannes Mischo Lehrstuhlinhaber, der sich mit verschiedenen Fragebogen- und Interviewstudien zum Thema »Okkultpraktiken bei Jugendlichen« hervortat. Zu den Lehr- und Forschungsaufgaben der Abteilung gehörten aber in erster Linie normale psychologische Fächer wie Sozial- und Persönlichkeitspsychologie.

Nur etwa ein Drittel der Forschungskapazitäten beschäftigte sich mit den Grenzgebieten der Psychologie. In dieser Zeit konnten Studenten mit Hauptfach Psychologie eine Diplom- oder Doktorarbeit mit einer parapsychologischen Fragestellung anfertigen sowie als freiwilliges Zusatzfach »Parapsychologie/Grenzgebiete der Psychologie« für die Diplomprüfung wählen. Allerdings, warnte die Universität stets, erscheine es »unrealistisch, eine alleinige Tätigkeit auf diesem Gebiet in den eigenen Lebensplan einzubeziehen«.

Denn: »Parapsychologie stellt kein selbständiges Studienfach dar, und insofern gibt es kein Berufsbild des Parapsychologen. Die beste Voraussetzung für eine Arbeit und eine Beurteilung des Forschungsstandes auf diesem Gebiet ist im Allgemeinen ein abgeschlossenes Studium der Sozial- oder Naturwissenschaften. Wichtig sind ferner gründliche Kenntnisse der experimentellen Methodenlehre sowie der Wissenschaftsgeschichte und -soziologie.«

Nach der Emeritierung Mischos 1998 war die Zeit der parapsychologischen Forschung an der Universität Freiburg dann sogar endgültig abgelaufen. Der Lehrstuhl für Psychologie und Grenzgebiete der Psychologie wurde in einen für Pädagogische Psychologie umgewandelt. Nach wie vor existiert jedoch das ehemalige Bender-Institut, das von der Eichhalde in neue Arbeits- und Laborräume in der Freiburger Innenstadt unweit vom Hauptbahnhof umgezogen ist – und von dem eine Fülle seriöser Forschungsaktivitäten ausgeht.

Außerdem bietet die private Einrichtung der interessierten Öffentlichkeit einen umfassenden Beratungs- und Informationsservice an. Die Spezialbibliothek des Instituts für

Grenzgebiete der Psychologie und Psychohygiene, die mehr als 30 000 Bände umfasst, kann über den Online-Katalog der Unibibliothek eingesehen werden.

Daneben gibt es in Freiburg die »Parapsychologische Beratungsstelle«, die von dem Physiker und Psychologen Walter von Lucadou als Einmannunternehmen für den eingetragenen Verein »Wissenschaftliche Gesellschaft zur Förderung der Parapsychologie« (WGFP) betrieben wird.

Das mittlerweile einzige Ordinariat für Parapsychologie weltweit ist der Arthur-Koestler-Lehrstuhl am Psychologischen Institut der Universität von Edinburgh/Schottland, der auf eine Stiftung des ungarischen Schriftstellers Arthur Koestler zurückgeht.

Kurse in Parapsychologie bieten dennoch allein in den USA über 200 Colleges und Universitäten an, und mehrere Hochschulen – etwa die John F. Kennedy University in Orinda/Kalifornien – verleihen akademische Grade wie zum Beispiel den »Master of Science« in Parapsychologie.

... die Parapsychologie übersinnliche Phänomene schon längst zweifelsfrei bewiesen hat?

Wenn dem so wäre – wieso sind dann Phänomene wie Außersinnliche Wahrnehmung (ASW) oder Psychokinese (PK) nicht das Thema Nummer eins in der Wissenschaft und den seriösen Medien? Wieso hat noch kein Parapsychologe einen Nobelpreis erhalten für den Nachweis eines über die bekannten fünf Sinne hinausgehenden »Informationskanals« oder einer Kraft des »Geistes über die Materie«?

Warum ist es bislang noch keiner Testperson gelungen, die hoch dotierten Preise mit nach Hause zu nehmen, die Skeptikerorganisationen für den Nachweis eines echten

»Psi«-Phänomens (Psi: ein Sammelbegriff für parapsychologische Vorgänge, abgeleitet vom 23. Buchstaben des griechischen Alphabets) ausgeschrieben haben?

Irgendetwas scheint also nicht zu stimmen mit der Behauptung, dass zum Beispiel Telekinese (also die direkte Beeinflussung physikalischer Systeme durch den Geist, ohne Muskelkraft oder Tricks) »grundsätzlich bewiesen ist«, wie die US-amerikanischen Parapsychologen Dean Radin und Jessica Utts öffentlich erklären.

Parapsychologen in Deutschland sind deutlich vorsichtiger mit solchen Aussagen. Eberhard Bauer vom Freiburger Institut für Grenzgebiete der Psychologie und Psychohygiene (IGPP) weist darauf hin, dass es sich bei »ASW« oder Psychokinese um vorläufige Begriffe handele, die »bloß beschreibend gemeint sind und keinen Erklärungswert beanspruchen können«. Die wissenschaftlich vernünftige Frage laute daher nicht: »Gibt es Psi?«, sondern: »Wie können solche anomalen Berichte, die zweifelsfrei existieren, am besten erklärt werden?« Das Spektrum möglicher Erklärungen reiche dann von Zufall, Einbildung, Betrug oder Wahrnehmungstäuschung (»dem einen Extrem«) bis zur Annahme eines paranormal vermittelten Informationsprozesses (»dem anderen Extrem«).

Ähnlich äußert sich der promovierte Physiker und Psychologe Walter von Lucadou, der in Freiburg die schon erwähnte (und nur lose mit dem IGPP verbandelte) Parapsychologische Beratungsstelle betreibt: Scheinbar übersinnliche Erlebnisse, von denen viele Menschen immer wieder glaubwürdig berichten, könnten nicht durch ASW oder Psychokinese »erklärt« werden: »Vielmehr werden ASW und PK lediglich als Klassifikationsmerkmale verwendet, die eine Arbeitshypothese nahe legen – nämlich dass es ASW und PK geben könnte. Erst wenn sich diese als experimentell erwiesene Effekte nachweisen lassen, könnte man ihnen einen Erklärungswert zusprechen.«

Nach dem Urteil des überwiegenden Teils der parapsychologischen Gemeinschaft gilt dieser Nachweis der Existenz statistischer Psi-Anomalien indes längst als erbracht. So wollen die beiden Parapsychologen Daryl Bem und Chuck Honorton Ergebnisse erzielt haben, die zum Beispiel weit über die Effektgröße der Wirksamkeit von Aspirin als Prophylaxe gegen Herzinfarkt und Schlaganfall hinausgehen.

Auch Joseph Banks Rhine, der amerikanische Pionier der Parapsychologie, legte in den 1930er und 1940er Jahren Trefferreihen vor, die weit über den Zufall hinauszugehen schienen. Rhine arbeitete mit Zener-Karten (benannt nach Karl E. Zener, der diese Karten für die ASW-Forschung entwickelt hat), die jeweils eines von fünf verschiedenen geometrischen Symbolen zeigen: Stern, Quadrat, Wellenlinie, Kreis und Kreuz. Ein Satz besteht aus 25 Karten, sodass eine Person bei dem Versuch, das jeweilige Symbol von verdeckt gezogenen Zener-Karten zu erraten, durchschnittlich fünf Treffer und 20 Nieten haben müsste. Denn die statistische Zufallserwartung liegt bei 20 Prozent.

Rhines Testpersonen aber schnitten weitaus besser ab und lagen teilweise bei 40 Prozent richtig geratener Kartensymbole. »Ich bin der Meinung«, erklärte Rhine daraufhin, »dass Psi-Fähigkeiten nachgewiesen sind.«

Doch das sind sie mitnichten – und wären es selbst dann nicht, wenn Rhines zahllose Versuchsreihen wissenschaftlich einwandfrei durchgeführt worden wären, was Kritiker und Statistikexperten massiv in Zweifel ziehen. Denn es sind gar nicht in erster Linie Fehler bei der Durchführung der Experimente oder bei der Interpretation der gewonnenen Daten, die Skeptiker gegen die Parapsychologie aufbringen – auch wenn viele Effekte anscheinend überhaupt erst dadurch entstehen, dass die Experimentatoren systematische Fehler systematisch übersehen.

Das Hauptproblem der Parapsychologie ist vielmehr: Sie kann nicht im Ansatz erklären, was »Psi« eigentlich ist – sondern nur, was es nicht ist, etwa Informationsübertragung, *ohne* die bekannten Sinneskanäle einzuschalten, oder die Beeinflussung der materiellen Umwelt *ohne* Körpereinsatz. Bezeichnend für diesen Umstand ist die Definition, die Walter von Lucadou für Psychokinese gibt: »Psychokinese ist, was bei einem Psychokinese-Experiment produziert wird.«

Da aber der direkte Nachweis von Psi-Phänomenen aber nicht gelingt (jeder von uns würde es als überzeugenden Beleg ansehen, wenn unter kontrollierten Bedingungen selbst ein kleines Objekt wie eine Büroklammer mit Geisteskraft bewegt werden könnte), konzentrieren Parapsychologen ihre Bemühungen seit den letzten Jahrzehnten auf statistische Analysen: Werden statistische Abweichungen von einem mathematischen Zufallsmodell registriert, schließt man auf eine Anomalie beziehungsweise auf Psi. Doch diese Vorgehensweise ist sehr umstritten, weil eine ganze Reihe von anderen Gründen für solche Abweichungen verantwortlich sein kann.

Sicher, wohl nur noch »Hardcore«-Skeptiker gehen davon aus, dass positive Effekte bei parapsychologischen Experimenten samt und sonders durch den Zufall oder durch Fehler in der Versuchsanordnung zustande kommen. Aber wie sonst sind sie zu erklären? Physikalisch? Psychologisch? Metaphysisch?

Solange die Parapsychologie nicht in der Lage ist, ihr Fach ausreichend theoretisch zu fundieren und zum Beispiel einen plausiblen Wirkmechanismus oder eine minimale Erklärungskomponente aufzuzeigen, bleibt »Psi« ein leerer

Begriff, der inhaltlich überhaupt nichts impliziert. Zumal grundlegende wissenschaftliche Prinzipien wie Raum, Zeit und Kausalität gegen die Vermutung sprechen, dass paranormale Phänomene tatsächlich im Sinne eines unbekannten Energie- oder Informationstransfers existieren.

In diesem Zusammenhang wäre beispielsweise der »psycho-physikalische Hauptsatz« des Berliner Physikprofessors Martin Lambeck zu nennen: »Kein Mensch kann allein durch Denken (mental) Wirkungen außerhalb des eigenen Körpers hervorbringen oder Informationen aus der Umwelt aufnehmen.«

Zusammengefasst hat die Parapsychologie übersinnliche Phänomene deshalb noch nicht bewiesen, weil

- sie im Widerspruch zu gesicherten Erkenntnissen steht;
- sie keine positive Definition von »Psi« kennt. »Psi« steht als Leerformel lediglich dafür, dass die Daten eines Experiments nicht hundertprozentig erklärt werden können. Statt »Psi« könnte ebenso gut von »Fehlervarianz« oder Ähnlichem gesprochen werden;
- Replikationen (also die Wiederholung der Experimente durch andere Forscher an anderen wissenschaftlichen Instituten) sich stets als problematisch bis unmöglich erwiesen haben, egal um welches neue »Vorzeigeexperiment« es sich handelte;
- die Effektgrößen so klein sind, dass eine praktische Anwendbarkeit von »Psi-Fähigkeiten« nicht gegeben ist;
- Parapsychologen als Ersatz für empirisch überprüfbare Erklärungen selbst immunisierende Argumente verwenden. Begriffe wie »Psi-Missing«, Absink-Effekt« oder »Beobachtereffekt« werden eingeführt, um ergebnislose oder inkonsistente Resultate trotzdem mit der »Psi«-These in Einklang bringen zu können;

- sie kein theoretisches Gerüst vorzuweisen in der Lage ist, das auch nur unter den Parapsychologen selbst allgemein anerkannt wäre.

Bis heute kann die Parapsychologie kein einziges stichhaltiges, wiederholbares Experiment vorweisen, das die Annahme von Phänomenen rechtfertigen würde, die nicht auf konventionell-wissenschaftliche Weise erklärbar sind.

... man von einer Flugzeugtoilette eingesaugt werden kann?
Eine fürwahr beschissene Situation: Während eines Langstreckenflugs von Skandinavien nach New York klebt eine junge Frau für mehrere Stunden auf dem Toilettensitz fest, nachdem sie die Spülung betätigt hat. Denn plötzlich war unter ihr ein Vakuum mit Sogwirkung entstanden, das sie nach unten zieht ...

Diese seltsame Geschichte wurde 2002 von so angesehenen Nachrichtenmedien wie *Reuters* und *BBC* weltweit verbreitet. Und seitdem ist in Internetforen zu lesen, dass Fluggäste nur im Stehen und am besten mit weit ausgestrecktem Arm den Spülknopf betätigen sollten. Ein unnötiger Rat, denn die Schauergeschichte ist eine lupenreine Luftnummer – also nie passiert. Es stimmt, dass Flugzeugtoiletten den Druckunterschied zwischen Kabine und Außenluft nutzen: Durch das Öffnen eines Ventils im Abwassertank entsteht ein Sog, der die Kloschüssel leert.

Aber dennoch handelt es sich dabei um geschlossene Systeme. Das bedeutet: Das kleine oder große Geschäft fällt nicht nach draußen (wie bei älteren Zugtoiletten), sondern wird in einem Tank gesammelt und am Boden durch ein Auslassventil entsorgt.

... die Erde durch das Verbrennen von Kohle und Heizöl leichter wird?

Nein. Beim Verbrennen von Kohle und Öl erfolgt nur eine Umwandlung der Stoffe. Es entstehen dabei Wasserdampf, Asche, Ruß und Gase. Das Gewicht aller Verbrennungsrückstände ist genauso groß wie das der Brennstoffe.

Ein Versuch macht dies deutlich: In einem geschlossenen Behälter mit genügend Sauerstoff verbrennen wir eine bestimmte Menge Heizöl. Steht dieser Behälter dabei auf einer Waage, stellt man fest, dass sie immer das gleiche Gewicht anzeigt – vor, während und nach der Verbrennung. Denn es geht nichts verloren.

Richtig ist, dass die Erde durch Meteoritenfall, Kometenstaub und Wasserstoff- und Heliumkerne des Sonnenwinds täglich um mehrere hundert Tonnen schwerer wird. In hundert Jahren sind das aber nur 3650000 Tonnen, also weniger als ein Milliardstel Promille des Gesamtgewichts.

Außerdem geht zugleich auch Erdmasse verloren: Wenn nämlich Gasmoleküle in der Atmosphäre durch die Sonne so stark aufgeheizt werden, dass sie »Fluchtgeschwindigkeit« erreichen (etwa elf Kilometer pro Sekunde).

Apropos Gewicht: Wie schwer ist eigentlich die Erde? Und woher weiß man das?

Mit Hilfe der Gravitationsgesetze können Wissenschaftler unseren Planeten gewissermaßen wiegen. Denn: Die Geschwindigkeit, mit der sich ein Mond oder ein Satellit auf seiner Umlaufbahn um einen Planeten bewegt, wird durch die Anziehungskraft des Planeten bestimmt. Und die wiederum ist von seiner Masse abhängig. Kennt man die Entfernung zwischen den beiden Himmelskörpern, so verrät die Geschwindigkeit des Mondes oder des Satelliten die Masse des Planeten.

Eine neuere Messung ergab: Die Erde wiegt $5{,}97223 \times 10^{24}$ Kilogramm, also rund sechs Trilliarden Tonnen.

... es einen deutschen Physiknobelpreisträger ohne Abitur gegeben hat?

Sogar einen sehr bekannten: Kein Geringerer als Wilhelm Conrad Röntgen wurde 1863 ohne Abitur von der Schule verwiesen, weil man ihn – wahrscheinlich irrtümlich – beschuldigte, eine Karikatur seines Klassenlehrers an die Tafel gemalt zu haben.

Die Eidgenössische Technische Hochschule in Zürich nahm jedoch auch Studenten mit guten Zwischenzeugnissen und hervorragenden polytechnischen Kenntnissen auf. Dort erhielt der in Remscheid geborene Röntgen 1868 sein Diplom als Maschinenbauingenieur, eher er an der Züricher Universität mit einer Arbeit über Gase zum Doktor der Physik promovierte.

1901 bekam Wilhelm Conrad Röntgen den ersten Nobelpreis in seinem Fach, für die Entdeckung der nach ihm benannten Strahlen.

... ein junger Kopf leichter lernt?

Junge Menschen müssen sich beim Lernen sicherlich weniger anstrengen als Senioren. Ihr Gedächtnis funktioniert besser, sie sind flexibler, die Reizverarbeitung (Hören, Sehen etc.) klappt schneller.

Dennoch haben Untersuchungen belegt, dass ältere Menschen im schulischen Wettstreit den jungen den Rang ablaufen können. In Frankreich lernten beispielsweise 63- bis 91-Jährige in einem Kurs Deutsch. Über die Hälfte der Gruppe legte nach drei Monaten erfolgreich eine Prüfung ab, die Gymnasiasten üblicherweise erst nach drei Jahren Unterricht schaffen.

Andere Studien zeigen, dass Senioren leichter Geige spielen lernen, und bei Universitätsabschlüssen lagen über 60-Jährige mit den Noten vorn. Wissenschaftler gehen davon aus, dass ältere Menschen beim Lernen motivierter sind und überdies geschickter in den Lernstrategien (Eselsbrücken bauen und Ähnliches), mehr Zeit aufwenden und ihre lange Lebenserfahrung nutzen.

... sich die Persönlichkeit in der Handschrift widerspiegelt?

Manche Personalchefs suchen ihre Mitarbeiter nach graphologischen Gutachten aus – also nach einer Charakteranalyse aus der Deutung der Handschrift. Doch Graphologie ist ähnlich aussagekräftig wie Kaffeesatzlesen.

In Studien, bei denen die Schriftproben keinerlei persönliche Inhalte hatten (etwa Texte, die aus Zeitschriften abgeschrieben wurden und aus denen die Deuter keine Rückschlüsse auf die jeweilige Person ziehen konnten) schnitten Graphologen mit ihren Analysen nicht besser ab als ratende Laien.

Nicht zu verwechseln mit der Pseudowissenschaft Graphologie sind forensische Schriftgutachten zur Handschriftenvergleichung.

... die Polkappen abschmelzen?

Durch die globale Erwärmung schmelzen die Polkappen, das Klima verändert sich drastisch und das Wetter schlägt wilde Kapriolen. Eine Serie katastrophaler Unwetter beginnt: Riesige Hagelgeschosse prasseln auf Tokio nieder, Downtown Los Angeles wird von Tornados nie gesehenen

Ausmaßes verwüstet und New York von einer gigantischen Flutwelle überschwemmt. Und das ist erst der Anfang …

… des Ökothrillers *The Day After Tomorrow*.

Wie realistisch ist dieses Hollywood-Szenario? Schmelzen die Polkappen wirklich?

Ja und nein. Diese Frage besteht nämlich eigentlich aus mehreren Teilfragen:

- Kann man in der Gegenwart beziehungsweise in den letzten Jahrzehnten Veränderungen beobachten?
- Wie sieht die Zukunft in den nächsten 100 Jahren aus?
- Drittens sind die Pole nicht einfach Pole, sondern man muss mindestens zwischen dem Eisschild der Antarktis, der Vereisung in Grönland sowie dem auf dem offenen Ozean treibenden Meer-Eis unterscheiden.

Weltweit sind die Temperaturen im 20. Jahrhundert um 0,7 Grad gestiegen. Für das 21. Jahrhundert wird ein Anstieg um weitere zwei bis sechs Grad erwartet. Dies scheint nicht viel, doch eine Erhöhung der globalen Durchschnittstemperatur um vier bis fünf Grad Celsius in einem Jahrhundert entspricht bereits dem Unterschied zwischen einer Eis- und Warmzeit. Vor etwa 20 000 Jahren hatte ein ähnlicher Temperatursprung drastische Folgen: Das Eiszeitalter endete, und der Eisschild, der ganz Nordeuropa und Kanada bedeckte, verschwand fast vollständig und blieb nur in Grönland erhalten.

Wie sich die jetzige Erwärmung an den Polen auswirken wird, ist nicht eindeutig absehbar. Ein Temperaturanstieg kann zwar zum Abschmelzen der Eismassen führen, aber auch zu mehr Niederschlägen und damit zum Anwachsen der Gletscher – was genau passiert, hängt von vielen verschiedenen und unwägbaren Faktoren ab.

Das Gebiet um den Südpol, also der antarktische Kontinent, ist von einem 4000 Meter dicken Eisschild bedeckt. Mehrere Wochen bis Monate (je nach Breitengrad) geht die Sonne im antarktischen Winter (also dem Sommer der Nordhalbkugel) nicht auf, und die Temperaturen fallen auf unter minus 60 Grad.

Im Sommer geht die Sonne zwar ebenso lange nicht unter, doch die Temperaturen steigen dennoch kaum über minus 30 Grad. Dass der Antarktische Eisschild abschmilzt, gilt daher als unwahrscheinlich. Hier ist es einfach zu kalt, und selbst bei einer Erwärmung von mehreren Graden wird der Schmelzpunkt nicht erreicht. Allenfalls in den Randgebieten dürfte es zu Veränderungen kommen.

Anders ist die Situation im Norden. Der Nordpol liegt mitten im Meer. Wenn ein Polarforscher eine Flagge am Nordpol aufstellt, steckt er sie in nur wenige Meter dickes Meer-Eis, das auf einem tiefen Ozean treibt. Doch nur Teile des Nordpolarmeeres sind ganzjährig eisbedeckt. Weite Regionen erwärmen sich im Sommer bis nahe an den Gefrierpunkt – oder auch darüber. Schon kleinere Temperaturschwankungen können die Ausdehnung des Meer-Eises daher erheblich verändern. Nach Satellitenbeobachtungen ist die Fläche des Meer-Eises in der Arktis zwischen 1980 und 2000 um sechs Prozent zuruckgegangen. Mit der drohenden Erwärmung in diesem Jahrhundert dürfte sich die Eisbedeckung auf die Hälfte verringern, der Nordpol eventuell eisfrei werden.

Für viele Tiere hat das Auswirkungen: Robben nutzen das Eis als Basis für die Fischjagd, und Eisbären jagen Robben. Wenn sich das Eis von den Küsten zurückzieht, dann können Eisbären nicht mehr vom Land aufs Eis gelangen und dort Nahrung finden. Ähnliche Veränderungen des Meer-Eises im Südpolarmeer dürften wiederum für Pinguine verheerend sein.

Besonders große Sorgen macht den Wissenschaftlern aber der bis zu 3000 Meter dicke Eisschild Grönlands. Denn er ist nicht so stabil wie der Eisschild der Antarktis. Grönland liegt auf demselben Breitengrad wie Kanada oder Sibirien, wo im Sommer durchaus 30 Grad Hitze herrschen können.

Das grönländische Eis ist ein Überbleibsel aus der Eiszeit. Es hat sich erhalten, weil die weiße Fläche den größten Teil der Sonnenenergie zurückwirft, ohne sich zu erwärmen, und weil die Oberfläche auf Hochgebirgsniveau in kalten Luftschichten liegt. Das Eis kühlt sich also selbst. Doch schon eine relativ kleine Erwärmung kann das ändern: Wenn das Eis am Rande abzuschmelzen beginnt, erwärmt sich der dunklere Boden schneller, was zu weiterem Abschmelzen führt.

Das Gefährliche dabei: Wenn das Abschmelzen erst mal beginnt, bricht der Kühlmechanismus unumkehrbar zusammen, und selbst wenn es weltweit wieder kälter wird, würde das Grönlandeis weiter schmelzen. Schon eine Erwärmung von etwa drei Grad würde ausreichen, um das Eis instabil werden zu lassen – und dieser Wert wird in den meisten aktuellen Modellrechnungen von Klimaforschern schon im 21. Jahrhundert erreicht.

Innerhalb von etwa 1000 Jahren würde Grönland dann eisfrei werden – und der Meeresspiegel dabei weltweit um etwa sieben Meter ansteigen.

Was wären die Folgen? Stünde dann tatsächlich irgendwann der Kölner Dom halb unter Wasser, wie ein *Spiegel*-Titel einst die Klimakatastrophe spektakulär illustrierte?

Nein, das nicht. Der Kölner Dom würde in den Fluten versinken, wenn der Antarktische Eisschild völlig abschmölze, was derzeit nicht zu befürchten ist. Aber in vielen Küstenstädten wie etwa Hamburg würde das Straßenniveau bald unter Wasser liegen, und die betroffenen Metropolen würden sich daraufhin wohl allmählich weiter ins Landesinnere hineinverlagern.

Gravierender ist, dass schon ein viel kleinerer Anstieg des Meeresspiegels etwa bei Sturmfluten verheerende Auswirkungen hätte, weil die jetzigen Dämme darauf nicht ausgerichtet sind.

Einig sind sich die Experten mittlerweile bezüglich der Frage geworden, ob die Erderwärmung nun von Menschen gemacht sei oder sich noch im Rahmen dessen bewege, was natürlicherweise durch Sonnenaktivität, Vulkanausbrüche und Meeresströmungen zu erwarten war: »Im Licht der neuen Belege und unter Berücksichtigung der verbleibenden Unsicherheiten ist der Großteil der beobachteten Erwärmung im Verlaufe der letzten 50 Jahre wahrscheinlich auf die steigenden Treibhausgas-Konzentrationen zurückzuführen«, heißt es in einem Bericht des »Intergovernmental Panel on Climate Change (IPCC)« der Vereinten Nationen und der weltweiten Dachorganisation der Meteorologen von 2001.

Die Einschränkung »wahrscheinlich« wurde von den insgesamt 122 Hauptautoren, 515 mitwirkenden Autoren, 21 begutachtenden Editoren sowie 420 begutachtenden Experten der Studie definiert als »66- bis 90-prozentige« Wahrscheinlichkeit.

Obwohl es uns Erdlingen grundsätzlich nicht wirklich in die Hand gegeben ist, das Klima dauerhaft im großen Stil zu managen (während der letzten zweieinhalb Milliarden Jahre wechselten recht häufig Tiefgefrierphasen mit Treibhausperioden), gibt es natürlich eine ganze Reihe von Möglichkeiten zur Entlastung der Umwelt und der Atmosphäre. Gegen die Klimaerwärmung sind nach Einschätzung von Professor Friedrich-Wilhelm Gerstengarbe vom Potsdam-Institut für Klimafolgenforschung vor allem zwei Strategien nötig: den Ausstoß von Treibhausgasen zu reduzieren und sich anzupassen.

»Das Klimaschutzprotokoll von Kyoto ist nur der Anfang«, betont Gerstengarbe. Erst müssten die USA und Russland noch mit ins Boot steigen und dann wesentlich stärkere Reduktionen der Treibhausgase vereinbart werden. Auch in Deutschland sieht Gerstengarbe noch viel Sparpotenzial: »Ein Deutscher verbraucht so viel Energie wie zwei Japaner.«

Zugleich müssten Anpassungsstrategien entwickelt werden. Der Anbau von Pflanzen müsste sich nach den regionalen klimatischen Bedingungen und den Böden richten und nicht nach der Vergabe von EU-Subventionen. Gerstengarbe: »Es ist Unsinn, Mais in Gebieten mit Wasserknappheit anzubauen.«

... es Wasseradern gibt?

Die Wünschelruten-Literatur zumindest ist voll davon: Wasseradern und Erdstrahlen sollen nicht nur die Wünschelrute zum Ausschlagen bringen, sondern auch massiv unsere Gesundheit schädigen. Doch seltsamerweise finden sich Wasseradern in keinem heutigen Lehrbuch der Hydrogeologie (eines Zweigs der Geologie, der sich mit dem Verhalten des Wassers im Untergrund befasst), und mit der Beweislage für Erdstrahlen sieht es auch nicht besser aus.

Dr. Alfons Baier etwa, Hydrogeologe an der Universität Erlangen, leitet eine Forschungsgruppe, die zahlreiche Bohrungen im Zusammenhang mit Grundwasservorkommen und Fließrichtung von unterirdischem Wasser durchgeführt hat. Wissenschaftliche Projekte wie dieses gibt es in der ganzen Schweiz und in Deutschland. Deshalb haben Geologen ein genaues Bild davon, wie es unter der Erde aussieht. Laut Baier kommt das Grundwasser überall flächig vor, das heißt: Es bewegt sich langsam durch die Poren von Erdschichten und Klüften des Gesteins. Geradlinige oder auch gewundene Wasserwege im Untergrund – wie mäandrierende Bäche an der Erdoberfläche – gibt es also gar nicht.

Doch woher kommt dann der Mythos von den Wasseradern? Früher kannte man unterirdisch fließendes Wasser nur in Verbindung mit Höhlen. In Höhlen tritt das Wasser aus verschiedenen Öffnungen im Gestein in Tropfen oder kleinen Rinnsalen aus. Daher hatten die Menschen die Vorstellung, dass überall Bäche durch das Erdinnere strömen. Das war ein Irrtum: Auch in Höhlen verteilt sich das Wasser flächig in den Poren und Spalten des Gesteins, und es tritt dort aus, wo der geringste Strömungswiderstand besteht.

Aber schon 1905 hielt ein Geowissenschaftler in einem Buch fest, dass der Begriff Wasseradern mit dem Wissen über die geologischen Strukturen der Erdkruste nicht vereinbar ist.

Eine reine Fantasievorstellung sind auch Erdstrahlen, das zweite Betätigungsfeld der Rutengänger – und das gefährlichere.

Nicht für sie selbst, aber für ihre Klienten, die von derlei unsinnigen Behauptungen mitunter massiv geängstigt werden. Dass das Wasserreservoir unter der Erdoberfläche nicht zu gesundheitlichen Schäden bis hin zu Krebs führen kann, sagt einem eigentlich schon die Logik: Würde alles Lebende dauernd von gefährlichen Strahlen durchflutet werden, hätten sich hoch entwickelte Organismen nie entwickeln können, und das Leben wäre schon auf einer niedrigen Entwicklungsstufe zugrunde gegangen.

Sofern Rutengeher überhaupt konkrete Begründungen

für ihr Tun angeben, dann zum Beispiel diese: Durch Reibung des Wassers in Spalten und Kanälen entstünden elektromagnetische Schwingungen, die am Rand dieser Wasserläufe besonders verstärkt aufträten. Die Strahlungen über Wasseradern seien ionisierende Strahlungen, die senkrecht zur Erdoberfläche in die Atmosphäre aufsteigen. Diese würden zu den Erdstrahlen gezählt. Im Bereich einer Wasserader falle das Erdmagnetfeld stark zusammen. Je stärker die Wasserader, desto schwächer sei das Erdmagnetfeld.

Auch das widerspricht allen naturwissenschaftlichen Erkenntnissen. Zwar ist richtig, dass Reibung statische Elektrizität zwischen A und B aufbaut; aber Wasser leitet Strom ab, sodass das Potenzial zwischen A und B – so überhaupt eines entsteht – sofort wieder ausgeglichen wird.

Natürlich gibt die Erde auch Strahlen ab, etwa radioaktive Strahlung oder Wärmestrahlung. Diese Phänomene sind aber physikalisch sehr genau untersucht. Sie sind beschreibbar, messbar und werden für Forschungszwecke verwendet. Aber Erdstrahlen sind nicht messbar, und bisher konnte auch kein Rutengänger glaubhaft beschreiben, was das eigentlich sein soll. Auch eine Störung des Magnetfelds über einem unterirdischen Wasserlauf konnte noch nie gemessen werden, obwohl es geophysikalische Messgeräte gibt, die jede kleinste Veränderung des Erdmagnetfelds registrieren.

Wenn Erdstrahlen ein tatsächlich existierendes physikalisches Phänomen wären, dann müssten sie gewissen Gesetzmäßigkeiten gehorchen, denen jede Art von Strahlung unterliegt, zum Beispiel die Abnahme der Intensität mit der Entfernung. Und es wäre auch nicht erklärbar, warum Erdstrahlen im Untergrund genau senkrecht nach oben gehen sollen. Und wie sie überhaupt meterdickes Erdreich durchdringen können.

Bleibt noch die Frage zu klären: Wieso schlägt eine Wünschelrute tatsächlich aus? Und wieso finden Rutengänger damit manchmal Wasser?

Die Wünschelrute reagiert nicht auf Wasseradern oder Erdstrahlen, sondern sie schlägt dort aus, wo der Rutengeher es unbewusst wünscht – nicht umsonst heißt sie Wünschelrute. Rutengänger umschließen die beiden Gabelenden fest im Obergriff (Kammgriff) oder Untergriff (Ristgriff), spannen die Rute, indem sie die Hände leicht drehen, und strecken die Gabel etwa in der Mitte des Körpers waagerecht nach vorn. Das alles erfordert eine bestimmte Kraft und führt mehr oder weniger rasch zur Ermüdung und Verkrampfung der Hand- und Armmuskeln. Während des Umhergehens im Gelände gerät deshalb die Rute aus ihrem labilen Gleichgewicht. Wie von einer geheimnisvollen Kraft gezogen, schlägt sie plötzlich nach unten oder oben aus – infolge des Muskelzitterns und auch durch die intensive Vorstellung, dass im Boden etwas verborgen ist, was die Rute anzeigt.

Dass Rutengeher dabei häufig auf Wasser stoßen, ist ebenfalls nichts Rätselhaftes: Sie sind häufig durchaus Experten, wenn es darum geht, von kaum merklichen Veränderungen der Vegetation auf Wasser zu schließen. Vielleicht hat das Gras eine andere Färbung oder das Felsgestein ist mit einer anderen Moosart oder anderen Flechten bewachsen.

Außerdem haben wir es – zumindest im Flachland – mit einem zusammenhängenden Grundwasserspiegel zu tun, das heißt: Wenn man tief genug bohrt, stößt man fast immer auf Wasser.

... Dihydrogenmonoxid ein alltägliches und todbringendes Gift ist?

Und wie!

Dihydrogenmonoxid (DHMO) weist alle typischen Eigenschaften eines lautlosen Killers auf. Es ist geruchlos, farblos und geschmacksneutral – und hochgefährlich:

- Inhalieren kann schon bei geringen Mengen zum Tod führen.
- Längerer Hautkontakt lässt die Haut aufquellen.
- Gasförmiges DHMO kann Verbrennungen hervorrufen.
- DHMO ist der Hauptbestandteil vom sauren Regen.
- DHMO ist für die Bodenerosion verantwortlich, was zu Erdrutschen führt.
- DHMO beschleunigt das Rosten von Metallen.
- DHMO zerstört elektrische Geräte, was zu tödlichen Stromschlägen führen kann.
- DHMO setzt die Effektivität von Autobremsen herab und ist so für zahlreiche Unfälle verantwortlich.
- DHMO ist der Hauptbestandteil von Tumoren.
- Wetterkatastrophen wie El Niño, Tornados oder Überflutungen wären ohne DHMO nicht denkbar.

Vergiftungen mit Dihydrogenmonoxid äußern sich unter anderem in:

- verstärktem Harndrang
- Schwitzen
- Völlegefühl
- einer Störung des Elektrolythaushalts
- Übelkeit
- Erbrechen

Zahlreiche Internetseiten (zum Beispiel www.dhmo.org) und Ketten-E-Mails warnen vor dem außergewöhnlich großen Gefahrenpotenzial des Stoffes Dihydrogenmonoxid, der von der Industrie und von zahlreichen Privatpersonen noch immer bedenkenlos und in großen Mengen eingesetzt werde.

Wieso tut niemand etwas gegen diesen Wahnsinn?

Nun, Dihydrogenmonoxid ist – wie der Name schon sagt – eine Verbindung aus zwei Wasserstoffatomen und einem Sauerstoffatom, also H_2O, besser bekannt als Wasser. Der Wissenschaftswitz von den »Gefahren des Dihydrogenmonoxids« kursiert seit 1997 mit der Absicht, die weit verbreiteten Ängste vor eher diffusen und nicht greifbaren Umwelt- und Gesundheitsgefahren zu karikieren.

… es ein 13. Tierkreiszeichen gibt?

Das kommt darauf an, wen man fragt.

Die Astronomie (die Wissenschaft von der Erforschung des Weltraums und der Gestirne) sagt ja. Die Astrologie (die mystische Lehre vom angeblichen Einfluss der Sterne auf unser Leben) sagt nein.

Das liegt in erster Linie daran, dass Astronomen die realen Sternbilder am Himmel betrachten, während Astrologen ihre Horoskope am Schreibtisch erstellen und dafür nur die Tierkreiszeichen ins Kalkül ziehen.

Was bedeutet das?

Dazu müssen wir etwas weiter ausholen. Zur Geburtsstunde der klassischen Astrologie vor etwa 2000 Jahren orientierten sich die babylonischen Sterndeuter an der scheinbaren Sonnenbahn. Heute wissen wir, dass die Sonne gar nicht wandert, sondern in Wirklichkeit die Erde sich um die Sonne bewegt. Davon spüren wir aber nichts. Aus unserer

Perspektive sieht es vielmehr so aus, als würde die Sonne um die Erde kreisen.

Diesen »Sonnenlauf« nannten die Astrologen Ekliptik. Und sie beobachteten weiter, dass die Sonne auf ihrem scheinbaren Wanderweg am Firmament Jahr für Jahr zwölf Sternbilder passierte – also Gruppen von Sternen, die ein mehr oder weniger auffälliges Muster bilden und hauptsächlich nach Gestalten aus der griechischen Mythologie benannt sind.

Dieser Gürtel aus den zwölf Sternbildern Widder, Stier, Zwilling, Krebs, Löwe, Jungfrau, Waage, Skorpion, Schütze, Steinbock, Wassermann und Fische bekam die Bezeichnung Tierkreis. Die Sternbilder auf dem Tierkreis heißen Tierkreissternzeichen oder kurz Tierkreiszeichen.

Und nur diesen zwölf Tierkreiszeichen, die vor 2000 Jahren auf der Ekliptik zu sehen waren, schreibt die Astrologie eine astrale Bedeutung zu. Konkret: Astrologen unterteilen die Ekliptik in zwölf gleiche Abschnitte von genau 30 Grad, die nach den dort sichtbaren Sternbildern benannt wurden.

Heute jedoch stellt sich die Situation am Himmel ganz anders dar.

Wegen der Anziehungskräfte von Sonne und Mond bewegt sich die Erde auf ihrer Bahn um die Sonne nicht in einer festen Achslage, sondern taumelt sozusagen wie ein Kreisel durchs All. Der Fachausdruck dafür lautet Präzession. Und diese Tatsache ist äußerst bedeutsam für die Ekliptik, also den scheinbaren Sonnenlauf.

Denn als Startpunkt für die alljährliche Wanderung der Sonne durch den Tierkreis bestimmten die Astrologen damals den so genannten Frühlingspunkt – den Punkt am Himmel, wo die Sonne zum Frühlingsanfang um den 21. März zu sehen ist. Vor 2000 Jahren stand die Sonne am Frühlingsanfang vor dem Sternbild Widder. Deshalb beginnt der klassische astrologische Tierkreis mit dem Tierkreiszeichen Widder.

Da aber die Sonne gar nicht wirklich wandert, sondern die Erde, haben wir mittlerweile ganz andere »Himmelsgegenden« vor Augen als vor 2000 Jahren. Denn eine natürliche Folge der Präzession ist, dass unsere Erdachse schwankt. Genauer gesagt: Wie ein Kinderkreisel, der langsam ausläuft, taumelt die Erdachse, sodass sich die Schrägstellung der Achse dauernd verändert, wenn auch nur sehr langsam. Im Laufe von etwa 26 000 Jahren vollführt die Erdachse eine vollständige »Taumeldrehung«, steht also nach 26 000 Jahren wieder in der gleichen Schrägstellung.

Was hat das nun mit den Tierkreiszeichen zu tun? Mit der Taumeldrehung der Erdachse »wandert« und verschiebt sich auch der Frühlingspunkt als optischer Bezugspunkt. Das heißt: Wenn wir heute zum Himmel schauen, sehen wir die Sonne zum Frühlingsanfang nicht mehr vor dem Sternbild Widder (und somit im ersten Zwölftel des astrologischen Tierkreises), sondern vorm Sternbild Fische. Auch die übrigen Tierkreiszeichen decken sich nicht mehr mit den gleichnamigen Sternbildern, sondern liegen um etwa 30 Grad, also etwa um ein Tierkreiszeichen, verschoben.

Und nun kommt endlich das 13. Tierkreiszeichen ins Spiel: Anders als die Astrologie kennt die Astronomie keinen Tierkreis. Astronomen unterteilen die zwölf Sternbilder auf dem astrologischen Tierkreis nicht in die zwölf gleichen Längenabschnitte von jeweils 30 Winkelgraden eines 360-Grad-Kreises, sondern vermessen exakt die realen ungleichen Längenausdehnungen der Sternbilder.

Nach der Festlegung der Sternbildgrenzen durch die Internationale Astronomische Union verläuft ein Teil der imaginären astrologischen Ekliptik durch das Sternbild »Schlangenträger«. Die Sonne steht momentan also für einige Tage im Jahr (vom 29. November bis zum 18. Dezember) im Schlangenträger und damit außerhalb der zwölf Tierkreiszeichen der klassischen Astrologie. Genau genommen ist also jemand, der zu dieser Zeit geboren wird, kein »Schütze«, sondern ein »Schlangenträger«.

Die Astrologie indes ficht das nicht an. Da die Sonne das Sternbild »Schlangenträger« nur knapp am Rand streift und außerdem mit 12 leichter zu rechnen ist als mit der ungeraden Primzahl 13, spielt das 13. Tierkreiszeichen im astrologischen Weltbild keine Rolle.

Gegen wissenschaftliche Einwände haben sich Astrologen ohnehin weitgehend immunisiert, indem sie ihr Fach zu einem reinen »Symbolsystem« auf der Grundlage eines uralten und recht sturen Schematismus erklären.

... nur drei Menschen auf der Welt Einsteins Relativitätstheorie verstehen?

Diese Behauptung geht zurück auf eine Anekdote aus der Anfangszeit der Relativitätstheorie. Der britische Physiker Sir Arthur Stanley Eddington (1882–1944) sei von einem Journalisten gefragt worden: »Ist es richtig, dass nur drei Menschen die Relativitätstheorie verstanden haben?«, worauf Eddington geantwortet haben soll: »Ich überlege gerade, wer der Dritte ist.«

Eddington war in der denkbar besten Position, das zu beurteilen. Als Direktor des Royal Observatory in Greenwich galt er als einer der bedeutendsten Physiker seiner Zeit und leitete unter anderem 1919 eine Sonnenfinsternis-Expedition, mit der eine Voraussage der Allgemeinen Relativitätstheorie zum ersten Mal experimentell nachgewiesen werden konnte.

Eddington äußerte diesen viel zitierten Ausspruch in einer

Zeit, als die Relativitätstheorie sehr jung war. Dennoch stieß sie schon damals sehr schnell auf großes Interesse unter den Physikern, und es ist zweifelhaft, ob Eddington wirklich Recht hatte oder nur einen aufdringlichen Journalisten abbürsten wollte.

Inzwischen ist jedenfalls fast ein Jahrhundert vergangen, und mittlerweile sind viele Erkenntnisse, die damals neu und überraschend waren, weit verbreitet. Doch es kommt auch darauf an, was man mit »verstehen« eigentlich meint.

Zunächst muss man die Spezielle Relativitätstheorie (SRT) und die Allgemeine Relativitätstheorie (ART) unterscheiden. Die SRT, die beispielsweise zeigt, dass für sich schnell bewegende Objekte die Zeit langsamer vergeht, kann im Wesentlichen mit der heutigen Schulmathematik beschrieben werden und wird in ihren Grundzügen im Physikunterricht behandelt und als Abiturwissen abgefragt.

Anders ist das mit der Allgemeinen Relativitätstheorie, die sich etwa damit befasst, wie die Gravitationsfelder von Massen den Raum krümmen. Zur mathematischen Beschreibung erfordert die ART komplizierte Methoden auf einem Niveau, das Mathematik- oder Physikstudenten normalerweise am Ende ihres Studiums erreichen. Mathematisch sind die Feinheiten der Allgemeinen Relativitätstheorie daher nur Experten zugänglich.

Doch dies dürften deutlich mehr als drei Menschen sein, schließlich gibt es allein in Deutschland mehrere Professoren, deren Forschungsgebiet die Allgemeine Relativitätstheorie ist. Auch Nichtwissenschaftler können heute anhand von populärwissenschaftlichen Büchern oder Fernsehsendungen die wesentlichen Folgerungen der ART nachvollziehen und wissen beispielsweise, wie sich das Universum entwickelt hat, was schwarze Löcher sind und welche seltsamen Eigenschaften diese haben.

Die meisten Physiker haben im Studium die physikalischen und mathematischen Grundzüge der Allgemeinen Relativitätstheorie bearbeitet. Richtig ist aber, dass sich in allen Details nur relativ wenige Menschen damit beschäftigen.

Doch hierin unterscheidet sich die Allgemeine Relativitätstheorie im Prinzip nicht von allen anderen Wissensbereichen, etwa der Medizin: Sehr viele Nichtmediziner haben sich umfangreiches Wissen über bestimmte, sie betreffende Krankheiten angeeignet, jeder Arzt kann die häufigsten Erkrankungen erkennen und behandeln – aber eine Gehirnoperation können nur wenige Experten durchführen.

Anders gesagt: Das Wissen um die Relativitätstheorie ist jedem Interessierten mehr oder weniger zugänglich. Doch wann fängt das »Verstehen« an? Mit der Fähigkeit, die Allgemeine Relativitätstheorie mathematisch zu beschreiben? Oder gehört auch ein konkretes »Begreifen« dazu?

Dann wäre es möglicherweise fraglich, ob irgendein Mensch unsere Welt wirklich verstehen kann. Denn die so genannten gekrümmten Räume der Allgemeinen Relativitätstheorie oder die Zeitverschiebungen der Speziellen Relativitätstheorie sind allgemein nicht fassbar, weil sie in unserem Alltag keinerlei Entsprechung finden.

Zwar ist die Allgemeine Relativitätstheorie keineswegs nur für so abgehobene Themen wie den Urknall oder schwarze Löcher relevant; in hoch technisierten Ländern gewinnt sie zunehmend für fast jeden Menschen eine Bedeutung, zum Beispiel in der Satellitennavigation (GPS/Global Positioning System).

Dennoch dürfte für die meisten von uns gelten: »Ich muss nicht wissen, *wie* es funktioniert. Ich muss nur wissen, *dass* es funktioniert.«

... der Flügelschlag eines Schmetterlings einen Wirbelsturm auslösen kann?

Mit dieser Behauptung imponiert Jeff Goldblum als leicht chaotischer Chaosforscher in dem Dino-Spektakel *Jurassic Park* seiner Filmpartnerin Laura Dern. Und noch immer entfaltet der »Schmetterlingseffekt« eine so ungewöhnliche Suggestivkraft, dass er sogar in der Werbung verwendet wird.

Der bildhafte Vergleich geht zurück auf den US-amerikanischen Meteorologen Edward Lorenz, der 1979 bei einem Vortrag über die mangelhafte Genauigkeit von Wettervorhersagen seine Kollegen fragte: »Kann der Flügelschlag eines Schmetterlings in Brasilien einen Wirbelsturm in Texas auslösen?« Lorenz meinte damit eigentlich nur, dass eine kleine Veränderung in dynamischen Systemen einen ungeahnt großen Effekt haben kann.

Der »Schmetterlingseffekt« ist also mehr eine machtvolle Metapher als wissenschaftliche Tatsache: »im Prinzip« möglich, praktisch aber eigentlich doch nicht.

Veranschaulichen kann man den Schmetterlingseffekt an Alltagsbeispielen. Wenn man etwa einen Fußball und einen Würfel miteinander vergleicht: Mit etwas Übung kann man den Ball relativ sicher im Tor unterbringen, doch mit einem Würfel gezielt eine bestimmte Zahl zu würfeln gelingt selbst nach langem Üben nicht.

Der Unterschied liegt darin, wie die beiden Systeme »Fußballplatz« und »Würfeltisch« auf kleine Störungen von außen reagieren. Zwar hängt die Bahn des Fußballs von der Kraft und Richtung des Tritts ab, den er bekommt, von der Windgeschwindigkeit und vielem mehr. Ein leichter Windstoß oder ein kaum wahrnehmbares Muskelzucken im Fuß des Spielers bringen den Ball allenfalls ein ganz klein wenig von der Bahn ab. Ein Tor lässt sich so trotzdem erzielen.

Beim Würfel führt jedes winzige Muskelzucken, jede mikroskopische Unebenheit des Tisches dazu, dass sich der Würfel anders dreht – und das genügt schon, aus einer 6 eine 4 zu machen und das Ergebnis völlig zu verändern.

Physikalisch ausgedrückt: Die Bahn des Fußballs ist ein so genanntes »lineares Problem« – hier haben kleine Störungen kleine Auswirkungen.

Der Wurf des Würfels ist »nichtlinear« – winzige Störungen genügen, um die Entwicklung des Systems völlig zu verändern; eine Eigenschaft, die oft als »chaotisch« bezeichnet wird. Doch »Chaos« bedeutet nicht (wie im ursprünglichen Wortsinn dieses griechischen Begriffs) eine völlige Unordnung oder Regellosigkeit. Vielmehr folgen nichtlineare Systeme ebenfalls den Naturgesetzen und wären im Prinzip auch vorhersagbar, wenn man nur alle Einflussfaktoren mit genügender Genauigkeit messen könnte.

Doch in der Praxis wird dies niemals möglich sein, und das macht »chaotische« oder »nichtlineare« Vorgänge unvorhersagbar.

Wie ist es nun mit dem Wetter und dem Schmetterling? Grundsätzlich verhält sich auch das Wetter nichtlinear, und seine Entwicklung hängt von winzigsten Störfaktoren ab. Deshalb war es auch ein Meteorologe, dem das chaotische Verhalten nichtlinearer Systeme besonders aufgefallen ist – und der diese Beobachtung in dem Bild vom flügelschlagenden Schmetterling unsterblich machte.

Nachwort

Mein Biologielehrer hatte also Recht damals.

Oder wer auch immer mir als Kind schon die Geschichte von den Gewitter liebenden Schuppenechsen ins Ohr setzte.

Zumindest ist etwas an der Geschichte dran.

Allerdings handelte es sich dabei glücklicherweise nicht um eine rein anekdotenhafte Erzählung. Wie bei allen anderen Behauptungen in diesem Buch war es relativ leicht möglich, durch Erforschung der zugrunde gelegten Tatsachen oder durch wissenschaftliche Untersuchungen die verbreiteten Fakten zu bestätigen – oder zu widerlegen und den Irrtum darzustellen.

Ist das immer möglich? Natürlich nicht.

Apropos Kindheit: Kennen Sie das Buch *Robbi, Tobbi und das Fliewatüüt?* Darin erzählt ein Leuchtturmwärter rumseliges Seemannsgarn aus seiner Matrosenzeit: Eines Tages sei das Schiff von einem Riesenkraken angegriffen worden. In letzter Sekunde habe er einen rettenden Einfall bekommen – und mit Unterstützung seiner Kameraden dem kurzsichtigen Untier die eigenen Tentakel ins Maul geschoben. Der Krake fraß sich genüsslich selbst auf und sank schließlich hilflos ins Meer zurück.

Robbi, Tobbi und das Fliewatüüt war eines meiner Lieblingsbücher.

Heute, mehr als drei Jahrzehnte später, stößt man im Internet immer wieder auf Behauptungen wie »Kalmare können Selbstmord begehen, indem sie ihre eigenen Tentakel verschlingen« oder »Wussten Sie, dass ein Krake sich vor lauter Aufregung manchmal selbst frisst?«.

Nein, das wusste ich nicht. Und kann es mir auch nicht vorstellen.

Unter anderem deswegen nicht, weil Riesenkraken rätselhafte und unerforschte Tiere sind, die noch nie jemand in ihrer natürlichen Umgebung zu Gesicht bekommen hat – abgesehen von zwei japanischen Forschern, die 2004 einen kleineren Riesenkraken für kurze Zeit in eine Futterfalle in 900 Meter Tiefe locken konnten.

Natürlich müssen nicht alle Geheimnisse enträtselt und alle Mythen entzaubert und alle verbreiteten Irrtümer widerlegt werden – jedenfalls solange sie nicht als Grundlage für Pseudowissenschaften dienen.

Und die Frage, ob Riesenkraken ihre eigenen Tentakel mampfen, mag nun keine übermäßig großen Auswirkungen auf das gesellschaftliche Leben haben. Zumal das Ganze sehr nach »Fliewatüüt« klingt.

Warum also sich trotzdem damit beschäftigen, vielleicht für ein nächstes Buch?

Weil, wie Hermann Hesse schrieb, »alles Wissen nicht mit einem Schlusspunkt endet – sondern mit Fragezeichen«.